仲裁法学

—— Arbitration Law ——

宋朝武 主编

参编者（以拼音为序）：
史飚　宋朝武　杨秀清

图书在版编目(CIP)数据

仲裁法学/宋朝武主编. —北京:北京大学出版社,2013.11
(21 世纪法学规划教材)
ISBN 978 - 7 - 301 - 23289 - 7

Ⅰ. ①仲⋯　Ⅱ. ①宋⋯　Ⅲ. ①仲裁法 - 法的理论 - 高等学校 - 教材　Ⅳ. ①D915.701

中国版本图书馆 CIP 数据核字(2013)第 233127 号

书　　　名：仲裁法学
著作责任者：宋朝武　主编
策 划 编 辑：郭栋磊
责 任 编 辑：郭栋磊
标 准 书 号：ISBN 978 - 7 - 301 - 23289 - 7/D·3424
出 版 发 行：北京大学出版社
地　　　址：北京市海淀区成府路 205 号　100871
网　　　址：http://www.pup.cn
新 浪 微 博：@北京大学出版社
电 子 信 箱：law@ pup.pku.edu.cn
电　　　话：邮购部 62752015　发行部 62750672　编辑部 62757785　出版部 62754962
印 刷 者：北京富生印刷厂
经 销 者：新华书店
　　　　　787 毫米×1092 毫米　16 开本　12.75 印张　310 千字
　　　　　2013 年 11 月第 1 版　2016 年 5 月第 3 次印刷
定　　　价：26.00 元

未经许可,不得以任何方式复制或抄袭本书之部分或全部内容。
版权所有,侵权必究
举报电话：010 - 62752024　电子信箱：fd@ pup.pku.edu.cn

丛书出版前言

秉承"学术的尊严,精神的魅力"的理念,北京大学出版社多年来在文史、社科、法律、经管等领域出版了不同层次、不同品种的大学教材,获得了广大读者好评。

但一些院校和读者面对多种教材时出现选择上的困惑,因此北京大学出版社对全社教材进行了整合优化。集全社之力,推出一套统一的精品教材。

"21世纪法学规划教材"即是本套精品教材的法律部分。本系列教材在全社法律教材中选取了精品之作,均由我国法学领域颇具影响力和潜力的专家学者编写而成,力求结合教学实践,推动我国法律教育的发展。

"21世纪法学规划教材"面向各高等院校法学专业学生,内容不仅包括了16门核心课教材,还包括多门传统专业课教材,以及新兴课程教材;在注重系统性和全面性的同时,强调与司法实践、研究生教育接轨,培养学生的法律思维和法学素质,帮助学生打下扎实的专业基础和掌握最新的学科前沿知识。

本系列教材在保持相对一致的风格和体例的基础上,以精品课程建设的标准严格要求各教材的编写;汲取同类教材特别是国外优秀教材的经验和精华,同时具有中国当下的问题意识;增加支持先进教学手段和多元化教学方法的内容,努力配备丰富、多元的教辅材料,如电子课件、配套案例等。

为了使本系列教材具有持续的生命力,我们将积极与作者沟通,结合立法和司法实践,对教材不断进行修订。

无论您是教师还是学生,在适用本系列教材的过程中,如果发现任何问题或有任何意见、建议,欢迎及时与我们联系(发送邮件至bjdxcbs1979@163.com)。我们会将您的意见或建议及时反馈给作者,供作者在修订再版时进行参考,从而进一步完善教材内容。

最后,感谢所有参与编写和为我们出谋划策提供帮助的专家学者,以及广大使用本系列教材的师生,希望本系列教材能够为我国高等院校法学专业教育和我国的法治建设贡献绵薄之力。

北京大学出版社
2012年3月

前　言

《仲裁法学》作为法学教育的专业课程之一，是一门理论性与实务性结合紧密的学科。为了适应社会主义市场经济对《仲裁法学》教育的需要，培养学生能够系统、准确和全面地掌握《仲裁法学》的基本原理和基础知识，以及使广大读者在实践中能够正确运用仲裁方式解决各类民商事纠纷，我们编写了这本《仲裁法学》教材。

本教材在编写过程中以我国仲裁立法为依据，力求概念准确，内容全面，逻辑性强，分析透彻，努力做到全面反映新理念、新理论，力求实现教学内容知识性、科学性与系统性的统一。尽管如此，由于我们的水平有限，本教材的不足之处仍在所难免，欢迎学界同仁和广大读者提出宝贵意见。

《仲裁法学》教材的出版得到了北京大学出版社及郭栋磊编辑的大力支持，在此一并表示感谢。

《仲裁法学》教材的编写分工如下：

宋朝武：第二章、第三章；

杨秀清：第四章、第五章、第七章；

史　飚：第一章、第六章、第八章、第九章。

本教材由宋朝武统稿与定稿。

宋朝武
2013年9月

目 录

1 第一章 仲裁制度导论
- 1 第一节 仲裁的概念与分类
- 7 第二节 仲裁制度的产生与发展
- 12 第三节 仲裁的法律性质与功能
- 17 第四节 仲裁与民事诉讼的关系

22 第二章 中国仲裁法概述
- 22 第一节 仲裁法概念
- 25 第二节 我国《仲裁法》的适用范围
- 27 第三节 《仲裁法》的基本原则
- 29 第四节 《仲裁法》的基本制度
- 31 第五节 《仲裁法》与仲裁规则

37 第三章 仲裁组织
- 37 第一节 仲裁协会
- 39 第二节 仲裁机构
- 53 第三节 仲裁庭

57 第四章 仲裁员
- 57 第一节 仲裁员的资格
- 60 第二节 仲裁员的行为
- 65 第三节 仲裁员的责任

70 第五章 仲裁协议
- 70 第一节 仲裁协议概述
- 77 第二节 仲裁协议的形式
- 82 第三节 仲裁协议的内容

| 94 | 第四节 仲裁协议的效力 |
| 110 | 第五节 仲裁协议的独立性 |

117　第六章　仲裁程序

117	第一节 仲裁参加人
122	第二节 仲裁申请与受理
126	第三节 仲裁答辩与仲裁反请求
128	第四节 仲裁庭的组成
131	第五节 仲裁管辖权异议
134	第六节 仲裁保全
141	第七节 仲裁审理
150	第八节 仲裁裁决
157	第九节 简易程序

160　第七章　申请撤销仲裁裁决

160	第一节 申请撤销仲裁裁决概述
161	第二节 申请撤销仲裁裁决的条件及法定情形
166	第三节 申请撤销仲裁裁决案件的审理

171　第八章　仲裁裁决的执行与不予执行

171	第一节 我国仲裁机构的仲裁裁决在中国的执行
173	第二节 仲裁裁决在中国内地、香港、澳门、台湾地区之间的协助执行
178	第三节 仲裁裁决承认与执行的国际司法协助
180	第四节 仲裁裁决的不予执行
184	第五节 撤销仲裁裁决与不予执行仲裁裁决的关系

187　第九章　涉外仲裁

| 187 | 第一节 涉外仲裁的界定 |
| 190 | 第二节 我国涉外仲裁的法律适用 |

第一章

仲裁制度导论

第一节 仲裁的概念与分类

一、仲裁的概念与特征

(一) 仲裁的概念

自有人类社会以来,各平等主体之间在进行社会交往的过程中,由于各种利益的冲突以及观念的差异,必然导致各种社会纠纷,特别是民商事纠纷不断发生。大量而频繁的民商事纠纷的存在,不仅有害于社会的稳定,导致当事人的权益无法保障,而且民商事纠纷得不到及时解决,则可导致矛盾激化,影响人们之间的正常社会交往,甚至可能引发社会严重的冲突。因此,民商事纠纷的解决及其解决方式日益受到关注和重视。就解决民商事纠纷的方式而言,人类社会早期主要是以自力救济解决方式(协商、自决等)。随着社会的发展,民商事纠纷所涉及的利益越来越复杂,当自力救济难以适应民商事纠纷解决的社会需要时,人们便转而寻求社会救济(调解、仲裁等)或者公力救济(民事诉讼)。现代社会创设了各种解决民商事纠纷制度,主要有协商、调解、仲裁和民事诉讼等。其中,作为社会救济的主要形式,仲裁是一种非常重要和有效的纠纷解决方式,特别是在民商事领域,其作用尤为显著。

在汉语中,"仲"即地位居中,"裁"即衡量、裁判。可见,"仲裁"二字的基本含义为"居中裁决"。因此,仲裁在中国亦称"公断",但现在则通用"仲裁"一词。在英语里,与仲裁对应的词汇是 arbitration,其基本含义也是居中裁决。作为一个法学概念,仲裁是指纠纷当事人各方通过合意,自愿将有关争议提交非司法机构的第三者,即仲裁员或公断人(Arbitrator, Referee)居中进行审理,由其依据法律或依公平原则作出对争议双方均有约束力的裁决的一种纠纷解决制度。

(二) 仲裁的特征

仲裁作为一种解决纠纷的民间性质的古老方式,现在已经被世界大多数国家的法律所确认,成为一种解决纠纷的法律手段,并且越来越为人们重视,特别是在民商事领域。与协商、调解、民事诉讼等其他解决纠纷的方式比较,仲裁具有以下法律特征:

1. 自主性

自主性也即自愿性,是仲裁最主要的法律特征和优势。具体而言,一项争议产生后,是否将其提交仲裁解决,以及仲裁机构、仲裁地点、仲裁庭的组成、仲裁适用的程序规则和实体法,都是由双方当事人在自愿的基础上合意确定。自主性是契约自治的必然要求和充分体现。对此,我国《仲裁法》第4条规定:"当事人采用仲裁方式解决纠纷,应当双方自愿,达成仲裁协议。没有仲裁协议,一方申请仲裁的,仲裁委员会不予受理。"

2. 灵活性

作为解决民商事纠纷的民事程序制度之一,仲裁在程序上不像民事诉讼那样受到各种各样严格的法律规范的约束,它不需要拘泥于严格的法定形式。基于自愿原则,当事人可以自定程序,例如,当事人可以制订仲裁规则,以协议选择仲裁庭的组成形式、仲裁审理的方式以及开庭的方式等。很多环节也可以被简化,例如裁决书的内容等也可以依当事人的自愿协议而被简化。此外,在仲裁程序中的各种时限以及法律适用等方面也都有很大的灵活性。[①]

3. 专业性

由于仲裁的对象是民商事纠纷,往往会涉及各种不同领域的问题。因此,各仲裁机构都选择法律、经济、贸易、运输和海事等领域的专家作为仲裁员,并按专业设置仲裁员名册,供当事人选择,这样就可以保障仲裁的专业权威性。

4. 经济性

仲裁的经济性,即仲裁迅速、及时且费用低廉。主要表现在以下几个方面:第一,一旦发生争议,双方当事人就可以按照事先的约定选定仲裁员,并由他们按照仲裁协议的规定组成仲裁庭而立即开始仲裁。第二,双方当事人所选定的仲裁员一般是相关领域的专家,对于争议问题通过一定的调查就可以直接予以认定,大大加快了裁决的速度。第三,仲裁费用一般要比诉讼费用低。第四,也是最为主要的,仲裁实行"一裁终局",即仲裁裁决一经作出就具有最终效力。例如,我国《仲裁法》第9条规定:"仲裁实行一裁终局的制度。裁决作出后,当事人就同一纠纷再申请仲裁或者向人民法院起诉的,仲裁委员会或者人民法院不予受理。"由于简化了解决有关争议的程序,缩短了审理期间,加快了裁决速度,从而也就大大降低了解决争议的费用。

5. 秘密性

仲裁的秘密性主要表现为:第一,仲裁庭审理案件,以不公开审理作为原则。例如,我国《仲裁法》第40条规定:"仲裁不公开进行。当事人协议公开的,可以公开进行,但涉及国家秘密的除外。"第二,各国有关的仲裁立法和仲裁规则都规定了仲裁员以及相关人员的保密义务。这样,一方面可以维护当事人的隐私、商业秘密以及声誉等,另一方面可以避免因争讼程序的过程中引起的敌对情绪,使双方当事人之间能够继续保持友好的关系,以便他们今后的继续交往与合作。

6. 仲裁结果的强制性

虽然仲裁机构是民间组织,仲裁庭的管辖权也依赖当事人的协议授权,并按照当事人所约定的程序、当事人所选择的法律或依公平原则对有关争议进行审理,并作出裁决。但世界各国的立法和司法实践都确认仲裁解决法律争议的合法性,承认仲裁机构依双方当事人的仲裁协议而作出的裁决的法律效力。并且赋予仲裁裁决强制力,如果有关当事人不自觉履

[①] 如《联合国国际贸易法委员会仲裁规则》第15条第1款规定:"按照本规则的规定,仲裁庭得以它认为适当的方式进行仲裁……"又如:在国际商事仲裁中,依据当事人双方合意选择的法律,甚至基于当事人双方的授权,依公平原则对当事人之间的有关争议作出友好裁决。

行仲裁裁决所确定的义务,法院可以,而且应该基于一定的条件采取必要的强制措施,保证该裁决的适当执行。

7. 国际性

仲裁的国际性主要表现为两个方面:一是当事人选择仲裁机构、仲裁员不受国籍的限制;二是仲裁裁决能够在很多国家得到执行。1958年联合国国际商业仲裁会议上签署的《承认及执行外国仲裁裁决公约》中肯定了仲裁裁决为全球性可执行性裁决书。[1] 目前,全世界有145个国家和地区加入了该公约,即在公约缔约国所作出的仲裁裁决,可以在145个国家和地区得到强制执行。就强制力而言,这是法院判决难以比拟的。[2]

二、仲裁的基本分类

从不同的角度,根据不同的分类标准,可以将仲裁分成不同的类型。这里主要介绍几种在理论和实践中有重大意义的分类。

(一) 国内仲裁与涉外仲裁

根据争议案件是否具有涉外因素,仲裁可以分为国内仲裁与涉外仲裁。

1. 国内仲裁

国内仲裁,是指一国当事人之间为解决没有涉外因素的国内民商事纠纷,依据仲裁协议所进行的仲裁。

国内仲裁中的当事人各方和仲裁机构具有国籍上的一致性,并且在仲裁规则的适用、仲裁程序的进行以及仲裁所适用的法律方面都具有明显的国内性。因此,国内仲裁在主权国家的常设仲裁机构所进行的仲裁中占据主要地位。

2. 涉外仲裁

涉外仲裁,也称为国际商事仲裁,是指当事人之间为解决具有涉外或者国际因素的民商事纠纷,依据仲裁协议所进行的仲裁。

就一国而言,本国境内设立的仲裁机构所进行的国内仲裁与涉外仲裁均属于该国仲裁制度的组成部分。因此,严格来说,各国的常设仲裁机构所进行的涉外仲裁仅仅构成国际商事仲裁的一部分,涉外仲裁还应当包括由国际性或者区域性仲裁机构依据当事人之间的仲裁协议,对具有国际性因素的争议案件所进行的仲裁,如国际商会仲裁院、解决投资争端国际中心所进行的国际性商事仲裁。国际商事仲裁解决争议案件所具有的国际性因素,使得涉外仲裁通常会遇到法律的适用以及法律冲突的解决等问题。

(二) 临时仲裁与机构仲裁

根据仲裁组织产生和存续的状态,仲裁可分为临时仲裁与机构仲裁。

1. 临时仲裁

临时仲裁,是指无固定仲裁机构介入,由当事人自愿协商达成合意,将争议提交给临时组成的仲裁庭进行审理并作出裁决的制度。临时仲裁在19世纪中期机构仲裁出现之前,一

---

[1] 参见杨良宜著:《国际商务仲裁》,中国政法大学出版社1997年版,第26—35页。参见《关于承认和执行外国仲裁裁决的公约》(1958年6月10日定于纽约)第1—3条。

[2] 法院判决的执行,只能以双方签订的涉及相互承认和执行法院判决的司法协助协定为基础,而且这些司法协助协定在规定相互承认和执行法院判决的同时,都规定了相互承认和执行商事仲裁裁决的问题。其可执行的范围远远小于仲裁裁决。

直是商事仲裁的唯一形式,在临时仲裁中,仲裁庭随争议的产生而产生,随争议的解决完毕而自行解散。

相较机构仲裁而言,临时仲裁具有以下主要特征:

(1) 当事人的自主性较大。在临时仲裁中,仲裁庭的组成、仲裁员的选任、仲裁程序应遵守的规则以及仲裁所适用的法律等,均是由当事人自行协商确定的。

(2) 仲裁极具灵活性。在临时仲裁中,对具体争议事项的审理方式、所适用的法律以及具体程序的进行等,均由当事人根据提请仲裁解决争议案件的具体情况而灵活自行协商确定的,而且还可以根据争议案件仲裁过程中的具体情况再进行变通。因此,其具有较大的灵活性。

(3) 更具有经济性。临时仲裁不依赖于常设仲裁机构,可以避免维持常设仲裁机构正常运转所需要费用向仲裁费用的转化,仲裁费用完全是仲裁争议案件所需要收取的费用。此外,仲裁程序的灵活性使得该争议解决方式更能体现效率的优势。因此,临时仲裁更具有经济性。

(4) 仲裁活动的非规范性。在临时仲裁中,仲裁庭随争议案件的产生而产生,随争议案件的解决而解散,缺乏一定机构和普遍性规范的约束,所以仲裁活动具有较大的任意性,难以建立一套适合仲裁实践需要的规范性做法。

2. 机构仲裁

机构仲裁,是指当事人根据仲裁协议,将其争议提交给某一常设的仲裁机构所进行的仲裁。

虽然仲裁制度起源于临时仲裁,但随着社会的发展,机构仲裁自产生以来便在仲裁领域中占据了主导地位。与临时仲裁相比较,机构仲裁具有以下特点:

(1) 仲裁机构的常设性。这是机构仲裁最为明显而突出的特点,也就是说,供当事人协议选择的仲裁机构是常设的,它存在于当事人之间的争议发生之前,并且不因争议的解决而解散。目前的常设仲裁机构既有各主权国家自行设置的仲裁机构,也有区域性组织设置的仲裁机构,还有国际性的常设仲裁机构等。

(2) 仲裁规则的严密性与实用性。仲裁机构的民间性决定了常设仲裁机构欲在激烈的竞争中立于不败之地,需要有一套切实保障仲裁质量的仲裁规则。常设仲裁机构通常均制定了自己的仲裁规则,并根据仲裁理论的发展以及仲裁实践的需要不断修正与完善,使其仲裁规则更加严密与实用。

(3) 仲裁员的可信性。常设仲裁机构虽然可以根据当事人的协议选择受理争议案件,但是对争议案件行使仲裁权的,仍然是仲裁员组成的仲裁庭。为了保证仲裁案件的公正性,各常设仲裁机构不仅依法聘任符合资格要求的仲裁员,并按照仲裁员的专业特长制作仲裁员名册,而且力争在更广泛的区域范围内聘任仲裁员,从而保证仲裁员的可信性。

(4) 仲裁结果的可预测性。在机构仲裁中,当事人可以根据该争议案件所适用的仲裁规则明确所适用的程序法与实体法,进而根据所适用的法律对争议案件的结果作出相应的判断。此外,常设仲裁机构对仲裁员的报酬,以及其他各种费用均采取明确收费标准,并将收费标准予以公开的做法,使得争议案件的仲裁结果相对具有可预测性。

由此可见,临时仲裁与机构仲裁各有其利弊。目前,机构仲裁是我国唯一的合法仲裁形式。虽然我国不承认临时仲裁,但对其他国家通过临时仲裁作出的仲裁裁决,却不能以仲裁方式不合法为由而拒绝承认和执行。因为作为1958年《承认及执行外国仲裁裁决公约》的参约国,依据该公约第2条的规定,各缔约国应承认仲裁裁决具有约束力,并应按照公约所规定的条件和执行地国家的程序规范予以执行。此处的仲裁裁决包括了机构仲裁和临时仲裁所作出的仲裁裁决。

(三)依法仲裁与友好仲裁

根据作出仲裁裁决的依据,仲裁可分为依法仲裁与友好仲裁。

1. 依法仲裁

依法仲裁,也称为合法仲裁,是指仲裁庭依据一定的法律规定对纠纷作出裁决。

在仲裁制度发展史上,随着仲裁得到国内立法与国际立法的认可以及机构仲裁的产生,依法仲裁逐渐成为现代各国仲裁制度的主要形态。依法仲裁通常具有以下特点:

(1)裁决依据的法定性。依法仲裁的本质特点在于,仲裁庭依据一定的法律规定对当事人提请仲裁的争议案件的实体权利义务关系予以认定并作出裁决,该适用于争议案件的实体法既可以是当事人协议选择的,也可以是在当事人没有选择的情况下依据一定的法律适用规则所确定适用的。因此,仲裁裁决的依据只能是可适用于争议案件的法律规定。

(2)裁决结果的可预见性。由于依法仲裁的裁决是仲裁庭依据所适用的法律作出的,当事人可以根据所适用的法律对其争议的权利义务的确定予以判断。因此,仲裁结果往往具有可预见性,极易为当事人所接受。

2. 友好仲裁

友好仲裁,也称为友谊仲裁或者衡平仲裁,是指仲裁庭基于当事人的协议授权,不依据严格的法律规定,而依据其认为公平合理的原则和商业惯例对纠纷进行裁决。

与依法仲裁相比较,友好仲裁具有以下特点:

(1)裁决依据的不确定性。在友好仲裁中,仲裁庭对当事人之间争议的权利义务作出裁决的依据不是实体法的规定,而是公平合理原则以及商业惯例。与具有明显的确定性的实体法规定相比较,公平合理原则或者商业惯例则具有含义的抽象性和可变化性。因此,裁决的依据具有不确定性。

(2)友好仲裁的适用基础是当事人的明示授权。与依法仲裁相比,虽然友好仲裁对仲裁员的专业要求很高,但是,友好仲裁裁决依据的不确定性使得友好仲裁中的主观性和随意性较强,裁决结果的客观性和公正性难以得到有效保障。因此,友好仲裁的采用取决于当事人的明示授权。

虽然依法仲裁具有许多优于友好仲裁的特点,但是,在理解制定法与生俱来的局限性的同时应当看到友好仲裁对依法仲裁的补充作用。通常情况下应采用依法仲裁,在特殊情况下,当缺少制定法的相应规定时,友好仲裁必然显现出其灵活、便捷的优势。

(四)传统仲裁与网上仲裁

根据仲裁是否以互联网为依托,仲裁可分为传统仲裁与网上仲裁。

1. 传统仲裁

传统仲裁,是指仲裁程序的启动以及仲裁的审理等活动均以传统方式进行的仲裁。

在传统仲裁中,仲裁程序的启动采取当事人依据仲裁协议提交书面仲裁申请的方式进行。仲裁程序启动后,仲裁的审理也是以传统的口头审理或者书面审理方式来进行。其中口头审理,又叫开庭审理,是指仲裁庭在当事人及其他仲裁参与人的参加下,对争议案件进行审理的一种仲裁审理方式。书面审理则是指仲裁庭仅根据当事人提供的证据和书面材料,对争议案件进行审理的一种仲裁审理方式,书面审理通常是当事人各方协议选择适用的。合议制仲裁员审理争议案件时,无论是采取口头审理,还是采取书面审理,合议制仲裁员都需要集中在某一地点对争议案件进行审理。传统仲裁是商事仲裁领域中的通行作法。

2. 网上仲裁

网上仲裁,也称为在线仲裁(on line arbitration),是指利用现代电子技术和互联网,从仲裁当事人提出仲裁申请、仲裁机构立案受理仲裁案件到仲裁庭开庭审理并作出仲裁裁决的整个过程都在国际互联网上进行的一种仲裁模式。

网上仲裁是随着电子技术和计算机网络的发展,特别是国际互联网(Internet)的发展和完善而产生的一种新型的仲裁模式和制度。与传统仲裁相比较,网上仲裁具有以下特点:

(1) 虚拟性。网上仲裁是一种常规仲裁与网络技术相结合的纠纷解决机制,网上仲裁依靠网络技术,而网络本身是一个由网址和密码所构成的虚拟空间,这就决定了利用网络技术来解决纠纷的网上仲裁程序具有虚拟性,当然这种虚拟性更多的是与常规仲裁本身的实体性相对比而言的。

(2) 在线性。这种在线性是指网上仲裁信息的传输和交换主要借助网络技术。常规仲裁中信息的传输与交换主要借助普通邮寄、特快专递、电报及传真等传统的通讯手段。而网上仲裁主要借助网络技术进行信息的传递,所有信息均主要以电子化形态经由互联网传递,同时这些资料文档也是以电子化的形式保存,从而使整个仲裁过程无纸化,这也与未来信息社会无纸化办公的大趋势相一致的。

(3) 快捷性。网上仲裁的整个过程基本都是通过网络来完成的,而网络本身具有无国界性,信息传递瞬息千里,完全没有了传统意义上的时间概念。网络本身的快捷性使得网上仲裁避免了常规仲裁冗长的信息传递环节,节省了大量时间,同时网上仲裁审理方式的特殊性,也使得当事人避免了旅途的奔波劳累,这些都是网上仲裁本身快捷性的体现。

网上仲裁在体现了较传统仲裁模式更加便捷的优势的同时,也面临着许多新的法律问题需要解决,如网上仲裁是否需要确定仲裁地点、仲裁裁决书的签字、网上仲裁的裁决能否得到国家法院的承认与执行等。目前,国际社会的一些网络公司和常设仲裁机构,如美国的萨博塞特商务网络公司(Cybersettle.com Inc.)、美国仲裁协会、世界知识产权组织仲裁与调解中心、中国国际经济贸易仲裁委员会等,都建立了网上仲裁机制,并开始了这方面的实践。只是由于受各方面条件的限制,目前的网上仲裁主要是用来解决网上商事争议。中国国际经济贸易仲裁委员会域名争议解决中心于2000年底由中国国际经济贸易仲裁委员会组建成立,并于2005年7月5日启用"中国国际经济贸易仲裁委员会网上争议解决中心"名称。作为中国互联网络信息中心授权的通用网址争议解决机构,该中心依据中国互联网络信息中心2010年7月29日修订发布的《通用网址争议解决办法》以及2002年1月1日生效实施的《中国国际经济贸易仲裁委员会 CNNIC 通用网址争议解决程序规则》,解决中国互联网络信息中心负责管理和维护的通用网址争议。

第二节 仲裁制度的产生与发展

一、仲裁制度的起源

仲裁作为一种由第三方解决当事人之间的争议的民间方式,具有悠久的历史。自从有了商品交换活动,人们就已经开始采用仲裁这样一种极为灵活、简便、高效的争议解决方式来解决双方在商事交往过程中所发生的各种各样的民商事争议。可以说,仲裁是商品经济的产物。

仲裁的起源可以追溯到原始社会氏族时期部落首长对内部纠纷的居中公断。[①] 但作为一项制度最早为政治国家所接纳的是古希腊和古罗马。在古希腊时的雅典,一旦发生纠纷时,人们经常任用私人仲裁员或公断人,根据公开原则解决争议。古罗马时期也已采用仲裁方式解决争议,《民法大全》中"论告示"第二编中记载了罗马法学家保罗的著述,为解决争议,正如可以进行诉讼一样,也可以进行仲裁。因为那时地中海沿岸一带,海上交通较为发达,商品经济有较大的发展,随着各城邦、港口之间商事往来的增多,商人或者商人社团之间的纠纷也相应地增多。特别是到了公元11世纪,随着商品交换活动在地中海北部沿岸、意大利各城邦国家之间的日益频繁,逐渐产生了专门用来调整商事关系的商人习惯法,而商事仲裁是其中一项极为重要的内容。[②] 商人们在解决纠纷的实践中,慢慢发现纠纷双方在自愿协商的基础上,共同委托大家信赖的、德高望重的、办事公道且熟悉商业活动的第三人对纠纷进行居中裁决的方法,既简便易行,又容易为大家接受,这样就逐渐形成了由双方当事人共同约请第三者居中裁决其纠纷的习惯,即临时仲裁。此后,为了适应商事活动的需要,脱离封建及宗教势力的支配,商人们自发组织了一些具有类似裁判权的机构,由商人通过仲裁的方式自己解决商人之间的争议。这一时期的仲裁,从内容到形式都比较简单,并且表现出一种道德规范或行业惯例的性质。是否仲裁以及如何仲裁完全听凭当事人的自愿,裁决的执行主要靠当事人对仲裁员公正性的信赖和道德观念的约束而自觉履行。[③] 那时的仲裁完全被视为是私人领域的事项,国家法律无意过问,法院也不加干涉。仲裁处于一种绝对的自治状态,属于纯粹的民间性的自救方法,仲裁制度完全在国家司法制度之外演变发展。

二、仲裁制度的建立与发展

中世纪的欧洲,虽然是一个教会法、庄园法、商人法以及王室法等多元法并存的时期,然而,教会法与世俗法的竞争始终构成中世纪法律史的一项主题。随着基督教的衰落和中央集权的主权国家的兴起,国家法律与其他自治的法之间的矛盾日益突出,这一状况必然导致一场王权与商人法庭之间的权力之争。在这场争斗之中,虽然王权最终取得了胜利,但是为了促进商业的繁荣与发展,王权也不得不作出一些让步,即在对商人的裁判行为进行严格的监督与审查的情况下承认商人社会对部分案件具有处理权并承认其效力。至此,仲裁制度

---

① 参见宋朝武:《中国仲裁制度:问题与对策》,经济日报出版社2002年版,第4页。
② 谢石松主编:《商事仲裁法学》,高等教育出版社2003年版,第15页。
③ 参见王存学主编:《中国经济仲裁和诉讼实用手册》,中国发展出版社1993年版,第20—21页。

在一定程度上被国家政权认可,并纳入了国家的司法制度体系之中。然而,此时的仲裁受到政治国家的干预,因为进入中央集权的君主专制时代后,政治国家的权力开始渗入社会生活的各个层面,民商事仲裁制度亦难以幸免。国家的立法机关对仲裁心存偏见,认为仲裁的发展将削弱和剥夺国家的司法权,因而对仲裁采取不友好甚至是敌视的态度。[①] 此外,由于当时奉行王权至上的思想,因此仲裁必然要受到王权(司法权)的干预和监督。[②] 例如,英国奉行"司法至上"的思想,发展了"法院管辖权不容剥夺"的原则,法院对一切仲裁裁决均有权予以重新审查,当事人的仲裁协议对法院几乎无任何约束力。虽然英国早在 1347 年就有了关于仲裁的记载,而且到了 16 世纪和 17 世纪,某些从事对外贸易的公司,如英国的东印度公司在其章程中,就规定了以仲裁方式解决公司成员之间发生的争议的条款,但是,直到 1697 年英国议会才正式承认了仲裁制度,产生了第一个仲裁法案。总体来讲,这个时期,立法机关与法院对仲裁抱有偏见,认为仲裁的发展将会削弱和剥夺国家的司法权,因此法院对仲裁采取过度的限制和干预,使仲裁成为一种依附于司法权的,缺乏独立性的纠纷解决方式,使仲裁的民间性受到了国家司法权的严格限制。

资产阶级夺取政权后,随着资产阶级的影响力从经济生活走入政治生活,国家逐渐认识到仲裁制度在经济贸易领域甚至政治国家中所发挥的重要作用,即仲裁不仅不会削弱和剥夺国家的司法权,而且还能有效缓解司法权在解决日益增多的纠纷方面的压力,从而维护社会经济秩序的稳定。因此,政治国家对民商事仲裁的控制开始放松,到 19 世纪中期以后,各国以及国际社会普遍承认仲裁是解决民商事争议的一种行之有效的方法,并且赋予其法律上的意义,使得仲裁制度成为一种解决争议的程序法律制度。19 世纪末到 20 世纪初期,仲裁制度得到了迅速的发展,许多国家顺应时代的要求,纷纷进行仲裁立法。例如法国在 1877 年修订其《民事诉讼法》;德国在 1877 年制定《民事诉讼法》时,专章规定了商事仲裁制度;瑞典在 1887 年制定了第一个专门的仲裁法令,1919 年又对该法令作了重要修改,并在此基础上,于 1929 年通过了《瑞典仲裁法》;英国也于 1889 年制定了第一部专门的《仲裁法》。

这一时期的仲裁制度之所以能够得到快速的发展与完善,一方面是因为国家放松了对商事仲裁的限制和干预而呈现出支持与发展仲裁制度的趋势,另一方面也与 19 世纪是一个"契约的世纪"密不可分。在上述因素的影响之下,仲裁的形式与内容都发生了极大的变化。进入 20 世纪中后期,西方各国都根据其社会发展的需要,多次修改或者重新制定各自的仲裁法,使仲裁法律制度日趋完善。如瑞典在对其仲裁法律制度进行了多次修改以后,于 1999 年制订了新的仲裁法。英国仲裁法也在经历了 1934 年、1950 年、1975 年、1979 年与 1996 年 5 次大的修改后日臻完善。

在西方各国日益完善其国内仲裁立法的同时,为了适应仲裁实践的需要,缓和各国立法的冲突,国际社会也加快了仲裁国际立法的工作。如 1923 年,国际联盟主持在日内瓦缔结了关于承认仲裁条款的《仲裁条款议定书》,第一次在国际上承认仲裁协议的效力。1958 年签订了《关于承认及执行外国仲裁裁决公约》,以便于解决仲裁裁决的承认与执行问题。为解决各国仲裁立法的统一问题,1985 年联合国国际贸易法委员会主持制订了《联合国国际商事仲裁示范法》,成为各国修改与制定仲裁法的范本。由此可见,这一时期,仲裁制度已经

---

① 郭树理:《民商事仲裁制度:政治国家对市民社会之妥协》,载《学术界》2000 年第 85 期。
② 参见赵健:《国际商事仲裁的司法监督》,法律出版社 2000 年版,第 7—8 页。

成为国际经济贸易领域中普遍采用的重要的纠纷解决方式。

由此可见,从形式上看,仲裁这一争议解决方式自产生以来一直到今天都没有什么太大的改变。如都是由民商事关系中的双方当事人自主选任的仲裁员居中裁决相关的民商事争议等。从本质上来说,国家法律的介入使仲裁成为一种全新的解决民商事争议的程序法律制度。这种变化主要体现在以下几个方面:第一,就仲裁的本质而言,仲裁从纯粹的民间性自救方式发展成为一种国家法律所认可的借助于社会力量解决争议的法律制度;第二,就仲裁人而言,从个人仲裁发展为机构仲裁;第三,就仲裁活动而言,从依公平原则、行业惯例发展为依法仲裁;第四,就仲裁裁决的实现而言,从个人依道德力量自觉履行发展到基于国家立法的认可而取得强制执行效力,从而得到国家的强制执行。

三、我国仲裁制度的建立和发展

(一) 新中国之前仲裁制度的建立和发展

仲裁作为一种民间解决争议的方式在我国也有悠久的历史,并且被广泛应用,但是作为一种法律制度得以确立则始于20世纪民国初期的北洋军阀时期。1912年,国民政府颁布了《商事公断处章程》,次年又颁布了《商事公断处办事细则》,这是我国有历史记载的第一个关于仲裁的专门规定。商事公断处附设于其所在地的商会,专门解决商人之间的争议。1921年又颁布《民事公断暂行条例》,并规定设立公断处,但其实质上只是一个调解机构。第二次世界大战后,为解决中美之间对外贸易的争议,中美双方成立了一个"中美商事联合仲裁委员会"并制订了仲裁规则。这个联合仲裁委员会形式上是中美联合仲裁组织,但实际上受美国控制,具有明显的半殖民地性质。①

新民主主义革命时期的革命根据地,仲裁的方式仅适用于解决劳动争议。1933年10月15日颁布的《中华苏维埃共和国劳动法》规定,劳资之间发生争议和冲突时,各级劳动部门得依当事人双方之申请,进行调解和仲裁。到1940年代后,解放区开始利用仲裁方式解决部分民事、经济纠纷。1943年2月4日,晋察冀边区颁布的《晋察冀边区租佃债息条例》第5章专门规定了仲裁的有关事项,各级政府也相应地成立了仲裁委员会。在1943年4月9日晋察冀边区行政委员会发出的"关于仲裁委员会的工作指示"中又进一步明确规定了仲裁委员会的性质、任务和权限及其与政府、专署等机构的关系。1949年2月25日华北人民政府颁布了《关于调解与仲裁的决定》。同年3月15日天津市政府发布了《天津市调解仲裁委员会暂行组织条例》,明确规定了有关房屋租赁、借贷等纠纷,由调解仲裁委员会调解,调解不成时仲裁,如对仲裁不服,可向人民法院起诉。

(二) 新中国仲裁制度的建立和发展

我国仲裁制度的真正建立和发展应当是在新中国成立之后。新中国确立了国内仲裁和涉外仲裁的双轨制仲裁制度,两种制度有着不同的发展过程。

1. 涉外仲裁制度的建立和发展

涉外仲裁制度是在中国国际经济贸易促进委员会(即中国国际商会)的推动下逐渐建立和完善起来的。该会根据1954年5月6日前中央人民政府政务院第215次会议通过的《关于在中国国际贸易促进委员会内设立对外贸易仲裁委员会的决定》,于1956年4月2日设

---

① 参见谭兵主编:《中国仲裁制度研究》,法律出版社1995年版,第3页。

立了中国国际经济贸易仲裁委员会的前身,即中国国际贸易促进委员会对外贸易仲裁委员会;此后,又根据1958年12月21日《关于在中国国际贸易促进委员会内设立海事仲裁委员会的决定》,于1959年5月1日设立中国海事仲裁委员会的前身,即中国国际贸易促进委员会海事仲裁委员会,分别受理涉外经济贸易与涉外海事争议案件的仲裁。这两个涉外仲裁机构基本上是按国际惯例设立并根据当事人的协议选择进行仲裁。可见,我国涉外仲裁领域一开始就确立起了现代意义上的仲裁制度。

我国的涉外仲裁制度由于基础较好,发展迅速。我国的涉外仲裁机构(中国国际经济贸易仲裁委员会和中国海事仲裁委员会)也由于按照国际通行的做法公正地仲裁而在国际上赢得了良好的声誉。我国还在1987年加入并成为联合国《承认及执行外国仲裁裁决公约》的缔约国,这也为我国涉外仲裁制度的发展注入了新的活力。

2. 国内仲裁制度的建立和发展

国内仲裁制度的发展比较复杂,大致经历了以下几个阶段:

(1) 只裁不审阶段

1950年至1966年,由于恢复国民经济和大规模经济建设发展的需要,合同制得到普遍推广,新中国政府也相应地颁布了一系列涉及仲裁的条例和法规,用以解决经济合同纠纷。如1961年9月中共中央颁布的《国营工业企业工作条例(草案)》,1962年8月国家经济委员会发布的《关于各级经委仲裁国营工业企业之间拖欠债款的意见(草案)》和1962年12月中共中央、国务院发布的《关于严格执行基本建设程序、严格执行经济合同的通知》等文件都明确规定各级经济委员会为合同仲裁的主管机关,当事人可以就其合同争议向仲裁主管机关提请仲裁,人民法院不予受理。对于一般案件,当事人不服仲裁裁决的,可以向上一级行政机关申请仲裁,实行两裁终审制;对于涉及重大项目的经济合同的案件,当事人不服省一级经济委员会的仲裁时,还可以向国家经济委员会申请仲裁,实行三裁终审制。这一阶段所实行的仲裁制度为"只裁不审",其实质是以行政手段解决经济合同纠纷,是国家实行严格计划经济体制的产物,并不是现代意义的仲裁制度。

(2) 仲裁停滞阶段

1966年至1976年"文化大革命"时期,仲裁工作实际上处于停顿状态。

(3) 先裁后审(或称又裁又审、两裁两审)阶段

1978年至1982年7月,在《经济合同法》施行前,是中国社会经济处于重大转型的历史时期。中国共产党的十一届三中全会以后,党的工作中心转移到经济建设上来。由于实行改革开放和对内搞活经济,从计划经济向有计划商品经济转换,国家开始强调和尊重经济规律和利用法律手段管理经济,并根据经济发展的需要逐步恢复和发展了国内仲裁制度,先后出台了一系列解决经济纠纷的通知、办法,如国务院在1978年9月颁发的《关于成立工商行政管理总局的通知》中将管理全民和集体企业的购销合同、加工订货合同,以及调解仲裁纠纷作为工商行政管理部门的主要任务之一。国家经济委员会、工商行政管理总局、中国人民银行于1979年9月发出的《关于管理经济合同若干问题的联合通知》,以及1980年5月工商行政管理总局发布的《关于工商行政管理部门合同仲裁程序的试行办法》都明确规定,国家各级经济委员会、各级工商行政管理局、同一系统的各业务主管部门是相关合同争议的仲裁机关。有关工业、农业、物资、交通运输、商业等部门系统内的经济合同争议,由同一系统内的各业务主管部门仲裁解决;不同工业部门之间,工业部门与除商业以外的其他部门及机关、团

体、部队、事业单位之间的合同争议,由各级经济委员会仲裁解决;不同商业部门之间,商业部门与其他部门及机关、团体、部队、事业单位之间的合同争议,由各级工商行政管理局仲裁解决。当事人对仲裁不服的,可以申请上一级机关复议,对复议不服的,还可以向人民法院起诉,人民法院实行两审终审。这一阶段所实行的仲裁制度为多头仲裁、两裁两审的制度。

(4) 可裁可审阶段

随着1982年7月1日《经济合同法》的施行和1983年8月国务院《经济合同仲裁条例》的颁布,我国废除以往所实行的经济合同"多头分工仲裁"体制,确立了由国家各级工商行政管理局设立的经济合同仲裁委员会统一管辖经济合同争议仲裁的制度,即经济合同纠纷发生后,当事人既可以向合同仲裁主管机关提请仲裁,也可以向人民法院起诉。但当事人一方或双方对仲裁不服的,还可以在收到裁决书之日起15天内,向人民法院起诉。可见,可裁可审制度实质上是"裁审自择"和"一裁两审"制度,该制度并非现代意义的协议仲裁制度。

(5) 或裁或审和一裁终局阶段

1991年《民事诉讼法》实施至1995年《仲裁法》实施前,我国实行或裁或审和一裁终局的制度。我国1991年4月9日颁布实施的《民事诉讼法》,在第四编涉外民事诉讼程序的特别规定中,专章规定了仲裁。确立了协议仲裁和一裁终局的制度,即涉外经济贸易、运输和海事中发生的纠纷,当事人在合同中订有仲裁条款或事后达成书面仲裁协议的,提交中华人民共和国涉外仲裁机构或者其他仲裁机构仲裁的,当事人不得向人民法院起诉。也就是说,仲裁机构的仲裁裁决是终局裁决,当事人不得就同一事实再申请仲裁,也不得向人民法院起诉。但是,《民事诉讼法》仅规范了涉外仲裁领域中的制度。对于国内仲裁,1993年修订的《经济合同法》也确认了上述协议仲裁制度。至此,我国虽然确立了协议仲裁的制度,但由于国内合同纠纷的仲裁仍然是由各级工商行政管理局设立的经济合同仲裁委员会进行仲裁,因此,并未摆脱以往行政仲裁的特色。

此外,20世纪80年代中后期,对于技术合同争议、劳动争议、房地产争议、知识产权争议以及农村承包合同争议的解决,还另外规定了专门的仲裁制度。如根据1987年6月颁布的《中华人民共和国技术合同法》和国家科委经国务院批准于1988年3月发布的《技术合同管理暂行规定》、1989年3月发布的《中华人民共和国技术合同法实施条例》,特别是国家科委经国务院批准于1991年1月发布的《技术合同仲裁机构管理暂行规定》,确立了技术合同争议的仲裁制度。规定有关技术合同发生争议时,当事人双方可以根据其事先达成的仲裁协议,交由各级科委内设立的技术合同仲裁机构仲裁解决。又如,国务院于1987年7月发布的《国营企业劳动争议处理暂行规定》确立了劳动争议的仲裁制度,即在各级劳动管理部门设立了相应的劳动争议仲裁机构,规定有关当事人可以直接将其劳动争议提交仲裁解决,而且实行一裁两审终审制。1993年7月国务院发布《中华人民共和国企业劳动争议处理条例》后,改变了以往的劳动争议仲裁制度,规定县、市、市辖区应当设立劳动争议仲裁委员会,负责本行政区域内发生的劳动争议的仲裁;发生劳动争议的企业与职工不在同一个仲裁委员会管辖地区的,由职工当事人工资关系所在地的仲裁委员会处理。规定当事人在其劳动关系发生争议时,只能先申请仲裁,然后再提起诉讼。总言之,劳动争议仲裁实行一裁两审制,且劳动争议仲裁是诉讼的前置性程序。

(6) 协议仲裁和一裁终局阶段

1995年9月1日,我国正式实施了《仲裁法》,将国内仲裁与涉外仲裁统一为民间性协议仲裁,实行"协议仲裁,一裁终局"制度。该法在总结我国仲裁实践经验的基础上,参考借鉴国际上协议仲裁制度的通行作法,根据建立社会主义市场经济体制的要求,对原有的涉外仲裁制度予以保留并制定特别规定的同时,将国内仲裁制度由行政性仲裁改造为民间性仲裁,充分保证了仲裁的私法自治性和独立性。《仲裁法》的实施使我国的仲裁制度进入了一个新的历史发展阶段。

第三节 仲裁的法律性质与功能

一、仲裁的法律性质

(一)国际社会中关于仲裁法律性质的理论

性质即事物自身的特质,是一事物区别于其他事物的根本属性。仲裁的性质是指仲裁区别于其他纠纷解决方式所具有的属性,是仲裁自身所具有的本质属性。仲裁的性质问题是仲裁理论中非常重要而又复杂的问题之一,因为对仲裁如何定性,往往直接影响一国法律对仲裁的态度。因此,自从现代意义上的仲裁制度诞生以来,仲裁的性质一直是中外学者关注和探讨的问题。早在 1937 年,A. 贝尔纳曾就仲裁的性质阐述了三种学说:第一种学说,是将仲裁协议书和裁决分开,将裁决看作普通法院作出的判决;依第二种学说,把仲裁协议和裁决看作同一协议的两个方面,裁决具有契约性,不能看作判决(judgement);第三种学说可被认为是前两种学说的中介说。该学说认为,在裁决需要普通法院下达执行令予以执行的范围内,裁决才可归属于法院的判决。[①] 虽然关于仲裁的法律性质,至今尚未形成一种能够为国际社会所普遍接受的观点,但是,在 A. 贝尔纳学说的基础上,经过学者们的探讨与发展,关于仲裁的法律性质主要形成了以下几种较为有代表性的理论。

1. 司法权理论

司法权理论(Jurisdictional Theory)认为,国家具有控制和管理发生在其管辖领域内的所有仲裁的权力。仲裁虽然源自于当事人之间的仲裁协议,但是仲裁的效力、仲裁员的权力和仲裁裁决的效力及执行等则只能源自于国家立法的认可。如果没有国家立法的认可与国家司法权的让与,不承认仲裁协议的效力以及仲裁庭对于当事人提请仲裁的争议事项所作出仲裁裁决的效力,则仲裁是无意义的。由此可见,该理论在承认仲裁源自于当事人之间仲裁协议的同时,又主张仲裁的效力源于仲裁进行地和仲裁裁决执行地国家的司法权。

司法权理论的根据是:判案(adjudication)通常是由国家设立之国家法院实施的一种主权职能(sovereign function)。当事人只能在仲裁地法明示允许或默示接受的范围内提交仲裁。同理,在仲裁员拟进行仲裁的国家里,如果没有该国家主权权力的授权,仲裁员则无权行为,在没有这种授权的情况下,该裁决将没有效力。[②] 法国学者克莱因认为,"只有国家才能行使审判权,因此如果法律允许当事人提交仲裁,那么仲裁机构只能是执行公共职能。"因此,进行仲裁是基于法律的授权,仲裁庭是国家司法组织的组成部分之一,仲裁裁决与法院判决具有同样的法律效力。仲裁员和法官都必须根据法律和良知作出判断,都必须尊重和

---

① 转引自韩健:《现代国际商事仲裁法的理论与实践》,法律出版社 2000 年版,第 34 页。
② 同上书,第 35 页。

坚持本国法的基本原则,两者唯一的区别在于前者的任命直接来自于国家主权,而后者的任命则是由当事人作出的。

司法权理论的提出和实行,促进了仲裁的法律化,使仲裁协议的效力、仲裁员的权力以及仲裁裁决的执行均得到了国家法律的有效保障。但是,该理论过分强调仲裁地法的作用,对当事人和仲裁员的自主权作出了较大的限制,因为该理论要求仲裁裁决的作出均必须遵从仲裁进行地国家的法律,其结果是仲裁必须适用仲裁地国的程序法和冲突规则,这就势必将仲裁与司法主权不适当地连在一起,忽视了仲裁作为一种民间性纠纷解决制度的独特性。

2. 契约理论

契约理论(Contractual Theory)认为,仲裁是一种契约性质的行为。仲裁员的权力不是源自于法律授权,而是源自于当事人的协议授权,因为当事人之间的争议是否通过仲裁方式予以解决以及仲裁地点、仲裁语言、仲裁庭的组成、仲裁程序的进行、仲裁所适用的法律等,都是由当事人之间协商决定的。当然,契约理论也经历了一个由传统理论到现代理论的逐渐发展与完善的过程。

契约理论的传统观点认为,仲裁员的权力源自于双方当事人之间的协议,所以,仲裁员实际上是双方当事人的代理人。仲裁裁决是双方当事人授权仲裁员作出的,换句话来说,仲裁裁决就相当于作为代理人的仲裁员代表双方当事人订立的一种协议,该协议对双方当事人均有约束力。

20世纪后,现代契约理论对传统观点进行了扬弃,摒弃了仲裁员是当事人的代理人的说法,这种观点认为仲裁属私法或债法领域而非公法领域,本质上仍然是私权、是合同性质的。仲裁协议和仲裁裁决均属合同约束力的范畴,来自"当事人的合约必须守信执行"这一原则。① 法国学者尼布耶那曾就此评述:"仲裁裁决具有契约性质,这是因为仲裁员权力的取得不是来自于法律或司法机构,而是来自于当事人间的协议。仲裁员是按照当事人在协议中的意愿去裁定争议的。当事人让仲裁员以公断人身份作出裁决是一种真正的委托,由此,裁决也被注入了契约性。……如同所有协议一样,裁决必然具有法定效力,而且具有终审判决的权威。"②

契约理论反映了仲裁的本质特征,即仲裁来源于当事人之间的合意。以仲裁方式解决当事人之间的纠纷,实际上是当事人对其民事权利的自由处分,属于私法的范畴。契约理论肯定了当事人在选择支配其关系的法律方面具有高度的自治性,合理揭示了仲裁的本质特征,具有现实意义,特别是现代契约理论。但是,该理论忽视了国家法律对于仲裁的强大影响,因为各国法律不仅对仲裁的范围进行了一定的限制,同时,仲裁裁决的强制执行也需要得到有关国家司法的支持和监督。

3. 混合理论

混合理论(Mixed or Hybrid Theory)试图克服司法权理论和契约理论的片面性,认为绝对的司法主义或绝对的契约主义都不能全面的揭示仲裁的本质并解释仲裁所具有的特征,因

---

① 参见宋连斌:《国际商事仲裁管辖权研究》,法律出版社2000年版,第11—12页。王生长著:《仲裁与调解相结合的理论与实务》,法律出版社2001年版,第64—65页。

② 〔法〕Niboyet, *Traite de droit international prive francais*(《法国国际私法论》),1950, para 1284。转引自韩健:《现代国际商事仲裁法的理论与实践》,法律出版社2000年版,第36页。

此主张仲裁兼具有司法和契约的双重性质。这一观点得到许多学者的支持,在仲裁理论中具有较大的影响。

该理论认为,仲裁起源于双方当事人之间的契约,仲裁的提起、仲裁员的选定、仲裁庭的组成、仲裁程序的进行、仲裁裁决的执行等都依赖于双方当事人之间的协议;但与此同时,仲裁又不能超越有关国家的法律,需要从仲裁协议执行地和仲裁裁决执行地国家获取司法效力。索瑟-霍尔在阐述混合理论时认为,仲裁不能超越出所有法律体系,总存在着一些能确定仲裁协议的效力和裁决可执行性的法律。同时他也现实地承认,仲裁起源于私人契约,仲裁员的人选和支配仲裁程序的规则的确定,主要取决于当事人之间的协议。因此他认为仲裁契约和司法因素是相互关联和不可分割的。索瑟-霍尔将仲裁的性质确定为"一种混合的特殊司法制度。它起自于当事人的协议,并从民事法律中获取司法效力"①。可见,国家司法权和当事人的契约权并非相互对立,而是可以协调的。当事人有权在法定范围内订立契约,当然有权在法定范围内构建仲裁的形式与内容,如果当事人依法约定仲裁,则当事人的契约行为必然受到法律的保护和支持。这种互动的关系体现了仲裁的契约性因素与司法性因素的有效结合,保证了仲裁的生命力。②

4. 自治理论

仲裁具有独立性质是由鲁贝林·德维丝提出并继而发展起来的理论。它认为只有考察仲裁的效用和目的,才能确定仲裁的真实性质。鲁贝林·德维丝评述道:"问题是应该知道仲裁是否在司法性和契约性这两种构成之外形成了一种自治体系。确定该体系的性质不应参照合约或司法体系,而应根据仲裁的目的以及不愿诉诸国家法院的当事人所作的保证或许诺,对仲裁的法律权威进行论证。"③由此可见,自治理论(Autonomous Theory)完全是从另一个不同的角度来揭示仲裁的性质,认为仲裁的性质既不是单纯的契约性或者司法性,也不是契约和司法的混合性,而是自治性。作为一种争议解决机制,仲裁的起源与发展是商人们注重实效的实践结果,是商人们首先在国家法律制度之外发展了仲裁,而后作为一种争议解决方式,仲裁才得到了法律的确认。因此,仲裁协议和仲裁裁决之所以具有约束力,既不是因为它们是契约,也不是因为国家的特许,而是各国商人顺应处理商业关系的基本需要,是实践的"惯性的必须性"④。因此,仲裁法应以满足当事人的愿望为目标,其功能是发展商人法;完全的当事人意思自治是仲裁充分发展所必需的,尽管还应保留最低限度的公共政策为限制因素。⑤ 仲裁是一种独立的,而且是超国家的自治体系。

---

① [法]Sauser-Hall, L'arbitrage en droit international prive(国际私法上的仲裁),Annuaire de L'institut de Droit International(载《国际法协会年鉴》),1952, p.469. 转引自韩健:《现代国际商事仲裁法的理论与实践》,法律出版社 2000 年版,第 38 页。

② 混合理论得到了许多学者的支持,具有较大的影响。在我国,持该观点的学者也占大多数。See A. Redfem, &M. Hunter, Law and Practice of International Commercial Arbitration, (1991) p.8; A. Samuel, Jurisdictional problems in International Commercial Arbitration; A study of Belgian, Dutch, English, Franch, Swedish, U. S. and West German Law(1989), p.60. 黄进主编:《国际私法与国际仲裁》,武汉大学出版社 1994 年版,第 137—139 页。

③ [法]Rubellin. Devichi, L'arbitrage. Nature Juridigue. Droit interne et droit international prive(《仲裁、司法性质、国内法与国际法》)(1965), para14. 转引自韩健:《现代国际商事仲裁法的理论与实践》,法律出版社 2000 年版,第 40 页。

④ 韩健:《现代国际商事仲裁法的理论与实践》(修订本),法律出版社 2000 年版,第 40 页。

⑤ A. Samuel, Jurisdictional problems in International Commercial Arbitration; A study of Belgian, Dutch, English, Franch, Swedish, U. S. and West German Law(1989), p.67. 转引自宋连斌:《仲裁的契约性新探——以国际商事仲裁为例》,载《仲裁与法律》2000 年第 4 期。

自治理论注意到了商业发展的需要对仲裁的巨大促进作用,即随着商业的日益复杂化与多样化,国际化与全球化,必然要求仲裁非仲裁地化,具有超国家的特征。当事人有权自由选择仲裁所适用的法律,无论是实体法,还是程序法;还可选择适用"商人法"、"国际商法"、"一般法律原则"、"共同法律原则"等法律规则或商业惯例。尽管现代商事仲裁超越国家法律框架的趋势在明显增加,但是该理论与大多数国家的仲裁制度和仲裁实践不符。法院介入仲裁,有时会给自由而宽松的仲裁环境带来一些限制,但有时却是必要的,如法院强制执行仲裁协议、代为指定仲裁员、采取保全措施等,如果缺少这些环节,仲裁程序有时无法有效进行,或者对当事人的权益保护不足。因此,全面否定仲裁法的自治作用尚不可行。①

(二)我国关于仲裁性质的理论

由于我国长期以来一直实行国内仲裁与涉外仲裁双轨制的做法,致使仲裁理论的研究也相对薄弱。我国关于仲裁性质的理论大多是以上述四种基本理论为基础发展起来的,主要有:仲裁性质一元论,主要包括民间说、司法权说、准司法权说和契约说;仲裁性质二元论,即契约、司法混合论,以及仲裁性质综合论,即仲裁的本质是契约性、司法性以及自治性。②这里主要对与前述四种理论不同的关于仲裁性质的理论作一简单介绍。

1. 准司法权理论

准司法权理论认为仲裁作为民商事纠纷解决机制之中的一种具有法律效力的方式,虽然在具有法律效力以及具体程序方面有与诉讼的相同之处,但仲裁作为民间性的争议解决制度又区别于诉讼,因为仲裁机构的管辖权来源于当事人的协议授权。此外,从各国仲裁立法与实践来看,仲裁裁决虽然在法律上具有与法院判决同样的约束力与可执行力,但仲裁机构却无权执行。因此,仲裁是当事人自愿解决争议的准司法解决方法,仲裁程序是准司法程序。

准司法权理论能够从当事人意思自治和国家法律对于仲裁的认可和司法支持两个方面来揭示仲裁的性质,但是该理论也有其自身的缺陷,即作为界定仲裁性质的理论本应当是准确无歧义的,而"准司法"一词的语意含糊,使得其难以准确地揭示仲裁的法律性质。

2. 非行政性理论

该理论的提出是以我国《仲裁法》的实施为基础,是相对于我国仲裁法实施前仲裁所具有的行政性质而言的。我国《仲裁法》颁布前,国内民商事争议的仲裁呈现出多头行政仲裁的特色,并不是现代意义上的协议仲裁制度。《仲裁法》颁布后,由于对仲裁的法律性质尚无统一的认识,并且当时民商事仲裁由行政仲裁向民间仲裁转化,此时提出仲裁的非行政性质具有积极意义。但是,该理论实际上并没有正面回答仲裁的法律性质究竟是什么的问题。

3. 民间性理论

民间性理论认为,仲裁的发展体现了商人们希望通过以国家强制力为后盾的诉讼程序之外的方式来解决争议的实践需要,从本质上看,仲裁就是当事人通过自愿协商达成合意,将解决纠纷的权力交由其信赖的非司法机构的第三人行使,从而解决争议的活动。因此,仲裁属于民间仲裁,具有任意性和民间性,仲裁权属于私权。民间性理论将仲裁置于社会解决

---

① 参见谭兵主编:《中国仲裁制度研究》,法律出版社1995年版,第11—12页;王生长著:《仲裁与调解相结合的理论与实务》,法律出版社2001年版,第67—68页。
② 宋朝武主编:《仲裁法学》,中国政法大学出版社2006年版,第9页。

纠纷的总体系中探讨其性质,肯定了当事人在选择支配其关系的法律方面具有高度的自治性,合理揭示了仲裁的本质特征并对仲裁制度的发展具有促进意义。但是,该理论与契约理论一样,同样忽视了国家法律对于仲裁的强大影响。

4. 综合性理论

该理论是我国近年来出现的较为新颖的理论,其对仲裁的契约性、司法性以及自治性等不同侧面的特性,没有任何偏向,只侧重于仲裁作为争端解决制度的独特性。认为从仲裁的历史发展、仲裁的构成要素以及仲裁的发展趋势看,仲裁的性质是契约性、司法权性和自治性的有机结合,是以当事人一致同意为基础的,高度自治的,并由国家法律保障实施的一种解决纠纷的方式。在仲裁中,契约性是仲裁的基础,自治性是仲裁的动因,司法权性则是仲裁的法律效力的保障。①

该理论比较全面地反映了仲裁特别属性中三个必不可少的方面,一般意义上的仲裁都是建立在当事人意思自治的基础之上的,并且由国家法律保障其效力和执行,即仲裁以自治性为基础,以司法权性为保障。然而,只要仲裁制度需要得到国家法律的认可与司法权的保障,就必然对仲裁的灵活性和当事人的自治性形成一定的限制。因此,所谓仲裁的自治性,对目前仍然在法律框架下解决争议的仲裁而言,仍然难以摆脱契约的范畴。

二、仲裁的功能

从仲裁制度的历史演进不难看出,仲裁是商品交换发展的产物,是根植于市民社会基础之上的一种自主解决纠纷的方式。在市民社会与政治国家的真正分离以及政治国家减少对市民社会的干预的背景下,现代商事仲裁制度才得以快速发展起来,并越来越成为一种重要的商事争议解决制度。当然,商事仲裁制度之所以能够在多元化的争议解决制度中脱颖而出,与其更能适应市民社会对争议解决制度的多元化要求密切相关。因为在市民社会中,人们对争议解决的实际需求具有多元性,有的当事人在解决商事争议的同时希望自己的商业秘密不被泄露,有的当事人更希望商事争议能够得到专业化裁判,还有的当事人甚至希望争议的解决过程是一个温和抗争的过程,既解决了彼此之间的商事争议,又不失其应有的商业和睦。现代商事仲裁制度恰恰可以满足市民社会对争议解决的上述需求。可见,仲裁制度与民事诉讼虽然同为解决民商事争议的法定途径,但因其产生的社会基础不同,前者的社会基础为市民社会,后者的社会基础为政治国家,导致两者具有公正、效率的共同价值目标外,还有各自的特有价值,前者为意思自治,后者为秩序稳定。仲裁"意思自治"的价值目标,决定了仲裁相较诉讼而言的诸多特有优势,例如,自治性、灵活性、秘密性、经济性、国际性等,而这些优势又体现在仲裁的功能中。就仲裁的功能而言,主要体现在以下几个方面:

(一)充分尊重当事人的自主性,有利于迅速彻底地解决纠纷

自主性是仲裁最主要的法律特征和优势,一项争议产生后,当事人可以自主合意选定仲裁机构以及仲裁地点、选定仲裁庭组成人员,合意确定仲裁程序所适用的程序规则和实体法等。可见,仲裁在解决纠纷的过程中,当事人充分参与并在很大程度上享有自主决定权,在此前提下作出的仲裁裁决,可以说是当事人自主的结果,因而有利于迅速彻底地解决纠纷。

---

① 宋连斌:《仲裁的契约性新探——以国际商事仲裁为例》,载《仲裁与法律》2000年第4期。

（二）实行独立仲裁原则，协议仲裁制度，有利于维护仲裁公正

仲裁依法独立进行，不受社会和个人干涉；仲裁机构与行政机关之间不存在隶属关系，有利于排除行政干预；仲裁机构之间相互独立、平等，当事人可以协议选择仲裁机构而不受地域限制，有利于排除地方保护；仲裁庭独立审理，并且实行专家断案，有利于公正解决纠纷。可见，实行独立仲裁原则，协议仲裁制度，有利于实现并保障仲裁公正进行。

（三）实行或裁或审、一裁终局制度，有利于资源合理分配，及时实现权利

或裁或审是指对于仲裁和诉讼，当事人可以择一而行，当事人一旦选择仲裁，则排除司法对该纠纷的管辖权。同时，仲裁实行"一裁终局"，裁决一经作出，就具有法律效力。当事人就此不得上诉，也不得再次申请仲裁或起诉。"或裁或审、一裁终局"制度方便快捷，有利于当事人快速了断纠纷，节约时间和精力，减少财力和商业机会的损耗和浪费。有利于社会资源与司法资源的合理分配，及时实现当事人的权利。

（四）实行保密性原则，有利于保护当事人的商业机密，减少彼此感情冲突

仲裁实行保密性原则，体现为：第一，审理案件和宣判案件的不公开；第二，仲裁员以及相关人员具有保密义务。这样，一方面可以维护当事人的隐私、商业秘密以及声誉等，另一方面可以避免因争讼程序的进行而引起的敌对情绪，使双方当事人能够继续保持友好的关系，以便他们今后的继续交往与合作。

第四节　仲裁与民事诉讼的关系

一、仲裁与民事诉讼关系的历史考察

仲裁与民事诉讼是现行民商事纠纷解决机制中最为主要的两种法定纠纷解决方式，仲裁属于社会救济的方式，即纠纷当事人通过合意，自愿将有关争议提交非司法机构的第三者进行审理，由其依据法律或依公平原则作出对争议双方均有约束力的裁决的一种纠纷解决制度。民事诉讼则是对当事人的司法救济，属于公力救济的方式，即法院、当事人和其他诉讼参与人，在审理诉讼案件的过程中所进行的各种诉讼活动，以及由这些活动所产生的各种诉讼关系的总和。可以说，仲裁与民事诉讼的关系，实质上就是仲裁与国家司法权的关系。从仲裁制度发展之初开始，仲裁与司法权之间就存在着一种矛盾的张力，国家司法权一方面要保持对仲裁的控制，另一方面又要确保仲裁的自治性价值和自身优势的发挥。从历史上考察，仲裁与民事诉讼的关系经历了三个阶段：

（一）民事诉讼对仲裁的完全不干涉阶段

仲裁作为一种由第三方解决当事人之间的争议的民间方式，具有悠久的历史。自从有了商品交换活动，人们就开始采用仲裁这样一种极为灵活、简便、高效的争议解决方式来解决他们之间的各种各样的民商事争议。早期的仲裁完全被视为是私人领域内的事项，国家法律无意过问，法院也不加干涉，仲裁处于一种绝对的自治状态。此时期的仲裁，表现出一种道德规范或行业惯例的性质，是否仲裁以及如何仲裁完全听凭当事人的自愿，仲裁裁决也不具有终局性和可强制执行的效力，仲裁属于纯粹的民间性的自救方法，仲裁制度完全在国家司法制度之外演变发展。

(二) 民事诉讼对仲裁的过度干预阶段

随着仲裁的作用和影响不断扩大，国家开始关注仲裁，并运用立法权逐步将仲裁纳入到国家司法体系中。此时，仲裁由纯粹的契约性制度演变成为一种兼具契约性和司法性因素的纠纷解决制度。由于当时奉行王权至上，并且国家对仲裁心存偏见，认为仲裁的发展会削弱国家的司法权。因此，仲裁必然要受到国家司法权的严格监督与审查，使仲裁实质上成为依附于国家审判权的、缺乏独立性的纠纷解决方式。以英国为例，由于其长期以来奉行"法院管辖权不容剥夺"的原则，因此，十分强调法院对仲裁的监督与审查。根据英国1950年的仲裁法规定，英国法院有权撤免仲裁员，有权撤销仲裁协议，有权决定仲裁中涉及的法律问题，有权以存在事实或法律上的错误为由撤销仲裁裁决。[①] 法院对一切仲裁裁决均有权予以重新审查，当事人的仲裁协议对法院几乎无任何约束。

(三) 民事诉讼对仲裁的适度干预阶段

随着经济贸易，特别是国际经济贸易的发展，商人们更加青睐仲裁，并要求国家不要过多的干预仲裁，还仲裁本有的民间自治性，以适应经济发展和解决纠纷的需求。同时，经过多年的仲裁实践，各国都认识到仲裁的发展并不会削弱和剥夺国家的司法权，相反还能有效地支持国家的司法权。于是，各国立法和法院逐步改变了对仲裁的偏见和敌视，承认仲裁权与审判权都是法律规定的解决纠纷的权力，赋予仲裁一定的司法性。同时，放宽了国家司法权对仲裁的限制和干预。法院对仲裁的监督和审查也由一种严格的、全面的监督转化为以支持和协助为主的监督。特别是在20世纪80年代初，这一趋势更加明显，一些国家新修订的仲裁法以及联合国或其他国际组织制定的仲裁规则都明显体现了弱化司法干预的趋势。例如，英国1979年仲裁法的重要改革之一，就是放松了对仲裁的司法管制，1996年英国仲裁法的改革更为彻底，将法院对仲裁的主要作用定位于：满足当事人以仲裁方式解决争议的愿望，协助仲裁庭履行仲裁的职能。1985年《国际商事仲裁示范法》也充分体现了这一精神。

我国仲裁与民事诉讼的关系发展，与西方国家的有所不同。因为，我国仲裁体系为双轨制，即分为涉外仲裁与国内仲裁，两种仲裁制度各自独立，适用不同的法律、规则和程序。涉外仲裁制度，从其建立之时起就基本与国际仲裁制度接轨。国家司法权对涉外仲裁采取适度的干预。而国内仲裁制度从一产生开始，就受到国家行政权力的强烈干预，大体经历了四个阶段：第一阶段，只裁不审阶段。这一阶段是以行政手段解决经济合同纠纷，国家司法权对仲裁无权干预。第二阶段，先裁后审阶段。这一阶段，当事人之间的经济合同纠纷必须先向合同仲裁主管机关提请仲裁，对仲裁不服的，可以申请上一级机关复议，对复议不服的，才可以向人民法院起诉。这种"先裁后审"使仲裁实质上成为附属于诉讼的一项纠纷解决方式，国家司法权可以对仲裁进行全面性的干预。第三阶段，可裁可审阶段。可裁可审制度实质上是"裁审自择"和"一裁两审"制度。此阶段，国家司法权对仲裁仍然是全面的监督和干预，仲裁实质上成为附属于诉讼的一项纠纷解决制度。第四阶段，或裁或审和一裁终局阶段。1995年《仲裁法》的实施，确立了我国仲裁与民事诉讼关系的新模式。或裁或审是指当事人有权选择仲裁或选择诉讼来解决纠纷，但选择仲裁或选择诉讼是相互排斥的，有效的仲裁协议排除人民法院的管辖权。没有仲裁协议或者仲裁协议无效的，人民法院才可以行使管辖权。一裁终局是指仲裁裁决一经作出即具有终局法律效力，当事人不能就此再申请仲

[①] 张斌生主编：《仲裁法新论》，厦门大学出版社2002年版，第47页。

裁或向人民法院起诉。这一阶段，国内仲裁制度基本与国际通行作法接轨，将仲裁与诉讼作为两种独立的解决纠纷的法定方式。国家司法权对仲裁的干预被限定在一定的范围，由法律明确规定，充分体现了仲裁的私法自治性。民事诉讼与仲裁的关系由以审查和控制为主的过度监督向以支持与协助为主的适度监督转换。

综上分析，不难看出，无论在外国还是在我国，民事诉讼与仲裁的关系都经历了从分离与扭曲、过度干预到有限干预的转变。可以说，仲裁制度逐步发展和完善的过程，也即国家司法权逐步减少对其干预，增强其程序主体性的过程。我们认为，民事诉讼与仲裁关系的这种转变是必然的，是与市场经济和民主政治的发展紧密相连的。市场经济和民主政治，从本质上是一种信奉自治的制度，权利的合法性基础来自于选择，每个人都应该享有自由地表达自己的意思，处理自己事务的权利。尽管在市场经济和民主政治发展的不同阶段，法律给予个人的自由程度有些差别。[1] 因此，市场经济的迅速发展，商事活动的国际化是国家司法权减少对仲裁过分限制和干预，转而以支持和协助仲裁的动力和要求。随着经济贸易的发展，国家司法权对私法领域内的权利也会更加尊重，这也使得国家司法权与仲裁的关系向着积极的方向发展，即尽量减少干预，增加相互间的支持和协助。

二、仲裁与民事诉讼的相同之处

虽然仲裁与民事诉讼是两种不同的解决民商事纠纷的制度，但两者之间还是存在许多相同之处：

（一）属性相同

两者都属于民事程序法律制度。所谓民事程序法律制度，是指解决平等主体之间的民商事争议的程序、规则和方法的总和，包括公证、人民调解、仲裁以及民事诉讼等。在民事程序法律制度中，仲裁与民事诉讼是具有同等法律效力的两种制度。

（二）部分原则和制度相同

仲裁与民事诉讼都必须在事实清楚、证据充分的基础上，分清当事人的责任，依法确定当事人之间的权利义务关系，从而解决争议。因此，两者都确立了独立行使权利原则、当事人权利平等原则、辩论原则、处分原则以及回避制度、合议制度等。

（三）当事人的一些程序权利相同

在民事诉讼中，原告有起诉权、提出、放弃与变更诉讼请求的权利、被告有反诉权、放弃与变更反诉请求的权利，双方当事人有委托代理人的权利、提供证据的权利、请求审判人员回避的权利、自行和解的权利以及请求调解的权利等。在仲裁程序中，申请人与被申请人同样也享有上述权利。

（四）某些程序性规则相同

由于仲裁与民事诉讼所解决的争议性质具有共同性，导致了两者所适用的程序性规则也具有共同性。就当事人而言，两者对当事人的权利能力、行为能力的标准是一致的。就证据制度而言，两者在举证责任的分担上是一样的，即谁提出作为证明对象的主张，谁对该主张承担举证责任；此外，证据种类以及证据的审查和判断方法和标准也是一致的。

---

[1] 张俊浩主编：《民法学原理》，中国政法大学出版社2000年版，第725页。

（五）裁决与判决的法律效力相同

仲裁裁决与民事判决均具有确定力和强制执行力。根据我国《仲裁法》的规定，仲裁机构作出的裁决和调解书，与人民法院作出的生效判决、调解书具有相同的法律效力，即均具有对争议的权利义务关系予以最终确定的效力以及强制执行力。

三、仲裁与民事诉讼的区别

虽然仲裁与民事诉讼存在着上述相同之处，但仲裁与民事诉讼毕竟属于两种不同性质的纠纷解决方式，它们之间的区别也是十分明显的，主要表现在以下几个方面。

（一）性质不同

仲裁机构的民间性决定了仲裁的本质特性是民间性，仲裁程序充其量也不过是一种"准司法"程序，仲裁庭对争议案件的管辖权来源于争议双方当事人自愿达成的仲裁协议，没有任何强制的意义。而民事诉讼则具有强制性，即人民法院是国家的司法机关，代表国家行使审判权。民事诉讼程序就是人民法院行使审判权，对争议是非曲直进行判定的过程，具有明显的代表国家意志的性质。

（二）受理案件的基础不同

仲裁机构受理案件的基础是双方当事人的共同授权，即有效的仲裁协议。如果当事人之间没有达成仲裁协议，或仲裁协议无效，任何一方当事人都不能向仲裁机构提请仲裁。而人民法院受理案件的基础则是法律的直接规定，其对案件的管辖权具有法定的、强制性的基础。

（三）一些具体程序规则不同

仲裁与民事诉讼作为两种性质不同的争议解决制度，在具体程序规则方面还是存在以下一些主要区别：第一，开庭审理的原则不同。仲裁庭审理案件以不公开审理为原则，公开审理为例外，由当事人协议选择。而民事诉讼的开庭审理以公开审理为原则，不公开审理为例外。第二，审理组织产生的方式不同。仲裁中的审理组织，当事人不仅可以约定仲裁庭的组成形式，还可以选择组成仲裁庭的仲裁员。只有当事人没有在仲裁规则规定的期限内选定仲裁员时，仲裁委员会主任才可指定仲裁员，组成仲裁庭。而民事诉讼中的审判组织，即合议庭或者独任庭是根据适用的程序及案件而由法律确定的。第三，具体的审级制度不同。仲裁实行一裁终局制度，而民事诉讼则实行两审终审制。第四，申请保全的程序不同。在仲裁中，无论是财产保全还是证据保全，当事人须向审理案件的仲裁委员会提出，由该仲裁委员会将当事人的申请提交有管辖权的人民法院进行保全，这是由仲裁机构的民间性所决定。而在民事诉讼中，当事人申请保全，无论是财产保全，还是证据保全，均直接向有管辖权的人民法院提出。

（四）裁决与判决的作出不同

裁决与判决的作出区别主要体现在三个方面：第一，作出的依据不同。仲裁裁决既可以依法作出，也可基于当事人的授权，依据"公平原则"、"商业惯例"等作出裁决。而判决则必须依法作出，人民法院适用法律错误会导致判决的无效。第二，作出的基础不同。仲裁裁决作出的基础既可以是仲裁庭查明的争议案件事实，也可以是当事人之间达成的和解协议或者调解协议；而判决的作出基础只能是人民法院依法查明的争议案件事实。第三，作出程序不同。在仲裁程序中，合议庭对争议案件进行评议时，如果形不成多数人意见时，则按照首席仲裁员的意见作出仲裁裁决。而在民事诉讼中,合议庭评议案件时,如果形不成多数人意见时,不能按照审判长的意见作出。

四、仲裁与民事诉讼的联系

仲裁与民事诉讼作为解决民商事争议的法定方式,尽管存在着本质的区别,但又有着密切的联系。一方面,仲裁机构的民间性质以及当事人意思自治对仲裁程序的主导作用等,决定了仲裁机构不可能拥有人民法院所能够行使的国家公权力。因此,仲裁机构和仲裁庭在仲裁过程中都无权实施保障仲裁程序顺利进行所必需的各种强制性措施,如财产保全等。此外仲裁裁决作出后,民间性的仲裁机构也无权强制执行,这些带有强制性的权利只能由人民法院依法行使。可见,人民法院依照民事诉讼的相关规定对仲裁予以支持是不可或缺的。另一方面,仲裁实行"一裁终局"制度,一个不公正的仲裁裁决一经作出也具有法律效力,此时,需要人民法院行使司法权从外部对仲裁予以监督,以保障仲裁裁决的公正性。可见,仲裁制度解决争议功能的有效发挥,离不开人民法院的支持和协助,同样也离不开人民法院的司法监督。

综上,仲裁与民事诉讼的联系主要表现为:第一,立法上的借鉴和互相补充。在一些国家,仲裁制度规定于民事诉讼法中。我国虽然制定了独立的《仲裁法》,但民事诉讼法中也有一些关于仲裁的规定。这种法律渊源上的联系,反映了两种程序之间目的的一致性。同时,单独的《仲裁法》一般对仲裁的规范比较全面,是对民事诉讼法的补充。而《仲裁法》中的有些规定,本身就是参照民事诉讼法的有关规定制定的。第二,司法上的支持与监督。司法支持主要表现为:人民法院依照法律的规定,协助采取财产保全和证据保全等措施以及强制执行仲裁裁决。司法监督主要表现为:对仲裁协议的效力以及仲裁裁决进行司法监督。

第二章

中国仲裁法概述

第一节 仲裁法概念

一、仲裁法的概念

仲裁法，是指由国家制定或认可的，规定仲裁的范围、仲裁机构的设立、仲裁程序的进行以及仲裁机构、仲裁庭、仲裁当事人进行仲裁的各种活动，以及由此而产生的仲裁法律关系的法律规范的总称。

仲裁法有广义和狭义之分。狭义的仲裁法，又称形式意义上的仲裁法，专指国家通过立法程序制定的专门调整仲裁活动与仲裁关系的法律，即1994年8月31日公布并于1995年9月1日起施行的《中华人民共和国仲裁法》（以下简称《仲裁法》）。广义的仲裁法，又称为实质意义上的仲裁法，是指由国家制定或认可的关于仲裁的一切法律规定，除包括仲裁法典外，还包括其他法律、法规、条例中关于仲裁的规定和国家缔结或者参加的国际公约中有关仲裁的规定。如我国的《民事诉讼法》、《著作权法》、《合同法》、最高人民法院关于仲裁的相关司法解释（例如，2006年颁布实施的《最高人民法院关于适用〈中华人民共和国仲裁法〉若干问题的解释》等），以及我国已参加的1958年联合国《承认及执行外国仲裁裁决公约》等法律和有关国际公约中关于仲裁的规定。广义的仲裁法，几乎世界各国都有，而狭义的仲裁法只有部分国家有。我国所称的仲裁法兼具广义的仲裁法和狭义的仲裁法两种涵义。

二、我国仲裁法的立法背景

现行《仲裁法》于1994年8月31日由第八届全国人民代表大会常务委员会第九次会议通过，1995年9月1日起施行。在《仲裁法》颁布之前，我国的涉外仲裁制度，由于一开始就确立起了现代意义上的仲裁制度，发展平稳，并得到了国际社会的认可。而国内仲裁制度的发展比较复杂，从一开始就受到国家权力强大的干预。在计划经济体制之下，平等主体之间的民商事活动受到了很大的限制，国内仲裁制度几乎不存在。随着改革开放政策的推行和实施，我国由计划经济体制向市场经济体制转变，市场经济体制的确立和发展，促进了平等主体之间的民商事活动的开展，而作为解决民商事纠纷方式的仲裁制度，特别是国内仲裁制度也发展迅速。20世纪80年代后，国家加强了有关仲裁的立法工作，1982年的《民事诉讼法（试行）》，1982年的《经济合同法》以及1983年的《经济合同仲裁条例》等均对仲裁制度作出了相应的规定。此外，对于技术合同争议、劳动争议、房地产争议、知识产权争议以及农村承包合同争议的解决,还另外规定了专门的仲裁制度。如1987年6月颁布的《中华人民共和国技术合同法》和国家科委经国务院批准于1988年3月发布的《技术合同管理暂行规定》、1989年3月发布的《中华人民共和国技术合同法实施条例》,特别是国家科委经国务院批准于1991年1月发布的《技术合同仲裁机构管理暂行规定》,确立了技术合同争议的仲裁制度。国务院1987年7月发布的《国营企业劳动争议处理暂行规定》确立了劳动争议的仲裁制度,1993年7月国务院又发布的《中华人民共和国企业劳动争议处理条例》改变了以往的劳动争议仲裁制度,规定了劳动争议仲裁实行一裁两审制,且劳动争议仲裁是民事诉讼的前置性程序。

众多仲裁立法的颁布实施,为仲裁的发展积累了丰富的经验,但同时也暴露出诸多的问题。集中体现为:

第一,仲裁具有浓厚的行政色彩,违背了仲裁的独立性。仲裁法实施前的我国仲裁机构都隶属于行政机关,呈现出"一套人马几块牌"状况,就势必导致仲裁员和行政管理人员一身二任,行政权和仲裁权不分,行政干预仲裁的局面,这不仅违背了仲裁应有的独立性,而且严重影响仲裁应有的专业性优势。

第二,实行强制管辖,违背了仲裁的自愿性。仲裁机构依法仅凭一方当事人的申请即可直接受理争议案件,而不需要当事人之间订立仲裁协议;而且在仲裁程序中,当事人也无权选择仲裁员、仲裁审理方式等,这种强制仲裁管辖,违背了仲裁应有的自愿性。

第三,仲裁立法多而不精,缺乏协调性。仲裁机构种类繁杂、数量过多,受案范围重叠,条块分割,违背了法制的统一性。据不完全统计,仲裁法实施前,我国有关国内仲裁的法律、法规有数百种之多,其中包括14部法律、82个行政法规和190个地方性法规[①],纷繁散乱的法律规定没有形成统一制度和规范。另外,仲裁机构繁多,仅经济合同仲裁委员会全国共设立了3500个,还有5000个乡镇派出仲裁庭,技术合同仲裁机构全国设立了30个,房地产仲裁机构全国设立了110个。这样,各个仲裁机构各行其是,彼此冲突,执法混乱,违背了法制的统一性。这些问题的存在,不仅使仲裁制度偏离了仲裁的本质属性,与国际仲裁趋势脱轨,而且也不符合市场经济的内在需求,不能够适应经济的发展要求,已经到了非改不可的地步。于是,制订一部较为完善的仲裁法典就被提上了议事日程。

1991年5月,全国人大常委会法制工作委员会开始着手进行仲裁法的起草工作。[②] 在总结仲裁实践经验特别是中国国际经济贸易仲裁委员会和中国海事仲裁委员会几十年来仲裁实践经验的基础上,根据建立社会主义市场经济体制以及市场经济对多元化争议机制的要求,参考国际惯例和外国及国际仲裁立法的最新成果,经过大量的调查研究,于1993年3月提出了《仲裁法(征求意见稿)》,并印发给部分地方人大常委会、中央有关部门、法律教学研究单位进行讨论,广泛征求意见。《仲裁法(征求意见稿)》共74条,包括总则、仲裁员及其组织、仲裁协议、仲裁程序、申请撤销仲裁裁决、执行、附则七章。该征求意见稿确立了民间仲裁,将仲裁机构与行政机关分离;实行协议仲裁和或裁或审、一裁终局的制度。此后经过总结各方意见,于1994年3月提出了《仲裁法(草案)》。该草案共有72条,除将第二章

---

① 参见顾昂然1994年6月28日在第八届全国人大常委会上所作《关于〈中华人民共和国仲裁法〉(草案)的说明》,转引自黄进、宋连斌、徐前权:《仲裁法学》,中国政法大学出版社2006年版,第19页。
② 参见河山、肖水:《仲裁法概要》,中国法制出版社1995年版,第25—26页。

"仲裁员及其组织"改为"仲裁组织"外,其余各章章名未作改动。该草案又经征询各有关方面的意见并多次进行修改后,被提交全国人大常委会审议,于1994年8月31日第八届全国人民代表大会常务委员会第九次会议获得全票通过,并于同日公布,自1995年9月1日起施行。《仲裁法》的颁布实施,是我国多年仲裁实践经验的总结,是对他国仲裁立法和国际通行仲裁作法的合理借鉴,是中国仲裁制度发展史上的重要转折点和里程碑。从此,我国仲裁制度进入了一个新的历史发展阶段。

三、我国《仲裁法》的基本内容

我国现行《仲裁法》共8章80条。第一章为总则,规定了仲裁的范围、仲裁的基本原则和基本制度等内容;第二章为仲裁委员会和仲裁协会,规定了仲裁委员会的设立程序及设立条件、仲裁员的资格以及中国仲裁协会的性质职能等内容;第三章为仲裁协议,规定了仲裁协议的形式、法定内容、无效情形、对有瑕疵仲裁协议的弥补、仲裁条款的独立性以及对仲裁协议效力的认定等内容;第四章为仲裁程序,规定了仲裁的申请与受理、仲裁庭的组成、开庭和裁决以及仲裁程序中所应遵循的一些程序规则等内容;第五章为申请撤销仲裁裁决,规定了申请撤销仲裁裁决的条件、审理撤销仲裁裁决申请的程序以及撤销仲裁裁决的法律后果等内容;第六章为执行,规定了申请执行与申请不予执行的条件,审理不予执行申请的程序以及中止执行、终结执行、恢复执行等内容;第七章为涉外仲裁的特别规定,规定了涉外仲裁委员会的组成、涉外仲裁中的保全程序与审理程序、申请撤销涉外仲裁裁决以及申请不予执行涉外仲裁裁决等内容;第八章为附则,规定了仲裁时效、仲裁费用、仲裁机构的重新组建、仲裁法生效的时间等内容。

四、我国制定《仲裁法》的意义

《仲裁法》全面、系统地规定了仲裁活动中的程序问题,充分体现了仲裁所具有的自愿性、独立性、民间性等特征。同时,内容简明扼要,体系结构安排合理,便于实际操作。《仲裁法》的制定与施行具有重要的意义:

第一,废除了强制仲裁的制度,确立了自愿原则和协议仲裁的制度。即根据仲裁的本质特征实行当事人自愿仲裁和按照仲裁协议仲裁的制度,仲裁委员会由当事人协议选定,仲裁不实行级别管辖和地域管辖。

第二,废除仲裁机构和行政机关之间的隶属关系,确立了我国仲裁的民间性质和独立仲裁的原则。即按照法律的规定重新组建仲裁委员会,使仲裁委员会完全脱离行政机关而成为独立的民间组织,独立仲裁不受干涉。

第三,废除条块分割的仲裁体例,结束了多头、各自为政的混乱局面,建立了统一的仲裁制度。将婚姻、家庭、继承方面的争议以及劳动争议与行政争议以外的民商事争议全部纳入仲裁的范畴。

第四,废除了"一裁二审"这种费时费力且仲裁和民事诉讼相混同的争议解决方法,实行或裁或审制度和一裁终局的制度。

第五,明确规定了人民法院对仲裁进行司法监督的具体方式。即人民法院对仲裁不予干涉,但要进行必要的监督。监督方式、监督范围均由法律作出明确规定,有效地限制了司法权对仲裁权的干预。

五、我国《仲裁法》依然存在的问题

《仲裁法》颁布以来,经过近20年的实践证明,我国的仲裁制度基本与国际通行作法接轨,不仅发挥了仲裁所固有的优势,切实保障了当事人的合法利益,也使得仲裁在解决经济纠纷的机制中占据了越来越重要的位置,在调节社会关系和消融经济矛盾方面发挥着越来越大的作用。但是,由于在仲裁立法过程中仍受旧的计划经济体制、行政主导观念等的影响,使得我国仲裁制度还存在诸多不足与问题,在许多方面与外国立法以及国际惯例还存在着相当的距离。随着市场经济的发展和完善,这些不足越来越明显,有的甚至影响和阻碍了仲裁制度的发展。因此,有必要对现存的问题进行研究,从而为完善我国的仲裁立法总结经验。现行《仲裁法》主要存在以下问题:

第一,《仲裁法》未充分体现仲裁契约性的本质特征,仍含有诉讼化的色彩。契约性是仲裁的本质特征,在仲裁制度中体现为"当事人的意思自治"而贯穿于整个仲裁制度和仲裁活动的始终。我国《仲裁法》对当事人的意思自治不够尊重,使仲裁程序具有了一定的诉讼化色彩,减损了仲裁的灵活性和可操作性。表现为:其一,仲裁程序规定过于严格,缺乏灵活性。例如,没有规定当事人选择仲裁程序的权利,明确规定了质证方式等。其二,对仲裁协议的有效要件规范过于严苛。将仲裁协议的基本内容作为仲裁协议的有效要件可以说是我国《仲裁法》的独创,使许多仲裁协议因为不具备法定内容而无效,阻碍了我国仲裁制度的发展。

第二,《仲裁法》条文过于简单,存在制度性空白。其一,仲裁证据制度的规定过于简单,仅有两条,未能突出仲裁应有的特点。其二,没有对临时仲裁作出规定。临时仲裁作为一种仲裁的方式,为世界各国立法和国际仲裁实务普遍认可。而且,临时仲裁与机构仲裁各有优势,互相补充。没有规定临时仲裁,可谓是我国《仲裁法》的缺陷。其三,对重新仲裁制度规范简单,缺乏实际操作性。

第三,《仲裁法》的一些规定违背仲裁的本质。例如,我国《仲裁法》将仲裁管辖权异议的决定权赋予仲裁委员会,违背仲裁管辖权自裁原则;将仲裁员回避的决定权赋予仲裁委员会主任,使仲裁委员会代行了仲裁庭的权力等。

第四,仲裁与司法监督之间也存在着问题。例如,没有明确规定人民法院审理申请撤销仲裁裁决案件的具体程序,没有规定当事人对人民法院作出错误裁定的法定救济手段等。

第二节　我国《仲裁法》的适用范围

《仲裁法》的适用范围,也称为《仲裁法》的效力范围,是指《仲裁法》对什么人、什么事、在什么时间和空间范围内可以发生法律效力。《仲裁法》的适用范围包括对人、对事、时间和空间四个方面。

一、《仲裁法》对事的适用范围

《仲裁法》对事的适用范围,也称为仲裁范围、可仲裁的事项范围,是指依据《仲裁法》,仲裁机构可以受理的提交仲裁解决的争议或事项的范围。《仲裁法》对事的适用范围所解决的就是哪些争议事项可以采用仲裁方式处理的问题,即争议事项的可仲裁性问题。

《仲裁法》对事的适用范围是仲裁制度中首先要解决的一个基本问题,每一个国家都可以出于本国社会公共利益的考虑,确定哪些问题可以通过仲裁解决,哪些问题不可以通过仲裁解决。即使对仲裁持支持和赞成态度的一些国家和地区,其法律也对仲裁范围作出了一些限制。[①] 由于仲裁范围问题是由各国国内法规定的,这就决定了在仲裁范围问题上会出现冲突,即在一国被认为具有可仲裁性的事项,在他国则可能会被界定为不可仲裁的事项。可见,《仲裁法》对事的适用范围的界定是一个国家限制或者鼓励仲裁制度发展的重要工具,具有重要的法律意义:第一,其决定着仲裁作为一种解决社会冲突机制之职能的实现程度;第二,其直接关涉仲裁协议有效与否,决定着仲裁管辖权的问题。

我国《仲裁法》关于仲裁范围的规定采取结合式立法模式,即采取肯定式概括与否定式列举相结合的立法体例。具体如下:

1. 可以仲裁的事项

我国《仲裁法》第2条明确以肯定式概括性的模式规定了可仲裁的事项,即"平等主体的公民、法人和其他组织之间发生的合同纠纷和其他财产权益纠纷,可以仲裁。"其中,"合同纠纷"是指当事人因合同是否成立、合同成立的时间、合同内容的解释、合同的履行、违约责任及合同的变更、转让、解除、终止等发生的争议。"其他财产权益纠纷"应理解为合同关系以外的具有财产内容的任何其他纠纷,主要是指有关财产的各种侵权纠纷。具体包括,发生在房地产、产品质量、知识产权等领域的侵权纠纷。如侵害消费者权益纠纷、侵占他人财产纠纷、著作权侵权纠纷以及商标专利侵权纠纷等。

2. 不可以仲裁的事项

我国《仲裁法》除对可仲裁的争议事项的范围作出概括性明确规定以外,还对仲裁范围作出了否定式列举性规定。根据《仲裁法》第3条的规定,下列纠纷不能仲裁:

(1)婚姻、收养、监护、扶养、继承纠纷;

(2)依法应当由行政机关处理的行政争议。

该条明确排除了平等主体之间的含有人身关系的纠纷以及非平等主体之间的行政争议的可仲裁性问题。

此外,《仲裁法》第77条还规定:"劳动争议和农业集体经济组织内部的农业承包合同纠纷的仲裁,另行规定。"可见,劳动争议和农业承包合同纠纷可以仲裁,但由于其各自的特点,这两种纠纷的仲裁没有被纳入《仲裁法》调整的范畴,因此,这两类纠纷实质上也属于不得按照《仲裁法》进行仲裁的事项。

综上所述,我国《仲裁法》对事的适用范围之规定具有三个特点:第一,争议主体的平等性,即发生争议的双方当事人必须是平等主体的当事人,如果当事人之间是管理与被管理的关系,则其纠纷不能仲裁。第二,争议事项的可处分性,即可提交仲裁的事项应当是当事人有权处分的,当事人无权处分的诸如因身份关系而引起的争议等不能仲裁。第三,争议内容的财产性,因为对于财产性事项,当事人通常享有较大的处分权。

二、《仲裁法》对人的适用范围

《仲裁法》对人的适用范围,是指《仲裁法》对哪些人适用,哪些人应受其约束。根据《仲

[①] 韩健:《现代国际商事仲裁法的理论与实践》(修订本),法律出版社2002年版,第80页。

裁法》第 2 条:"平等主体的公民、法人和其他组织之间发生的合同纠纷和其他财产权益纠纷,可以仲裁。"可见,仲裁法具有广泛的对人的效力,凡是在中华人民共和国领域内的仲裁机构进行仲裁活动的当事人,都必须严格遵守我国《仲裁法》的规定。具体讲,《仲裁法》对下列人有效:中国公民、法人和其他组织;在中国仲裁机构进行仲裁活动的外国人、无国籍人、外国企业和组织。

三、《仲裁法》的时间适用范围

《仲裁法》的时间适用范围,是指《仲裁法》发生法律约束力的时间。我国《仲裁法》第 80 条规定:"本法自 1995 年 9 月 1 日起施行。"据此,施行之日即为《仲裁法》发生法律效力的时间。《仲裁法》施行前制定的有关仲裁的规定与仲裁法的规定相抵触的,均以《仲裁法》为准。[①]

四、《仲裁法》的空间适用范围

《仲裁法》的空间适用范围,也称《仲裁法》的地域效力,是指在中华人民共和国领域内的仲裁机构进行仲裁活动时,都要遵守我国《仲裁法》的规定。这里的领域,除我国香港、澳门、台湾地区外,包括我国的领土、领海、领空以及领土的延伸部分。

第三节 《仲裁法》的基本原则

《仲裁法》的基本原则是指对仲裁立法以及仲裁活动起着指导作用的准则。它是仲裁机构、仲裁员和当事人及其代理人在整个仲裁活动中都必须严格遵守的行为准则。

一、当事人意思自治原则

当事人意思自治原则,也称为自愿原则,是指当事人之间订立仲裁协议将其争议提交仲裁解决以及提起仲裁程序并在仲裁程序中实施各种行为,都必须出自当事人的真实意思表示,而不受有关机关、组织和个人的干涉。

仲裁是当事人自愿将其争议提交给中立的第三者进行审理并作出裁决的争议解决方式,可见,当事人意思自治原则是仲裁制度中最基本的原则,也是仲裁制度赖以存在和发展的基石,同时还是仲裁制度区别于民事诉讼制度的显著标志之一。没有当事人意思自治的仲裁,不是真正意义上的仲裁。在我国《仲裁法》中,当事人意思自治原则主要体现在以下几个方面:(1)当事人是否采用仲裁方式解决他们之间的纠纷,应当由双方自愿协商决定。根据《仲裁法》第 4、第 5 条的规定,当事人采用仲裁方式解决纠纷,应双方自愿达成仲裁协议。没有仲裁协议,一方当事人申请仲裁的,仲裁机构不能受理。当事人达成仲裁协议,一方向人民法院起诉的,人民法院不予受理。(2)将争议提交哪个仲裁机构仲裁,应当由当事人自愿协商选定。根据《仲裁法》第 6 条的规定,仲裁委员会应当由当事人协议选定,仲裁不实行级别管辖和地域管辖。(3)对争议案件的仲裁应采取何种形式的仲裁庭以及由哪些仲裁员组成仲裁庭,应由当事人直接或间接确定。此外,在仲裁进行过程中,当事人还可以自愿协

[①] 见《仲裁法》第 78 条。

商约定审理方式、仲裁裁决的内容等,如果是涉外案件的仲裁,当事人还可以自愿协商约定所使用的仲裁语言以及适用的法律等重要事项。

由此可见,当事人意思自治原则实质上是当事人意思自治在仲裁制度中的具体体现,违背这一原则,将会导致相应的法律后果。例如,根据《仲裁法》的规定,违反当事人自愿原则强制受理案件,即当事人之间没有订立仲裁协议而受理案件的,仲裁裁决可能被人民法院依法撤销或者不予执行;仲裁程序如果与当事人之间的协议不符,或者仲裁庭裁决的事项超越了仲裁协议的范围,仲裁裁决也可能被人民法院依法撤销或者不予执行。

二、独立仲裁的原则

独立仲裁原则,是指仲裁活动依法独立公正进行,而不受其他机关、社会团体和个人干涉的原则。独立仲裁的原则体现为仲裁机构的设置、仲裁机构之间的相互关系以及仲裁庭审理纠纷的过程都具有法定的独立性。仲裁庭、仲裁员在独立的基础上办案,是纠纷得以公正解决的保障。独立仲裁的原则,主要包含以下几层含义:

第一,仲裁独立于行政。针对我国原有仲裁体制中突出存在的因仲裁机构附属于行政机关而导致的行政权力对仲裁的干预问题,《仲裁法》肯定了仲裁独立于行政的原则,根据《仲裁法》第8条的规定,仲裁依法独立进行,不受行政机关、社会团体和个人的干涉。

第二,仲裁机构具有独立性。仲裁机构的独立是仲裁活动独立进行的组织保障。为了保证仲裁机构的独立性,《仲裁法》第14条进一步规定:"仲裁委员会独立于行政机关,与行政机关没有隶属关系。仲裁委员会之间也没有隶属关系。"这表明仲裁委员会虽然由其所在市的人民政府组织有关部门组建,但仲裁委员会是与行政机关各自独立的,相互之间不存在上下级隶属关系,也不存在业务指导关系。根据《仲裁法》第10条的规定,仲裁委员会可以在直辖市和省、自治区人民政府所在地的市设立,也可以根据需要在其他设区的市设立,不按行政区划层层设立。也就是说,仲裁委员会只是设在不同的地域,相互之间无级别之分,没有隶属关系。仲裁委员会之间相互独立,不存在级别管辖和地域管辖的分工。

第三,仲裁组织体系内的仲裁协会、仲裁委员会和仲裁庭三者之间相对独立。作为社会团体法人的中国仲裁协会是仲裁委员会的自律性组织,其职责在于依据《民事诉讼法》与《仲裁法》制定统一的仲裁规则,并对仲裁委员会及其组成人员、仲裁员的违纪行为进行监督。尽管各仲裁委员会是中国仲裁协会的会员,但是,中国仲裁协会与仲裁委员会之间,不是行政意义上的领导与被领导的关系,而只是组织体与成员之间的关系。中国仲裁协会既不能对仲裁委员会所享有的仲裁事务管理权的行使进行干预,也不能代行仲裁委员会的某些职能,如聘任仲裁员等。仲裁庭是对争议事项进行审理,并作出裁决的组织。虽然由仲裁委员会聘任的仲裁员组成,但其与仲裁委员会之间不存在领导与被领导或上级与下级的关系,仲裁委员会、仲裁协会都不能对仲裁庭审理和裁决案件本身实行干预。也就是说,仲裁庭一旦组成,即可独立地行使对争议事项进行审理并作出裁决的权力,不受仲裁委员会的干预。

第四,仲裁庭独立行使仲裁权。仲裁庭是由当事人选定,或者其他有权机构依据当事人的授权或依据法律或仲裁规则的规定所指定的仲裁员组成的,具体负责对已交付仲裁的争议事项进行审理,并作出裁决的组织。仲裁庭独立行使仲裁权,是指仲裁庭对案件独立审理和裁决,不受包括仲裁委员会在内的任何机关、社会团体和个人的干预。这是仲裁公正的有力保障。尽管仲裁委员会依法拥有一些决定权和管理权,如受理案件、认定仲裁协议的效力、指定仲裁员、延长审理时限等,但这些权力的行使都是以不损害仲裁庭独立审理与裁决争议为前提的。同样,《仲裁法》规定了人民法院可以对仲裁进行干预,如认定仲裁协议的效力、对仲裁裁决进行审查等,这些司法权的干预主要以事后干预为主,也不会损害和干涉仲裁庭独立行使仲裁权。

三、根据事实、符合法律规定、公平合理解决纠纷的原则

我国《仲裁法》第7条规定:"仲裁应当依据事实,符合法律规定,公平合理地解决纠纷。"这一规定,既符合我国长期坚持的"以事实为根据、以法律为准绳"的法律原则,同时也对这一法律原则作了新的发展。也就是说,在法律没有规定或法律规定不完备的情况下,仲裁庭可以按照公平合理的一般原则来解决经济纠纷。这里所说的法律,既包括仲裁所适用的程序法,也包括解决经济纠纷所适用的实体法。

根据我国仲裁实践,国内经济纠纷的适用法律应当是中华人民共和国法律,当事人在国内经济纠纷的仲裁中,不能规避中国法律而选择外国法律;在涉外商事纠纷的仲裁中,除了在中国设立的外商投资企业合同纠纷和利用外国资金开采中国海洋石油资源合同纠纷必须适用中国法律外,其他合同纠纷的适用法律均可由当事人协议选择;在当事人没有协议选择的情况下,仲裁庭可以按照最密切联系的原则来决定适用的法律。如果法律没有规定,仲裁庭可以按照国际惯例和公平合理原则来处理经济纠纷。仲裁庭适用公平合理的原则,实际上是对法律适用原则的一个重要补充,其目的在于填补法律缺漏,同时为仲裁员行使法律规定的自由裁量权指引了恰当的范围。

这一原则的规定,还表明了我国的仲裁方式以依法仲裁为主要方式,同时也肯认了友好仲裁的方式。

第四节 《仲裁法》的基本制度

《仲裁法》的基本制度是在仲裁程序的重要环节或主要问题上起关键性作用的制度。它与基本原则不同,基本原则一般比较抽象,具有宏观指导性;而基本制度则一般比较具体明确,对仲裁机构、仲裁庭以及仲裁参加人的行为具有规范作用。我国《仲裁法》确立了以下基本制度:

一、协议仲裁制度

协议仲裁制度,是指当事人向仲裁机构申请仲裁,必须以当事人各方自愿达成的仲裁协议为依据,没有仲裁协议,仲裁机构不予受理该争议案件的制度。

协议仲裁制度是仲裁自愿原则的具体体现,也是整个仲裁活动进行的基础。根据《仲裁法》第4条的规定,当事人采用仲裁方式解决纠纷,应当双方自愿,达成仲裁协议。没有仲裁协议,一方申请仲裁的,仲裁委员会不予受理。也就是说,当事人申请仲裁和仲裁机构受理仲裁案件都必须依据当事人之间订立的有效仲裁协议。因此,仲裁协议是当事人申请仲裁的前提和依据,也是仲裁机构行使管辖权、仲裁庭行使仲裁权的前提和基础。

仲裁管辖权与人民法院的管辖权不同,人民法院作为国家的审判机关,其对案件的管辖权来源于法律明确的规定,具有强制性,不受当事人意愿的影响;而仲裁机构属于民间性组

织,其对纠纷的处理不带有国家意志的属性,因而对争议案件的管辖权不具有法定性与强制性,其管辖权建立在当事人各方的协议授权。可见,以仲裁方式解决争议,必须遵循协议仲裁制度。

协议仲裁制度的内涵主要有两个方面:第一,仲裁协议是仲裁制度的核心。仲裁协议被认为是现代仲裁制度的基石,如果没有仲裁协议,严格意义上的仲裁制度也就不复存在了。因此,将争议提交仲裁机构仲裁解决必须建立在当事人各方自愿的基础上。第二,仲裁机构受理争议案件的基础是当事人各方的协议授权。没有体现当事人各方共同意思表示的仲裁协议,任何单方仅凭个人意愿均无法将争议提交仲裁机构解决。

协议仲裁制度是国际上通行的做法,也是现代仲裁制度的基础。我国《仲裁法》确定了协议仲裁制度,结束了原有仲裁制度中强行仲裁的做法,使仲裁成为一种完全建立在当事人自愿基础上的纠纷解决方式,也顺应了市场经济发展的内在要求。

二、或裁或审制度

或裁或审制度,是指在争议发生前或者发生后,当事人有权选择解决争议的途径,或者达成仲裁协议,将争议提交仲裁解决,或者于争议发生后向人民法院起诉,通过诉讼方式解决。可见,或裁或审制度实质上是双方当事人对发生的争议只能选择仲裁或诉讼中的一种方式予以解决的制度。

或裁或审制度主要包括以下几层含义:第一,当事人之间达有仲裁协议的,争议发生后,应当向仲裁机构申请仲裁。仲裁是当事人各方自愿选择的一种争议解决方式,仲裁协议一经达成,即对当事人各方产生相应的约束力,任何一方均应信守契约,将仲裁协议约定事项所发生的争议提请仲裁机构解决。第二,人民法院不受理当事人之间存在仲裁协议的争议案件。对于当事人各方已合意达成仲裁协议的争议,意味着排斥了人民法院对该争议的司法管辖权。因此,当事人将存在仲裁协议的争议起诉至人民法院,人民法院不得受理。当然,如果当事人在起诉时未声明有仲裁协议时,根据《仲裁法》第26条的规定,人民法院受理后,另一方当事人在首次开庭前提交仲裁协议的,人民法院应当驳回起诉,但仲裁协议无效的除外。另一方当事人在首次开庭前未对人民法院受理该案提出异议的,视为放弃仲裁协议,人民法院应当继续审理。

由此可见,有效的仲裁协议,对当事人而言,意味着在争议发生后,任何一方当事人都应当遵守已经达成的仲裁协议,并将争议提交仲裁解决;对人民法院而言,应当尊重在法定范围内当事人对纠纷解决方式的选择,排除了对该项争议的司法管辖权。

三、一裁终局制度

一裁终局制度,是指仲裁机构受理并经仲裁庭审理的纠纷,一经仲裁庭裁决,该裁决即发生终局的法律效力,当事人不得就同一纠纷向人民法院起诉或者向仲裁机构申请仲裁的制度。

仲裁的重要优势之一就是程序简便快捷,一裁终局制度的确立极有利于该优势的实现。我国《仲裁法》第9条规定:"仲裁实行一裁终局的制度。裁决作出后,当事人就同一纠纷再申请仲裁或者向人民法院起诉的,仲裁委员会或者人民法院不予受理。"

一裁终局制度包括下列含义:第一,仲裁庭对当事人依据仲裁协议提请仲裁解决的争议案件一经审理并作出仲裁裁决,该仲裁裁决即为发生法律效力的终局裁决;第二,当事人对仲裁裁决所解决的同一纠纷,既不得再次申请仲裁,也不得就该纠纷向人民法院起诉。

当然,一裁终局制度并不是绝对的。仲裁裁决作出后,当事人依法向有管辖权的人民法院申请撤销仲裁裁决;或者在仲裁裁决进入执行程序后,被执行人可以向人民法院申请不予执行仲裁裁决。如果该仲裁裁决被人民法院裁定撤销或不予执行后,则意味着当事人之间的争议并未得到最终的解决。此时,当事人可以重新达成仲裁协议将该纠纷提交仲裁,也可以向有管辖权的人民法院起诉。

第五节 《仲裁法》与仲裁规则

一、仲裁规则的内涵与特征

(一)仲裁规则的内涵

仲裁规则,是指规范仲裁进行的具体程序及此程序中相应的仲裁法律关系的程序规则。[①] 也就是说,仲裁规则用于调整仲裁的内部程序,为具体的仲裁活动提供行为准则,直接制约着仲裁活动的进行。无论是仲裁机构,还是仲裁员和仲裁当事人,任何不遵守仲裁规则的情形,都有可能产生严重的法律后果,甚至影响仲裁裁决的效力。同时,仲裁规则是否科学合理,是否适当,也直接制约着仲裁所具有快捷经济等优势的发挥,因此,仲裁规则通常是外界评价与衡量仲裁机构的一个重要标志。实践中,仲裁机构、仲裁员和当事人以及相关的法院都十分重视仲裁规则的作用。

世界上绝大多数常设仲裁机构都备有自己的仲裁规则,并且随着仲裁实践以及仲裁理论的发展不断修改与完善自己的仲裁规则,以使仲裁规则更加适应商事纠纷解决的内在要求,以及当事人仲裁解决争议的需求,从而提升自身在仲裁领域中的声誉与地位。但仲裁规则应当具备哪些内容,目前却没有统一标准。从商事仲裁的实践来看,仲裁规则一般应该包括如下内容:仲裁管辖、仲裁组织、仲裁申请、答辩与反请求的程序、送达、仲裁庭的组成及权力、审理程序、裁决程序等;在前述程序中,仲裁机构、仲裁员和当事人的权利与义务关系;以及商事仲裁应该使用的语言、法律适用、翻译、仲裁费用、仲裁地点等方面的内容。[②] 总体而言,在国际范围内,各类仲裁规则的主要内容基本相同,但由于各个国家或地区的文化背景,特别是诉讼法、商业法背景的差异以及案件的特殊性,仲裁规则之间存在一定的差别也是在所难免的。

我国各仲裁委员会的仲裁规则大多以《中国国际经济贸易仲裁委员会仲裁规则》为蓝本而制定,因此所有内容大同小异。现行《中国国际经济贸易仲裁委员会仲裁规则》于2012年5月1日起施行。包括"总则"、"仲裁程序"、"裁决"、"简易程序"、"国内仲裁的特别规定"和"附则",共6章74条。按照该规则,除非当事人另有约定,凡争议金额不超过人民币200万元的案件,都适用简易程序;争议金额超过人民币200万元的案件,经一方当事人书面申请并征得另一方当事人书面同意的,适用简易程序。同时,凡当事人同意将争议提交中国国

---

① 黄进、宋连斌、徐前权:《仲裁法学》,中国政法大学出版社2002年版,第43页。
② 谢石松主编:《商事仲裁法学》,高等教育出版社2003年版,第79页。

际经济贸易仲裁委员会仲裁的,视为同意按照该仲裁规则进行仲裁。但当事人对本规则有关内容进行变更或约定适用其他仲裁规则的,从其约定,但其约定无法实施或与仲裁程序适用法强制性规定相抵触者除外。该规则的主要内容包括:

(1) 受案范围及管辖。仲裁委员会受理契约性或非契约性的经济贸易等争议。当事人如有适当理由,可以向仲裁委员会提出管辖权抗辩。对仲裁协议或仲裁案件管辖的抗辩,应当在仲裁庭首次开庭前书面提出;对书面审理的案件的管辖权抗辩,应当在该方当事人第一次实体答辩前书面提出。对仲裁协议或仲裁案件管辖权提出抗辩不影响按仲裁程序进行审理。仲裁委员会有权对仲裁协议的存在、效力以及仲裁案件的管辖权作出决定。当事人也可以请求人民法院作出裁定。一方请求仲裁委员会作出决定,另一方请求人民法院作出裁定的,由人民法院裁定。

(2) 申请和答辩。在普通程序中,申请人应当向仲裁委员会提交仲裁申请书,并完成必备的申请手续。申请人还应按照仲裁费用表的规定预缴仲裁费。仲裁程序自仲裁委员会或其分会发出仲裁通知之日起开始。被申请人应在收到仲裁通知之日起 45 天内(国际商事仲裁案件)或 20 天内(国内商事仲裁案件)向仲裁委员会秘书局或分会秘书处提交答辩书和有关证明文件;被申请人如有反请求,也应在收到仲裁通知之日起 45 天内(国际商事仲裁案件)或 20 天内(国内商事仲裁案件)以书面形式提交仲裁委员会。仲裁庭认为有正当理由的,可以适当延长此期限。

(3) 仲裁庭的组成。当事人可以自由约定仲裁庭的组成方式,但只能从仲裁委员会仲裁员名册中选定仲裁员。适用简易程序或双方当事人约定争议由 1 名仲裁员审理时,由 1 名仲裁员组成独任仲裁庭审理案件。独任仲裁员由当事人共同选定。在其他情况下,仲裁庭均由 3 名仲裁员组成。每方当事人选定 1 名仲裁员,并可共同选定第 3 名仲裁员作为首席仲裁员。当事人可以委托仲裁委员会主任代为指定仲裁员。在所有情况下,当事人未按期选定或委托指定仲裁员的,均由仲裁委员会主任指定。

(4) 仲裁程序的进行。案件的审理程序依照仲裁规则的规定进行。当事人在仲裁程序中一律平等,都有充分的机会陈述各自的观点和主张。仲裁程序不公开进行。除非当事人约定或者共同同意书面审理,仲裁庭应当开庭审理案件。当事人需要采取财产保全或证据保全措施的,应向仲裁委员会提出申请,由后者转交管辖法院。当事人应当对自己的主张提出证据。仲裁庭认为有必要的,可以自行调查收集证据,也可以指定专家或鉴定人就专门问题提出报告或作出鉴定,证据由仲裁庭审定。仲裁庭在进行仲裁程序过程中,如果双方有调解愿望,或一方有调解愿望并经仲裁庭征得另一方当事人同意,可以进行调解。仲裁庭可以通过灵活的方式促使双方当事人自愿达成和解协议,然后根据和解协议的内容作出裁决书。调解不成功的,仲裁程序继续进行。

(5) 法律适用和裁决。仲裁案件的审理,遵循以事实为根据、以法律为准绳、参考国际惯例和公平合理的原则。普通程序中,仲裁庭应当在组庭之日起 6 个月内作出裁决。但有正当理由的,可以请求秘书长适当延长此期限。裁决书应依全体仲裁员或多数仲裁员的意见作出。仲裁庭不能形成多数意见时,裁决应依首席仲裁员的意见作出。除当事人协议不写明理由或者按照当事人和解协议的内容作出的裁决外,裁决书都应该说明裁决所依据的理由。仲裁庭应在签署裁决前将裁决书草案提交仲裁委员会。在不影响仲裁员独立裁决的情况下,仲裁委员会可以就裁决书的形式问题提请仲裁庭注意。在审理案件过程中,仲裁庭可以就案件的任何问题作出中间裁决或部分裁决。任何一方不履行中间裁决,不影响仲裁程序的继续进行,也不影响仲裁庭作出最终裁决。仲裁裁决具有终审性质,对双方当事人都有约束力。任何一方当事人都不得向法院起诉,也不得向其他任何机构提出变更仲裁裁决的请求。不过,任何一方当事人都可以在收到仲裁裁决书之日起30天内就仲裁裁决书中书写、打印、计算上的错误或其他类似性质的错误,书面申请仲裁庭作出更正,也可以申请仲裁庭就漏裁的事项作出补充裁决;如确有必要,仲裁庭应在收到书面申请之日起30天内作出书面更正或补充,仲裁庭也可以在发出仲裁裁决书之日起30天内自行以书面形式作出更正或补充。该书面更正或补充构成裁决书的一部分。

(二) 仲裁规则的特点

与《仲裁法》相比较,仲裁规则具有以下几个特点:

(1) 仲裁规则具有明显的契约性。仲裁规则是当事人之间仲裁协议的组成部分。当事人可以在仲裁协议中直接约定一套进行仲裁程序的规则,也可以援引一套现成的仲裁规则,还可以通过选定仲裁机构、仲裁庭而间接确定相应的仲裁规则,可见,仲裁规则具有明显的契约性。

(2) 仲裁规则具有必要的强制性。由于世界各国的仲裁立法和司法实践都明确认可和规定了仲裁规则的效力,使得仲裁规则又具有"一定的"或者"相对的"法律效力。[①] 即仲裁规则一经仲裁当事人确定下来,无论是仲裁机构,还是仲裁员和当事人,都必须遵守该仲裁规则,任何不遵守的情势,都有可能导致严重的法律后果,甚至影响仲裁裁决的效力。同理,法院在介入仲裁程序时,仲裁规则亦是其行使权力的重要基准。可以说,仲裁规则用于调整仲裁的内部程序,是仲裁参与者的"内部法"。[②]

(3) 仲裁规则具有一定的局限性。仲裁规则虽然是有拘束力的行为规范,并可以将相关法律纳入其体系,但它本身并不是法律,而且也不能与仲裁程序应适用的法律或者仲裁地法的强制性规定相抵触,如果其内容与强制性的仲裁法规相抵触,则无效。可以说,仲裁规则对当事人的约束力,是合同性质的。仲裁员、仲裁机构和法官尊重仲裁规则的效力,是出于对当事人意思自治尊重的需要。

二、仲裁规则的制定与确定

(一) 仲裁规则的制定

一般而言,仲裁规则是由各仲裁机构自己制定的;在某些情况下,仲裁规则也可以当事人制定,特别是在临时仲裁中,由于无固定仲裁机构制定的仲裁规则,仲裁规则可以由当事人根据仲裁争议案件的需要而制定。

无论是仲裁机构,还是当事人制定仲裁规则,均涉及制定仲裁规则的依据问题。国际上通行的做法是,各仲裁机构的仲裁规则一般均会明确规定制定仲裁规则的依据,即使没有明确规定,通常也会有一个默示前提,即仲裁规则不得与仲裁地或仲裁机构所在地的程序法,或者仲裁程序应适用的法律相冲突,如有冲突,则依照法律的规定。如1976年《联合国国际贸易法委员会仲裁规则》第1条规定,仲裁规则的任何规定如与双方当事人必须遵守的适用

[①] 参见谢石松:《国际民商事纠纷的法律解决程序》,广东人民出版社1996年版,第66—70页。
[②] 参见谢石松主编:《商事仲裁法学》,高等教育出版社2003年版,第79页。

于仲裁的法律规定相抵触时,应服从法律的规定。在我国,《仲裁法》第 15 条第 3 款规定:"中国仲裁协会依照本法和民事诉讼法的有关规定制定仲裁规则。"此外,第 75 条又规定:"中国仲裁协会制定仲裁规则前,仲裁委员会依照本法和民事诉讼法的有关规定可以制定仲裁暂行规则。"

(二)仲裁规则的确定

仲裁规则是进行仲裁活动时仲裁机构、仲裁员以及仲裁当事人所必须遵循和适用的程序规范,在以仲裁方式解决具体案件时,究竟依据什么仲裁规则,在不同国家、不同类型、不同性质的仲裁机构中,其仲裁规则的确定方式和确定原则也各不相同。从目前国际社会的仲裁实践来看,仲裁规则的确定方式主要有以下几种:

1. 由当事人确定仲裁规则

基于现代协议仲裁制度所具有的契约性特点,绝大多数国家的仲裁法律制度均认可当事人享有确定仲裁规则的权利。在仲裁实践中,当事人确定仲裁规则的方式通常有两种,即直接确定和间接确定。所谓直接确定,是指当事人在仲裁协议中明确规定进行仲裁所应遵守的程序规则,或者援引某一套现成的仲裁规则。在临时仲裁中,一般都是由当事人直接拟订或确定仲裁规则。所谓间接确定,则是指当事人通过选定仲裁机构来确定应该适用的仲裁规则。由于各个常设仲裁机构通常都制定了自己的仲裁规则,并且一般都规定,当事人选择该仲裁机构就推定选择适用该仲裁机构的仲裁规则。当然,也有仲裁机构的仲裁规则规定,在当事人选择了该仲裁机构,而没有明确选择仲裁规则的情况下,均适用该机构的仲裁规则。由此可见,由当事人确定仲裁规则实际上是仲裁实践中的通行作法。

2. 由仲裁机构确定仲裁规则

在机构仲裁的情况下,一般都是由各仲裁机构来确定仲裁规则,而且,通常都是确定其自身的仲裁规则。有些仲裁机构甚至还明确规定,不允许当事人选择其他的仲裁规则,也就是说,当事人选择该机构仲裁就意味着只能适用该机构的仲裁规则。例如,我国大部分仲裁机构的仲裁规则都明确规定,凡当事人同意将争议提交该机构仲裁的,均视为同意按照其仲裁规则进行仲裁。

当然,随着仲裁实践的发展以及更充分地尊重当事人意思自治的需要,越来越多的仲裁机构的仲裁规则规定,只有在当事人没有明确选择仲裁规则的情况下,才适用其自身的仲裁规则,即允许当事人选择其他的仲裁规则。如 1997 年《日本商事仲裁协会商事仲裁规则》第 1、2 条,1999 年《斯德哥尔摩商会仲裁院仲裁规则》第 1 条,2000 年《美国仲裁协会国际仲裁规则》第 1 条,以及 1976 年《联合国国际贸易法委员会仲裁规则》第 1 条、《中国国际经济贸易仲裁委员会仲裁规则》第 4 条第 2 款等,都作了这样的规定。

3. 由仲裁庭确定仲裁规则

仲裁庭组成后,如果当事人授权仲裁庭确定仲裁规则,或者可适用的仲裁规则缺乏明文规定,一般都是授权仲裁庭来确定进行仲裁的相应规则。[①]

三、仲裁规则与《仲裁法》的关系

仲裁规则是由仲裁当事人、仲裁机构或其他民间性机构所制定的规范仲裁活动的程序

[①] 谢石松主编:《商事仲裁法学》,高等教育出版社 2003 年版,第 81 页。

规则。《仲裁法》,则是通过国内立法或国际立法的方式,单独或者集体制定的规范仲裁的法律规范的总称。[①] 仲裁规则与《仲裁法》既有联系又存在一定的区别。

（一）仲裁规则与《仲裁法》的联系

仲裁规则与《仲裁法》的联系主要表现在以下几个方面：

(1)《仲裁法》是制定仲裁规则的依据。由于《仲裁法》是一国立法机关制定的规范仲裁活动与仲裁法律关系的程序法律规范的总称,各仲裁机构在制定其仲裁规则时不得与所在国《仲裁法》相抵触,因此,仲裁规则通常都是依据一定的《仲裁法》制定出来的,可以说是《仲裁法》的细化。这种细化和具体化不能与《仲裁法》的规定相抵触,否则无效。

(2)《仲裁法》是仲裁规则适用时的补充。虽然仲裁规则是各仲裁机构依据《仲裁法》制定的,但是仲裁规则的内容则完全是由各仲裁机构根据需要而自行确定的,因此,对于仲裁规则规定不明确的事项,或者在临时仲裁中,当事人在仲裁规则中没有明确约定的事项,《仲裁法》可以自动起到补充仲裁规则适用的作用。

(3) 仲裁规则与《仲裁法》均具有规范作用。仲裁规则是《仲裁法》的细化并不意味着在仲裁活动中,仲裁当事人、仲裁机构、仲裁庭仅遵循仲裁规则。事实上,仲裁规则与《仲裁法》均是进行仲裁活动所应遵循的行为规范。因此,在某一具体争议案件的仲裁活动中,仲裁当事人、仲裁机构和仲裁庭的行为既不能违反仲裁规则的规定,更不能违反有关国家《仲裁法》的规定。

（二）仲裁规则与《仲裁法》的区别

尽管仲裁规则与仲裁法存在着密切的联系,但两者之间仍存在着本质上的区别,主要表现在以下几个方面：

1. 两者的性质不同

仲裁规则通常是由当事人直接或者间接为自己制定的行为准则,其约束力来源于合同应当信守的规则,故仲裁规则具有明显的契约性。而《仲裁法》则是由国家立法机构制定的规范仲裁活动与仲裁法律关系的法律,具有国家强制性。

2. 两者规范的内容侧重点不同

仲裁规则作为《仲裁法》的进一步细化,往往更加侧重于规范进行仲裁所应遵循的具体程序,从而为当事人进行仲裁活动以及仲裁庭进行对争议案件的审理与裁决活动提供程序依据。而《仲裁法》则与此不同,《仲裁法》既规范仲裁机构或仲裁庭的内部程序,同时也确定进行商事仲裁的外部标准,如争议事项的可仲裁性、仲裁协议及其效力、仲裁员的指定、仲裁庭的组成及其管辖权、仲裁程序、仲裁裁决及其承认与执行、仲裁裁决的撤销等。[②]

3. 两者的效力不同

仲裁规则的效力具有范围的局限性,只及于适用该规则的相关仲裁机构、仲裁员和当事人以及其他仲裁参与人;而《仲裁法》的效力则在其法域内具有普遍的约束力,而且认可仲裁规则的效力本身就是《仲裁法》的规定。因此,仲裁规则必须服从相关的《仲裁法》。对于《仲裁法》中的任意性条款,当事人、仲裁庭和仲裁机构可以适用,也可以不适用;但对于其中的强制性条款,当事人、仲裁庭和仲裁机构都必须严格遵守。对此,很多仲裁规则都有明文

[①] 参见郭寿康、赵秀文主编:《国际经济贸易仲裁法》(修订本),中国法制出版社1999年版,第299页。
[②] 谢石松主编:《商事仲裁法学》,高等教育出版社2003年版,第80页。

规定。如1976年的《联合国国际贸易法委员会仲裁规则》第1条第2款规定:"仲裁应受本规则的支配,但本规则的任何规定如与双方当事人必须遵守的适用于仲裁的法律规定相抵触时,应服从法律的规定。"

4. 两者对法院的约束力不同

在为保证仲裁程序的顺利进行或者保证仲裁裁决的公正性而引起的相关司法程序中,《仲裁法》是管辖法院支持与监督仲裁活动的直接依据;而仲裁规则只是法院支持或监督仲裁时需要考虑的因素,即主要是依据仲裁规则的执行情况来对仲裁程序进行监督。而且,这里需要一个非常重要的前提,即仲裁规则的相关内容没有违背《仲裁法》的规定。

第三章

仲 裁 组 织

第一节 仲 裁 协 会

一、仲裁协会概述

就一般理解而言,仲裁协会是仲裁行业协会的简称,是以仲裁机构和仲裁员为其成员的自律性行业管理组织。

设立仲裁协会的目的在于加强行业管理、保障行业利益并促进行业发展,同时也可以排除政府和司法机关的不当干预。因此,在国外实行民间性协议仲裁制度的国家,只要设置仲裁协会,仲裁协会均具有极其重要的地位,甚至以仲裁协会职能发挥的程度作为衡量一个国家和地区有无健全的民间性协议仲裁制度的标准。当然,也有些国家并未设立作为自律性行业管理组织的仲裁协会,其设立的仲裁协会只是通常意义上的仲裁机构,如美国仲裁协会。

二、中国仲裁协会

我国1995《仲裁法》生效前,在对国内仲裁与涉外仲裁实行双轨制的情况下,国内仲裁制度具有强烈的行政化色彩,而且国内仲裁机构也是按照行政区域和行政隶属关系设立的,各仲裁机构由其所隶属的行政管理机关设立并进行管理,也就没有必要建立仲裁行业管理机构,即仲裁协会。《仲裁法》的颁布与施行彻底改变了我国国内仲裁的行政化特点,将国内仲裁与涉外仲裁制度统一确立为民间性的协议仲裁制度,与此相适应,除了极其少数的领域,如劳动争议仲裁以外,将国内仲裁机构从行政机关中分离出来,取消了仲裁机构与行政机关之间的隶属关系以及行政机关对仲裁机构的管理权,进而正式明确中国仲裁协会是中国的仲裁行业管理机构。《仲裁法》第15条明确规定:"中国仲裁协会是社会团体法人。仲裁委员会是中国仲裁协会的会员。中国仲裁协会的章程由全国会员大会制定。中国仲裁协会是仲裁委员会的自律性组织,根据章程对仲裁委员会及其组成人员、仲裁员的违纪行为进行监督。中国仲裁协会依照本法和民事诉讼法的有关规定制定仲裁规则。"可见,确立中国仲裁协会的社会地位也是仲裁委员会的民间性和自治性的必然要求。

早在《仲裁法》正式实施之前,国务院办公厅于1994年就下发了《国务院办公厅关于做好重新组建仲裁机构和筹建中国仲裁协会筹备工作的通知》。在该通知中,国务院办公厅指出:"……先进行重新组建仲裁机构的工作,在此基础上再筹建中国仲裁协会。中国仲裁协会的筹建准备工作可以早一点开始……"。近20年过去了,中国的仲裁机构数量已经达到了近200家,而由于各种原因,中国仲裁协会的筹建工作启动后又一直搁浅,致使中国仲裁协会至今仍未成立。然而,就是在这样一种没有中国仲裁协会协调与管理的情况下,中国的仲裁事业依然取得了长足的进步。

(一) 中国仲裁协会的性质

根据《仲裁法》第15条的规定,中国仲裁协会是社会团体法人。就中国仲裁协会的性质可以从两个方面来理解。对外而言,中国仲裁协会作为社会团体法人,设立中国仲裁协会必须依照《社会团体登记管理条例》的规定到民政部门办理法人登记手续。对内而言,即涉及与仲裁委员会之间的关系,中国仲裁协会是仲裁委员会的自律性组织,作为仲裁行业管理机构,其民间性也是不言而喻的。中国仲裁协会依法独立行使法律赋予的权力,履行法律规定的各种职能。

(二) 中国仲裁协会的组成

根据《仲裁法》第15条的规定,中国仲裁协会实行会员制,各仲裁委员会是中国仲裁协会的会员。中国仲裁协会与仲裁委员会的关系主要体现在两个方面:第一,组织体与成员的关系。即中国仲裁协会采用会员制的组成方式,各仲裁委员会均系其成员。中国仲裁协会作为组织体,需有自己完善的组织机构,如权力机构即全国会员大会、日常事务管理机构即理事会和其他机构等。第二,监督与被监督关系。即中国仲裁协会依法有权对仲裁委员会及其组成人员、仲裁员的违纪行为进行监督。

(三) 中国仲裁协会的职能

根据《仲裁法》第15条的规定,中国仲裁协会的职能主要体现为以下几点:

1. 根据章程对仲裁委员会及其组成人员、仲裁员的违纪行为进行监督

这是中国仲裁协会作为行业自律性组织的性质所决定的,也就是说,中国仲裁协会通过其监督权的行使保证仲裁委员会及其组成人员、仲裁员行为的正当行使,但是,中国仲裁协会不得超出违纪行为的范畴而对仲裁委员会及其组成人员、仲裁员的其他行为进行监督,否则会干扰仲裁委员会的独立性。

2. 根据《仲裁法》和《民事诉讼法》的有关规定制定仲裁规则

仲裁规则,是指规范仲裁进行的具体程序及此程序中相应的仲裁法律关系的程序规则。[①] 也就是说,仲裁规则是仲裁机构和仲裁当事人在进行具体的仲裁活动时所必须遵循的程序规则。仲裁规则是否科学合理,是否适当也直接制约着仲裁所具有的快捷经济等优势的发挥,因此,仲裁规则通常是外界评价与衡量仲裁机构的一个重要标志。正因为如此,世界上绝大多数常设仲裁机构都备有自己的仲裁规则,并且随着仲裁实践以及仲裁理论的发展不断修改与完善自己的仲裁规则,以使仲裁规则更加适应于当事人仲裁解决争议的需求,从而提升自身在仲裁领域中的声誉与地位。我国目前所设立的各个仲裁委员会也均制定了各自的仲裁规则。在我国仲裁委员会各自独立并拥有自己的仲裁规则的状况下,如果中国仲裁协会设立并依法行使制定仲裁规则的职能,就应当明确,中国仲裁协会将来所制定的仲裁规则不应当是平衡和妥协的规则,也不应当是各个仲裁委员会仲裁规则的替代,而应当是各个仲裁委员会仲裁规则的示范性仲裁规则,在中国仲裁协会制定的示范性仲裁规则之外

---

① 黄进、宋连斌、徐前权:《仲裁法学》,中国政法大学出版社2002年版,第43页。

应当允许各个仲裁机构自身仲裁规则的存在,否则不利于中国仲裁制度的发展。

3. 其他职能

除上述两项重要职能以外,中国仲裁协会作为一家全国仲裁行业的自律性组织,还应当履行其他相关职能。第一,促进仲裁委员会提供业务水平。在我国目前多家仲裁委员会并存,独立开展仲裁业务的状况下,中国仲裁协会成立后应当定期组织仲裁委员会以及仲裁员交流仲裁经验,对仲裁相关理论问题与实践问题进行深入研究和探讨,并根据法律修改与完善的情况组织进行仲裁员业务培训,从而提高仲裁水平。第二,建立与加强和其他国家仲裁机构以及国际性仲裁机构之间的联系与交往,通过对外交流提高仲裁水平,并提升我国仲裁委员会的国际社会影响和地位。第三,维护仲裁委员会及仲裁员的合法权益。在仲裁实践中,仲裁委员会及仲裁员应当依法履行其职责,但是,遇有仲裁委员会及仲裁员的合法权益遭受损害时,中国仲裁协会应当履行维护仲裁委员会及仲裁员合法权益的职能。

第二节 仲 裁 机 构

一、仲裁机构概述

(一) 仲裁机构的概念与特征

仲裁机构是指由商事法律关系的双方当事人通过仲裁协议自主选择的,通过仲裁方式解决当事人之间基于仲裁协议提请仲裁的约定事项争议的民间性机构。

虽然仲裁制度起源于临时仲裁,但是,随着社会的发展,机构仲裁自产生以来便在仲裁领域占据了主导地位。仲裁机构是依据有关的国际条约或者相关国家的仲裁立法而设立的,常设仲裁机构备有较为完善的仲裁规则和仲裁员名册,并提供完备的管理与服务,有利于争议案件顺利通过仲裁方式得以解决。因此,现代仲裁大多表现为机构仲裁,仲裁机构对商事案件的管辖权则完全来自于双方当事人的协议授权。

仲裁机构通常具有以下特征:

(1) 民间性。仲裁作为一种基于当事人之间的仲裁协议,对当事人之间的商事争议进行审理并作出裁决的争议解决方式,已经得到国际社会的广泛接受,并得到相关国际条约和许多国家国内立法的认可。虽然,仲裁被确立为一种具有法律效力的争议解决方式,而且仲裁的结果——仲裁裁决具有与法院生效判决完全相同的效力。但是,仲裁的前提是当事人的意思自治,必然决定了仲裁的本质属性是民间性。况且,仲裁事实上是将原应通过国家公共资源解决的争议,允许当事人基于仲裁协议而提请民间的力量解决。因此,作为仲裁活动的组织者,仲裁机构也只能是民间性机构,其对争议案件的管辖权完全建立在双方当事人自愿达成的仲裁协议的基础上,没有任何强制的色彩。

(2) 管理性。仲裁机构作为民间性争议解决机构,虽然不直接行使仲裁权,但是,为了保证当事人所提请仲裁的争议案件能够得到顺利的解决,需要在各行各业中聘请符合仲裁法规定的仲裁员法定资格的优秀专业人士担任仲裁员,并对仲裁员进行适当的管理。此外,仲裁机构还应当管理其日常事务性工作,以保证仲裁机构各项工作的顺利进行,因此,仲裁机构具有管理性。

(3) 服务性。仲裁作为一种诉讼之外的争议解决方式,其本身就因为省却了当事人利用国家设立的法院等公共资源而具有公共服务的属性。当事人通过协议的方式选择了无需占用国家公共资源的争议解决方式,虽然仲裁机构本身对当事人依据仲裁协议提请仲裁的争议事项并不直接行使仲裁审理与裁决的权利,但是,仲裁机构行使仲裁管辖权接受当事人依据仲裁协议提出的仲裁申请,并在仲裁程序启动后,就应当协助当事人选定仲裁员组成仲裁庭,为仲裁活动的顺利进行提供场所以及相关事务上的服务。因此,对于仲裁机构而言,公益服务性永远是第一位的,仲裁机构的目的并非取得报酬,而是能更好地为当事人提供社会公共服务,取得报酬只是作为其提供公益性社会服务的客观结果。可见,仲裁机构具有明显的服务性。

(4) 稳定性。仲裁机构有固定的名称、地址、组织形式、组织章程、仲裁规则、仲裁员名单以及完整的办事机构和管理制度。与临时仲裁相比较,仲裁机构因其所具有的稳定性而具有以下优势:第一,仲裁机构的仲裁规则便利于仲裁程序的顺利进行。仲裁规则为当事人进行仲裁程序提供了一套详细的规定,可以有效避免因程序问题可能存在的分歧,从而导致的仲裁程序拖延,以保证仲裁的顺利进行。第二,仲裁机构备有专门的仲裁员名册供当事人使用。仲裁机构均备有从各有关专业领域聘请的经验丰富、品德优秀的人士所组成的仲裁员名册,不仅便于当事人及时选择仲裁员组成仲裁庭,顺利进行仲裁程序,而且也有利于保证仲裁庭组成人员的知识水平、道德品质、资格、能力等方面的素质,从而保证仲裁解决争议案件的公正。第三,仲裁机构设有专门办事机构以及完整的管理制度,便于取得当事人的信任。办事机构的工作人员不仅可以协助当事人及时选择仲裁员组成仲裁庭,而且还可以负责仲裁庭与当事人之间的联系和沟通,从而协助、保障仲裁程序的顺利进行。此外,仲裁机构在长期的仲裁实践中不断总结经验,建立了一整套完整的管理制度,在仲裁领域树立良好的声誉。第四,仲裁机构有明确的收费标准,便于当事人进行合理的成本预算。

(二) 仲裁机构的设立

关于仲裁机构的设立,各国的作法不尽相同,大体可以分为以下几种:

(1) 仲裁机构设立于商会内。即仲裁机构由商会设立,并附设于商会内部,这是一种较为常见的仲裁机构设立方式,具体又可以分为以下几种情况:第一,只设一个全国性仲裁机构,不设分支机构。如瑞典在斯德哥尔摩商会内设立斯德哥尔摩商会仲裁院。第二,设几个全国性仲裁机构,并各自设立分支机构。如日本设国际商事仲裁协会和海事仲裁委员会,并分别在神户等地设立分支机构。第三,不设立全国性仲裁机构,仅在一些城市的商会内设立仲裁机构。如法国即在巴黎、马塞的商会内设立仲裁机构。

(2) 单独设立仲裁机构。即根据相关法律规定按照一定的程序设立仲裁机构,具体有两种情况:第一,设立一个全国性仲裁机构,下设分支机构。如美国设立一个美国仲裁协会,其总部设在纽约,并在旧金山、纽约、波士顿等30多个城市设立分会。第二,既设立全国性仲裁机构,又设立地方性仲裁机构。如我国既设立中国国际经济贸易仲裁委员会等全国性仲裁机构,又设立北京仲裁委员会、天津仲裁委员会等地方性仲裁机构。

(3) 既设立单独的仲裁机构,又设立行业协会内的仲裁机构。如英国既设有伦敦国际仲裁院,同时又在伦敦谷物商业协会、伦敦糖业协会等40多个专业机构、商会和贸易组织内设立行业性仲裁机构。

(4) 设立多个互不隶属的仲裁机构,并设立全国性协调结构。如德国在汉堡、法兰克福等地设有10多个仲裁机构,并在波恩设立全国性协调机构。

关于仲裁机构的设立程序,各国的作法也不尽相同,大体分为两种:一种无须政府批准或者注册即可设立,如瑞典斯德哥尔摩商会仲裁院完全是由斯德哥尔摩商会根据需要设立的;一种需要由政府批准或者注册方可设立,如日本国际商事仲裁协会由日本通产省批准设立。

(三) 主要商事仲裁机构简介

1. 主要国际商事仲裁机构

国际商事仲裁机构是指依据国际组织的决议或国际条约成立的,附设于某一国际组织内而不隶属于任何国家的常设仲裁机构。这种常设仲裁机构或者是全球性的,如国际商会仲裁院、解决投资争议国际中心,或者是地区性的,如美洲国家间商业仲裁委员会。

(1) 国际商会仲裁院

国际商会仲裁院(The International Court of Arbitration,简称ICC),成立于1923年,是附属于国际商会[①]的一个全球性的常设仲裁机构,总部设在巴黎,1989年更名为"国际仲裁院"。该仲裁院的宗旨是:通过依照其仲裁规则的规定,以仲裁的方式处理国际商事争议,以促进国际间的合作与发展。该院最初受理的案件主要是有关货物买卖合同和许可证贸易中所发生的争议。后来其受案范围发生重大的变化,几乎包括了因契约关系而发生的任何争议。任何国家的当事人,包括自然人、法人,甚至是国家、政府及其机构本身,都可以通过仲裁协议将有关争议提交国际商会仲裁院仲裁。该院是当今国际商事仲裁领域中最具影响力的仲裁机构。

国际商会仲裁院是根据法国法律设立的,但它不隶属于任何国家。理事会由来自40多个国家和地区的具有国际法专长和解决国际争端经验的成员组成,其成员首先由国际商会各国委员会根据一国1名的原则提名,然后由国际商会大会决定,任期3年。仲裁院成员独立于其国家和地区行事。仲裁院设主席1名,副主席8名。该仲裁院在国际商会总部设有秘书处,秘书处由来自10多个国家的人员组成,设秘书长1名,秘书处的工作由秘书长主持,秘书处分5个小组,每组由3人组成,1名顾问、1名助理,还有1名秘书。顾问一般是律师,并至少应当懂英语与法语。这5个小组负责处理案件管理中的日常事务。除以上5个小组以外,秘书处还设有1名特别顾问、1名档案管理员、1名行政助理和几名秘书。

国际商会仲裁院现行的仲裁规则,是于1998年1月1日生效的《国际商会仲裁规则》。[②]依该规则,当事人约定将有关争议提交该院仲裁时,应通过其所属国的国际商会国家委员会或直接向仲裁院秘书处提交仲裁申请书。在后一种情况下,秘书处应将此申请通知有关国家的国际商会国家委员会。

当事人可以约定仲裁庭的组成方式及仲裁员人数。如果没有约定,仲裁院将委任1名独任仲裁员,除非其认为争议应由3人审理。当事人约定争议由独任仲裁员审理的,可以共同提名1名仲裁员供仲裁院确认;争议由3名仲裁员审理时,各方当事人应分别在申请书或答辩书中提名1名仲裁员供仲裁院确认,第3名仲裁员由仲裁院委任并担任首席仲裁员。如果不能共同提名且各方当事人不能就仲裁庭组成方式达成一致的,仲裁院将委任全部仲

[①] 国际商会于1919年成立于法国巴黎,是一个国家间的商会,现有国家成员60多个。其目的是促进国际间的商事活动。目前,我国也已加入国际商会。

[②] 参见宋连斌、林一飞译编:《国际商事仲裁新资料选编》,武汉出版社2001年版,第273页以下。

裁员,并指定首席仲裁员。仲裁院在委任或确认仲裁员时,应当考虑各位仲裁员的国籍、住址、与当事人或其他仲裁员国籍国相同的其他关系以及仲裁员适用本规则进行仲裁的时间和精力。

仲裁庭一经组成,秘书处在收到有关仲裁费用后,案件将尽快移交仲裁庭。仲裁庭在收到案卷后,应迅速根据所有书面材料或会同当事人并依据其提交的最新材料,拟定审理范围书(terms of reference),说明当事人的全称和基本情况、当事人的请求和所寻求的救济的摘要、待决事项清单、仲裁员的全名和基本情况、仲裁地以及应适用的仲裁程序规则等。审理范围书应由仲裁庭和全体当事人在仲裁庭收到案卷后2个月内签署,任何一方当事人拒绝参加拟定或签署审理范围书,则应提交仲裁院批准。仲裁庭应在审理范围书签名或批准之日起6个月内作出裁决。仲裁庭在审理案件的过程中,其程序应适用国际商会仲裁规则;仲裁规则无规定时,可依当事人约定的规则;当事人未约定时,可依仲裁庭确定的规则。当事人可以约定仲裁庭处理案件实体问题所适用的法律,当事人没有约定的,仲裁庭应适用其认为适当的法律。仲裁庭有权充任友好仲裁员或依公允及善良原则作出裁决。仲裁庭作出裁决时应说明裁决所依据的理由。仲裁庭在签署裁决书前,应将其草案提交仲裁院。仲裁院可以对裁决书的形式进行修改,可以在不影响仲裁庭自主决定权的前提下,提请仲裁庭注意实体问题。在裁决书形式经仲裁院批准前,仲裁庭不得作出裁决。裁决书具有终审的性质,对双方当事人都有拘束力。

(2)解决投资争端国际中心

解决投资争端国际中心(International Center for The Settlement of Investment Disputes,简称 ICSID),是世界银行(即国际复兴开发银行)下属的一个独立机构。它是1966年10月14日,根据1965年3月在世界银行主持下签订的《解决国家与他国国民间投资争议的公约》(又称《华盛顿公约》,以下简称《公约》)而设立的一个专门处理国际投资争端的全球性的常设仲裁机构,总部设在美国的华盛顿。该中心的宗旨是:用调停和仲裁的方法,解决该公约缔约国和其他缔约国国民之间的投资争议,促进和鼓励私人资本的国际流动。中国于1993年1月7日递交了批准书,1993年2月6日成为公约和中心的成员国。

解决投资争端国际中心设有1个行政理事会、1个秘书处、1个调停人小组和1个仲裁人小组。行政理事会的委员由各缔约国各委派代表1人组成。如无相反任命,缔约国所指派的银行董事和候补董事当然成为该国的代表和候补代表。世界银行行长是行政理事会的当然主席,但无表决权。行政理事会对中心的重要事项,如调停和仲裁的程序规则、确定秘书长和任何副秘书长的服务条件等进行表决。行政理事会可以设立它认为必要的委员会,同时,应执行它确定为履行公约规定所必需的其他权利和任务。

秘书处由秘书长1人、副秘书长1人或数人以及工作人员组成,负责中心的日常行政事务。秘书长和副秘书长均由行政理事会主席提名,经行政理事会2/3多数票选举产生,任期6年,可以连任。秘书长和副秘书长除经行政理事会批准外,不得受雇于任何人或从事任何其他职业,以保证中心的正常工作不受任何外来因素的影响。秘书长是中心的法定代理人和主要官员,负责中心的行政事务,包括任命工作人员。同时,他还执行书记的任务,并有权认证根据本公约作出的仲裁裁决并核证其副本。

调停人小组和仲裁人小组,其成员由各缔约国和行政理事会主席指派。各缔约国指派的人员并不限于该缔约国国民,但该人员应具有高尚的道德品质,在法律、商务、工业或金融方面有公认的资格。对仲裁人小组的人员而言，在法律方面的资格尤为重要。由行政理事会主席指派人员时，还要注意保重世界上各种主要法律体系和主要的经济活动方式在小组中具有代表。小组成员的服务期限为6年，可以连任，1个成员可以在两个小组服务。[①]

解决投资争端国际中心具有不同于任何其他商事仲裁机构的特殊法律地位。它具有完全的国际法律人格；具有缔结契约、取得和处理动产和不动产及起诉的能力；中心在完成其任务时，在各缔约国领土内享有公约所规定的特权和豁免权；中心及其财产享有豁免一切法律诉讼的权利；中心的资产、财务和收入以及公约许可的业务活动和交易，应免除一切税捐和关税；中心及其所有官员和工作人员，享有政府间国际组织及其人员所享有的特权和豁免权。而且，依据公约，作为当事人、代理人、法律顾问、律师、证人或专家以及在仲裁中出席的人在进行仲裁的往返途中或在仲裁地停留，也享有《公约》第21条规定的豁免权。[②]

解决投资争端国际中心的管辖权严格遵守属人管辖的原则，即只受理缔约国或缔约国指派到中心的该国的任何组成部分或机构，与另一缔约国国民之间直接因投资而产生的任何法律争议。当事人双方一旦同意将争议交付中心后，即不能单方面撤销其同意。秘书长在收到仲裁申请书后，经审查，如认为中心对该有关争议具有管辖权，在登记此项请求后，即可组织仲裁庭。仲裁庭由双方同意任命的1名仲裁员或任何非偶数的仲裁员组成。如果双方当事人对仲裁员的人数和任命方法不能取得一致，则仲裁庭应由3名仲裁员组成，由每一方各任命1名仲裁员，第3人由双方协议任命并担任首席仲裁员。如果双方当事人不能在规定或约定的期限内组成仲裁庭，行政理事会主席应该在任何一方当事人的请求下，并尽可能与双方当事人磋商后，任命尚未指定的仲裁员，但仲裁员必须是当事人所属缔约国以外的第三国的国民。行政理事会主席可以任命仲裁人小组以外的人为仲裁员。仲裁庭在审理案件过程中，在适用仲裁程序方面，除非双方当事人另有协议，均应依照双方提交仲裁之日有效的仲裁规则进行。如发生公约或仲裁规则或双方同意的规则均未作规定的程序问题，则由仲裁庭决定。在适用法律方面，仲裁庭首先应适用双方当事人合意选择的法律规则；如果当事人无此种协议，仲裁庭可以适用争端一方的缔约国的法律（包括其关于冲突的规则）以及可适用的国际法规则。在双方当事人授权时，仲裁庭还可依"公平和善意"的原则进行友好裁决。中心所作出的裁决是终审裁决，除依照公约的规定存在可以暂停执行或可以撤销的情况外，双方当事人都应遵守和履行。如果一方当事人拒不履行有关裁决所确定的义务，另一方当事人可以依法请求有关国家的法院协助予以强制执行。具有联邦宪法的缔约国可以在联邦法院或通过该法院执行该裁决。任何缔约国对于它本国的国民和另一缔约国根据公约已同意提交或已提交仲裁的争议，不得给予外交保护或提出国际要求。[③]

2. 主要的国家性商事仲裁机构

国家性商事仲裁机构是指由某一国家依据其国内商事仲裁立法所设立的仲裁机构，属于常设仲裁机构的范畴。目前很多国家，特别是一些仲裁制度发达的国家都建立了国家性

[①] 谢石松主编：《商事仲裁法学》，高等教育出版社2003年版，第87页。
[②] 参见《解决国家与他国国民间投资争议的公约》第1章第1—4节，第6节；国务院法制办公室政府法制协调司编：《中国仲裁机构概览》，中国物价出版社2001年版，第74—76页。
[③] 参见《解决国家与他国国民间投资争议的公约》第25条、第28—31条，第37—42条，第5—6节。

常设仲裁机构,在此主要介绍几个具有较大国际影响的国家性常设仲裁机构。

(1) 伦敦国际仲裁院

伦敦国际仲裁院(London Court of International Arbitration,简称 LCIA),是世界上最古老的常设仲裁机构,成立于 1892 年,当时称为"伦敦仲裁会"(London Chamber of Arbitration),1903 年改名为"伦敦仲裁院",由伦敦市和伦敦商会各派 12 名代表组成的联合委员会管理。1975 年伦敦仲裁院与女王特许仲裁员协会合并,并于 1978 年设立了由来自 30 多个国家的具有丰富经验的仲裁员组成的"伦敦国际仲裁员名单",1981 年起改用现名,并由伦敦市政府、伦敦工商会和女王特许仲裁员协会共同组成的联合管理委员会管理。1986 年,伦敦国际仲裁院改组成为有限责任公司,由董事会管理其活动。

伦敦国际仲裁院的日常工作由女王特许仲裁员协会负责,仲裁员协会的会长兼任伦敦国际仲裁院的执行主席。伦敦国际仲裁院可以受理提交给它的任何性质的国际争议,在国际社会享有很高的声望。特别是国际海事仲裁案件,大多都诉诸该院。伦敦国际仲裁院备有供当事人选择的仲裁员名单,该院在选任仲裁员时,注重强调专业知识,而对是否接受过法律教育或是否为法律专家则不十分注重。

争议双方当事人将争议事项提交该院仲裁时,应向仲裁院登记员提交书面的仲裁申请书,登记员收到申请书之日应视为开始仲裁之日。① 当事人可以自由约定组成仲裁庭的仲裁员人数以及是否设首席仲裁员或公断人,同时可以约定委任仲裁员包括首席仲裁员和公断人的程序;仲裁员的委任权属于仲裁院,仲裁院在委任仲裁员时,会适当考虑当事人书面同意的选择仲裁员的特定方法或标准;在选择仲裁员时,会考虑交易的性质,争议的性质与事实,当事人的国籍、所在地、语言以及当事人数目。如果当事人已同意仲裁员由一方或多方当事人委任或任何第三人委任,如果该提名仲裁员符合条件②,则由仲裁院委任为仲裁员;如果仲裁院认为该提名仲裁员不合适、不独立或不公正,可以拒绝委任其为仲裁员。在仲裁案件过程中,仲裁庭一般按照该院的仲裁规则进行有关的仲裁程序,在解决实体问题时,仲裁庭应当适用当事人选择的法律或法律规范裁决当事人之间的争议,如果当事人未作选择,则适用仲裁庭认为适当的法律。只有在当事人明示书面同意的情况下,仲裁庭才可以对争议的实体问题适用"公允及善良"、"友好仲裁"或"君子约定"的原则。

过去,由于受到司法至上思想的影响,在英国,仲裁程序一直受到英国法院的干扰,法院享有广泛的监督权和复审权。一直到 1979 年《仲裁法》制定之后,这种情况才有所改变,该法基本上确立了当事人意思自治这一原则,并抛弃了许多司法干预的做法。③ 但仲裁仍受到法院的较多影响,使得其受案量下滑。现行的 1996 年的《仲裁法》大大减弱了法院对商事仲裁的司法干预,增强了法律和法院对商事仲裁的保护;开始充分尊重当事人的意思自治,并赋予了商事仲裁庭对其仲裁管辖权的自裁权力等。根据该法,伦敦国际仲裁院制定了新的仲裁规则,并于 1998 年 1 月 1 日起开始实施。该规则赋予了当事人更大的自主权利,可以约定适用的仲裁规则、解决实体问题所适用的法律规范等。

---

① 参见 1998 年《伦敦国际仲裁院仲裁规则》第 1 条;宋连斌、林一飞译编:《国际商事仲裁新资料选编》,武汉出版社 2001 年版,第 293—294 页;英国《1996 年仲裁法》第 5 条。

② 此处仲裁员所符合的条件是指 1998 年《伦敦国际仲裁院仲裁规则》第 5 条第 3 款的规定。

③ 如在对商事仲裁的实体司法监督方面,该法规定,不能再对存有事实错误的商事仲裁裁决提起上诉;而对于存有法律错误的商事仲裁裁决,也必须在特定条件下才能提起上诉。

(2) 瑞士苏黎世商会仲裁院

苏黎世商会仲裁院(Court of Arbitration of the Zurich Chamber of Commerce),成立于1911年,是瑞士苏黎世商会下设的一个全国性常设仲裁机构,但在仲裁案件时是独立于苏黎世商会的。

苏黎世商会仲裁院设有秘书处,主要负责审查仲裁申请是否符合条件、协助组织仲裁庭、收取保证金、收受及送达有关文件等具体事务。苏黎世商会仲裁院任命机构的职能由会长担负。

苏黎世商会仲裁院受理并仲裁瑞士境内的商事仲裁案件和有关当事人提交的国际商事仲裁案件。争议双方当事人将争议事项提交该院仲裁时,应向仲裁院提交书面的仲裁申请书。在仲裁庭组成方面,商会理事会指定的仲裁庭首席仲裁员和他的代理人,应担任首席仲裁员或独任仲裁员。商会会长应从这些人员中为每一案件指定首席仲裁员或独任仲裁员。经当事人的共同请求和同意,或在特别情况下,商会会长可以在个别案件中指定另一适当的人担任首席仲裁员或独任仲裁员。通常以三名仲裁员组成仲裁庭的情况下,由商会会长指定的首席仲裁员应从商会会长为每个案件提出的四人名单中选定其他两名仲裁员。或者在三人组成的仲裁庭中,当事人如有协议,可由双方各自指定一名仲裁员。当事人如协议仲裁庭应由五名仲裁员组成时,则应在上述仲裁庭正常组成外补充两名仲裁员,由双方当事人各自指定一名。①

苏黎世商会仲裁院非常重视调解的作用,制定有《苏黎世商会调解与仲裁规则》,除规定有独立进行的调解程序外,仲裁庭还可以在听证时或裁决前的任何时候进行调解,并设法促成当事人的和解,甚至还可以在正式作出裁决前同双方当事人讨论其审议的结果,以便使他们能在此基础上不经裁决而以协议方式解决有关争议。

仲裁庭在仲裁过程中,必须严格依照现行的《苏黎世商会仲裁规则》进行,在实体法的适用上,可依据双方当事人合意选择的法律或法律规则;如果当事人未作选择,则依据瑞士国际私法规则指定的法律或与当事人有关的国际公约所确定的法律对有关案件作出实质性裁决。在双方当事人授权的情况下,仲裁庭还可以依"公平合理"的原则进行友好仲裁。仲裁院对争议作出的实质性裁决具有终审裁决的效力,当事人必须自觉履行。

由于瑞士在政治上处于中立地位,这就使得苏黎世商会仲裁院的裁决比较容易被有关国家和双方当事人所接受,从而逐渐成为处理国际民商事争议的一个很重要的中心,在国际商事仲裁机构中具有一定的地位。在涉及中国当事人的有关国际商事关系中,也有相当一部分选择了苏黎世商会仲裁院作为仲裁解决有关商事法律争议的商事仲裁机构。

(3) 瑞典斯德哥尔摩商会仲裁院

斯德哥尔摩商会仲裁院(The Arbitration Institute of Stockholm Chamber of Commerce,简称SCC),成立于1917年,总部设在瑞典首都斯德哥尔摩,是隶属于瑞典斯德哥尔摩商会、但又独立于商会的一个仲裁机构。其宗旨是:根据仲裁院本身的商事仲裁规则或仲裁院采用的其他规则协助解决国内和国际商事法律争议②;由仲裁院决定,协助以部分或全部不同于仲

---

① 《苏黎世商会调解与仲裁规则》第19条与第20条。
② 仲裁院已采用《加速仲裁规则》、《保险仲裁规则》、《调解规则》及《联合国国际贸易法委员会仲裁规则》下的程序和服务。

裁院规则规定的方式进行仲裁程序;提供关于根据仲裁院规则解决商事法律争议的咨询和指令;以及提供关于仲裁和调解事宜的信息;按照仲裁院就每个案件作出的决定,协助进行与上述规则规定不同的审理程序;以及提供有关仲裁事务的咨询。

斯德哥尔摩商会仲裁院属于斯德哥尔摩商会的一部分,但其在行使纠纷管理职能时独立于商会。仲裁院由理事会和秘书处组成。理事会应当由主席、副主席和理事组成,其中主席1人,副主席不超过3人,理事不超过12人。理事会成员应当包括瑞典公民和非瑞典公民。理事会应当由斯德哥尔摩商会理事会指定。理事会成员应当任期3年,若无特殊情况出现,可在其职位上连任一次。特殊情形下,商会理事会可以撤换理事会成员。如果某一理事会成员在其任职期间辞职或者被撤换,商会理事会将指定一新成员接替其剩余任期。理事会的职能是,在根据仲裁院规则或者当事人约定的其他规则或程序管理纠纷时应仲裁院的要求作出各项决定。这些决定包括决定仲裁院管辖权、确定预付费用、指定仲裁员、就当事人对仲裁员的异议作出决定、撤换仲裁员以及确定仲裁费用。理事会两名理事意见构成多数意见。如果无法达成多数意见,主席拥有决定权。遇有紧急事项,主席或者副主席有权代表理事会作出决定。理事会下属委员会可以接受指定代表理事会作出决定。理事会可以授权秘书处作出决定,包括决定预付费用、延长期限、因未缴注册费而撤销案件、解除仲裁员指定以及确定仲裁费。理事会决定为终局决定,秘书长领导秘书处工作。秘书处履行仲裁院规则所赋予的职责,也可以受理理事会的委托作出各项决定。[①]

斯德哥尔摩商会仲裁院可以受理世界上任何国家当事人所提交的商事仲裁案件,其目前适用的是2010年1月1日开始生效的仲裁规则。案件中的争议双方当事人将争议事项提交该院仲裁时,必须向该院提交书面的仲裁申请书。理事会可要求一方当事人就其所提交的书面文件向仲裁院提交详细说明。如果申请人未遵守该要求,理事会可决定撤销案件。如果被申请人未遵守该要求就其反请求或抵销请求提交详细说明,理事会可决定撤消反请求或抵消请求。被申请人未能遵守该要求并不妨碍仲裁程序的进行。在组成仲裁庭方面,当事人可以约定仲裁员的人数。如当事人未作约定,则仲裁庭人数应为3人,除非考虑到案情的复杂性、争议金额及其他事由,仲裁院决定争议应由独任仲裁员审理。当事人可以约定不同于本规则所规定的仲裁庭的指定程序。在这种情况下,如果在当事人约定的期限内,或者当事人没有约定而在理事会设定的期限内,仲裁庭未能指定,仲裁庭的指定则应当按照本规则进行。如果仲裁庭由1名独任仲裁员组成,当事人应当在10日内共同指定1名独任仲裁员。如果当事人未能在该期限内作出指定,理事会应当指定仲裁员。如果仲裁庭由1名以上仲裁员组成,每一方当事人应指定同等人数的仲裁员,首席仲裁员由理事会指定。如果一方当事人未能在规定的期限内指定仲裁员,理事会应当指定仲裁员。如果当事人双方具有不同的国籍,除非双方当事人另有约定或者理事会认为合适,独任仲裁员或者仲裁庭的首席仲裁员的国籍应当不同于双方当事人的国籍。在指定仲裁员时,理事会应当考虑争议的性质和情形、适用法律、仲裁地、仲裁语言以及当事人的国籍。在遵守本规则规定以及当事人约定的前提下,仲裁庭可以其认为适当的方式进行仲裁程序。无论如何,仲裁庭应当公正、实际而快捷地进行仲裁程序,给予各方当事人平等、合理的机会陈述案件。[②] 仲裁庭作出

---

① 参见2010年1月1日开始生效的《瑞典斯德哥尔摩商会仲裁院仲裁规则》附件一的第1—7条。
② 参见2010年1月1日开始生效的《瑞典斯德哥尔摩商会仲裁院仲裁规则》第6、12条和第19条。

的实质性裁决具有终审裁决的效力,当事人应自动予以履行。

由于瑞典的仲裁制度历史悠久,体制完善,加上瑞典是中立国,因此,斯德哥尔摩商会仲裁院成为受理国际经济争端的一个重要场所,其仲裁的公正性在国际社会享有很高的声誉。

(4) 美国仲裁协会

美国仲裁协会(American Arbitration Association,简称 AAA),成立于 1926 年,是一个独立的、非政府性的、非营利性的民间性组织,是美国最主要的商事仲裁常设机构。其总部设在纽约,并在全美 30 余个主要城市设有分会,还有 2 家国际中心在纽约和都柏林。其目的是在法律许可的范围内,以仲裁方式解决商事法律争议。

美国仲裁协会受理事会的领导,其理事会由从全国各行业和各社会集团所选举出的成员组成,该仲裁协会由精通仲裁和法律的专家组成的常设机构进行管理。美国仲裁协会备有仲裁员名册,拥有来自世界很多国家的庞大仲裁员队伍。该协会在选任仲裁员时,不受国籍的限制,但仲裁员必须公正无私,且为各行业中享有声誉并具有一定的专业技能和知识的人士。仲裁协会内部设有专门负责教育和培训的部门,定期对仲裁员进行仲裁知识和技能的培训,使他们能够在实践中更充分地发挥作用,并保证仲裁裁决的质量。

美国仲裁协会的受案范围非常广泛,可以受理全美各地以及外国的当事人提交给它的除法律和公共政策禁止仲裁的事项以外的任何法律争议,包括国际经济贸易争议、劳动争议、消费者争议以及证券法律争议等。并为此制定有很多类型的仲裁规则,例如,2000 年修改并生效的《美国仲裁协会国际仲裁规则》,适用于处理国际性商事仲裁案件;对有关纺织业、建筑业、谷物、香料贸易、汽车事故索赔、劳工争议等行业和特定种类的争议,还分别制定了很多特殊规则。

仲裁协会采用列名的方式向当事人推荐仲裁员,由当事人双方进行选择。但当事人对仲裁员的选择不受仲裁员名册的限制,可以在仲裁员名册之外选定仲裁员。当事人可以约定仲裁员人数,如当事各方对仲裁员人数未达成协议,应委任 1 名仲裁员,除非协会行政管理人自行决定三名仲裁员是适宜的,因为案件的金额大、问题复杂或其他情况。当事人可以共同约定委任仲裁员的程序,并应将此程序通知协会行政管理人。当事人可以在有或没有协会行政管理人的协助下共同指定仲裁员。仲裁员一经指定,当事人应通知协会行政管理人,以便其将指定通知转告仲裁员,并附上规则的副本。如仲裁开始后 60 天内,各方当事人不能就指定仲裁员的程序共同达成一致,或不能共同指定仲裁员,协会行政管理人应在各方当事人书面要求下,指定仲裁员和首席仲裁员。如当事人共同约定了指定仲裁员的程序,但未在该程序规定的期限内指定仲裁员,协会行政管理人应在各方当事人的书面要求下,行使程序规定的职权。在作上项任命时,协会行政管理人在征询各方当事人的意见后,应尽可能选择合适的仲裁员,协会行政管理人得应任何一方当事人的要求,或自行指定一名与各方当事人国籍不同的仲裁员。除非当事人另有约定,根据本规则进行仲裁的仲裁员应是公正的和独立的。在接受指定前,仲裁员应向协会行政管理人披露任何因其担任仲裁员而可能对其公正性和独立性产生正当的怀疑的情况。仲裁员一经任命亦应向当事人和协会行政管理人披露任何这类情况。从某一仲裁员或一方当事人收到这类情况,协会行政管理人应即转告各方当事人和仲裁员。如存在对仲裁员的公正性和独立性产生正当的怀疑的情况时,一方当事人得要求该仲裁员回避。对仲裁员要求回避的一方当事人应在收到该仲裁员任命通知后 15 天内,或在其知悉产生要求回避情况后 15 天内,将要求回避通知送交协会行政管理人。一经收到要求回避通知,协会行政管理人应通知其他当事人有关该要求回避。一方当事人对仲裁员提出要求回避时,另一方当事人对要求回避可以表示同意接受,如同意,该仲裁员应当离职。没有这类同意,被提出要求回避的仲裁员也可以离职。这两种情况都不意味着承认提出要求回避的理由是正当的。[①]

仲裁地点由各方当事人约定,如果各方当事人未能就仲裁地点达成一致,美国仲裁协会可初步确定仲裁地点,仲裁庭有权在成立后60日内最终确定仲裁地点。仲裁庭在审理案件中,一般都是按照自己的仲裁规则进行仲裁,但当事人可以对仲裁规则作出修改。仲裁庭应适用当事人选定的适用于争议的实体法。如果当事人未作选择,则适用仲裁庭认为适当的法律。除非当事人明示授权,仲裁庭不得充任友好仲裁员或按公允及善良原则作出裁决。仲裁裁决具有终局性,对各方当事人均有约束力。

由于美国仲裁协会能提供较为完备的行政和服务设施,仲裁较少受司法干预。因此,近年来受理的案件持续上升,成为世界上受案量最高的民间仲裁机构。

(5)中国国际经济贸易仲裁委员会

中国国际经济贸易仲裁委员会(China International Economic and Trade Arbitration Commission,简称CIETAC),亦称中国国际商会仲裁院(The Court of Arbitration of China Chamber of International Commerce,简称CCOIC Court of Arbitration),是中国国际经济贸易促进委员会(简称贸促会,2000年10月其同时启用"中国国际商会"的名称),根据中华人民共和国政务院1954年5月6日的决定,于1956年4月成立的。当时名称为"对外贸易仲裁委员会",1980年改称为"对外经济贸易仲裁委员会",1988年改称为"中国国际经济贸易仲裁委员会",2000年10月1日起,在使用"中国国际经济贸易仲裁委员会"的同时,启用了"中国国际商会仲裁院"的名称。中国国际经济贸易仲裁委员会是中国国际经济贸易促进委员会下设的一个民间性的常设仲裁机构,总会设在北京,分别于1989年、1990年和2009年在深圳、上海和重庆设立了中国国际经济贸易仲裁委员会深圳分会(以下简称深圳分会)、中国国际经济贸易仲裁委员会上海分会(以下简称上海分会)和中国国际贸易仲裁委员会西南分会。2004年6月18日深圳分会更名为中国国际经济贸易仲裁委员会华南分会(以下简称华南分会)。仲裁委员会北京总会及其华南分会、上海分会和西南分会是一个统一的整体,是一个仲裁委员会。总会和分会使用相同的《仲裁规则》和《仲裁员名册》,在整体上享有一个仲裁管辖权。

中国国际经济贸易仲裁委员会的宗旨是:以仲裁方式,独立、公正地解决契约性或非契约性的经济贸易关系中所发生的法律争议。

仲裁委员会设名誉主任1人、名誉副主任1—3人,顾问若干人,由中国国际商会邀请有关知名人士担任。仲裁委员会在组织机构上实行委员会制度,设主任1人、副主任若干人和委员若干人。主任履行仲裁规则赋予的职责,副主任受主任的委托可以履行主任的职责。仲裁委员会委员由仲裁委员会聘请有关方面的知名人士担任,通过仲裁委员会委员会议来行使职责。仲裁委员会委员会议每年召开1次,主要研究解决仲裁委员会组织机构及业务发展等方面的重大问题。仲裁委员会总会和分会设立秘书局与秘书处,各有秘书长一人,副秘书长若干人。总会秘书局和分会秘书处分别在总会秘书长和分会秘书长的领导下负责处理仲裁委员会总会和分会的日常事务。仲裁委员会还设立三个专门仲裁委员会:专家咨询

[①]《美国仲裁协会国际仲裁规则》第5—7条。

委员会、案例编辑委员会和仲裁员资格审查考核委员会。其中,专家咨询委员会负责仲裁程序和实体上的重大疑难问题的研究和提供咨询意见,对仲裁员的培训和经验交流、对仲裁规则的制定和修订提供意见,对仲裁委员会的工作和发展提出建议等。案例编辑委员会,负责案例编辑和仲裁委员会的年刊编辑工作。仲裁员资格审查考核委员会,按照仲裁法和仲裁规则的规定,对仲裁员的行为进行监督考核,对仲裁员的聘任提出建议。[①]

仲裁委员会设立域名争议解决中心和亚洲域名争议解决中心,负责解决各种域名争议。域名争议解决中心于2005年7月5日起同时启用"中国国际经济贸易仲裁委员会网上争议解决中心"名称,全面涵盖域名争议解决中心目前业务,并进一步开展电子商务网上调解和网上仲裁等其他网上争议解决业务,为广大当事人提供快捷高效的网上争议解决服务。仲裁委员会与中国粮食业协会、贸促会粮食行业分会联合成立了粮食争议仲裁中心,以仲裁的方式解决粮食行业发生的一切争议。仲裁委员会在各地贸促会内及经济比较发达的城市设立了仲裁办事处,办事处是仲裁委员会仲裁专业联络和宣传机构,从事仲裁宣传和仲裁协议的推广和咨询工作,不能受理仲裁案件。

为了适应和促进中国国际贸易事业的发展,仲裁委员会曾先后多次修订了其仲裁规则。现行的仲裁规则是2012年2月3日修订并通过,同年5月1日施行的《中国国际经济贸易仲裁委员会仲裁规则》。根据该仲裁规则,仲裁委员会可以受理当事人通过仲裁协议书面提交解决的任何契约性或非契约性的商事法律争议,包括国际的或涉外的争议案件;涉及香港特别行政区、澳门特别行政区或台湾地区的争议案件和国内案件。仲裁委员会制定统一适用于仲裁委员会及其分会/中心的仲裁员名册,当事人从仲裁委员会制定的仲裁员名册中选定仲裁员。当事人约定在仲裁委员会制定的仲裁员名册之外选定仲裁员的,当事人选定的或者根据当事人协议指定的人士经仲裁委员会主任依法确认可以担任仲裁员。仲裁庭由1名或者3名仲裁员组成。除非当事人另有约定或者本规则另有规定,仲裁庭由3名仲裁员组成。申请人和被申请人应各自在收到仲裁通知后15日内选定或者委托仲裁委员会主任指定一名仲裁员,当事人未在上述期限内选定或者委托主任指定仲裁员的,由仲裁委员会主任指定。第三名仲裁员由双方当事人在被申请人收到仲裁通知后15日内共同选定或者共同委托仲裁委员会主任指定。第三名仲裁员为仲裁庭的首席仲裁员。双方当事人可以各自推荐1—5名首选人作为首席仲裁员人选,并按照上述规定期限提交推荐名单。双方当事人的推荐名单中有1名人选相同的,该人选为双方当事人共同选定的首席仲裁员;由1名以上人选相同的,由仲裁委员会主任根据案件具体情况在相同人选中确定一名首席仲裁员,该名首席仲裁员仍为双方共同选定的首席仲裁员;推荐名单中没有相同人选时,由仲裁委员会主任指定首席仲裁员。双方当事人未能按照上述规定选定首席仲裁员的,由仲裁委员会主任指定首席仲裁员。仲裁庭由1名仲裁员组成的,按照上述程序选定或者指定该独任仲裁员。在仲裁规则的适用方面,当事人约定将争议提交仲裁委员会仲裁的,视为同意按照本规则进行仲裁,但当事人对本规则有关内容进行变更或者约定适用其他仲裁规则的,从其约定,但其约定无法实施或与仲裁程序适用法强制性规定相抵触者除外。当事人约定适用其他仲裁规则的,由仲裁委员会履行相应的管理职责。当事人约定按照本规则进行仲裁但未约定仲裁机构的,视为同意将争议提交仲裁委员会仲裁。当事人约定适用仲裁委员会制定的专业

[①] 2012年5月1日起施行的《中国国际经济贸易仲裁委员会仲裁规则》第2条。

仲裁规则的,从其约定,但其争议不属于该专业仲裁规则适用范围的,适用本规则。关于仲裁地点,当事人对仲裁地有约定的,从其约定。当事人对仲裁地未作约定或者约定不明的,以管理案件的仲裁委员会或者其分会/中心所在地为仲裁地;仲裁委员会也可视案件的具体情形确定其他地点为仲裁地。① 仲裁裁决具有终局性,对双方当事人均有约束力。

经过50多年的努力,中国国际经济贸易仲裁委员会以其独立、公正、快速、高效的工作在当今国际社会享有广泛的声誉,现已成为世界上重要的商事仲裁机构之一,受案量也跃居世界前列。

二、仲裁委员会

在我国,常设性仲裁机构被称为仲裁委员会。仲裁委员会是根据法定条件和程序依法设立的,依据当事人之间自愿达成的仲裁协议受理争议案件的常设性仲裁机构。

(一)仲裁委员会的设立与注销

1. 仲裁委员会的设立地点与设立主体

根据《仲裁法》第10条第1款的规定,仲裁委员会可以在直辖市和省、自治区人民政府所在地的市设立,也可以根据需要在其他设区的市设立,不按行政区划层层设立。《仲裁法》之所以规定仲裁委员会设立于城市之中,主要是因为民间性仲裁解决的是商事争议,而城市往往是商业贸易活动较为频繁而集中的地区。

根据《仲裁法》第10条第2款的规定,仲裁委员会由前款规定的市的人民政府组织有关部门和商会统一组建。根据国务院的有关规定,现由国务院法制局及人民政府法制局(办)主持承办仲裁委员会的设立工作。可见,设立于城市之中的仲裁委员会,在其设立主体方面与通常由商会设立仲裁机构有所不同。

2. 仲裁委员会的设立条件

根据《仲裁法》第11条的规定,设立仲裁委员会应当具备以下条件:

(1)有自己的名称、住所和章程。名称是仲裁委员会的称号,也是使仲裁委员会特定化并区别于其他仲裁委员会的标志,仲裁委员会的确定名称便于当事人行使协议选择权。根据国务院《重新组建仲裁机构方案》的规定,新组建的仲裁委员会的名称应当规范,一律在仲裁委员会之前冠以仲裁委员会所在市的地名。住所是仲裁委员会作为常设机构的固定地点,是其管理机构和办事机构所在地,也是其从事业务活动的固定地点。仲裁委员会的章程不仅是规定其宗旨、组成、机构并规范其行为的准则,而且也是社会了解其职能的依据。

(2)有必要的财产。设立仲裁委员会需要有办公场所、办公设备、交通工具、通讯设施、办公经费等必要的财产,这是仲裁委员会进行日常事务活动以及仲裁活动的物质基础,也是维持仲裁委员会正常运作的必要物质条件。《重新组建仲裁机构方案》规定,仲裁委员会设立初期,其所在地的市人民政府应解决仲裁委员会的经费。随着仲裁事业的发展,仲裁委员会可以将其收取的仲裁费用中一部分,用于仲裁委员会维持正常工作的开支,并应当逐步作到自收自支。

(3)有该委员会的组成人员。根据《仲裁法》第12条的规定,仲裁委员会由主任1人、副主任2至4人和委员7至11人组成。仲裁委员会的主任、副主任和委员由法律、经济贸

---

① 2012年5月1日起施行的《中国国际经济贸易仲裁委员会仲裁规则》第23—26条。

易专家和有实际工作经验的人员担任。仲裁委员会的组成人员中,法律、经济贸易专家不得少于2/3。这一规定既符合国际通行作法,保证新组建的仲裁委员会具有较高的专业水平,同时又考虑到了我国仲裁事业发展的实际情况,妥善处理了新建仲裁委员会与原仲裁机构之间的衔接问题。关于仲裁委员会组成人员的产生程序,《仲裁法》未作出明确规定。根据国务院《重新组建仲裁机构方案》及其推荐的《仲裁委员会章程示范文本》中的有关规定,第一届仲裁委员会的组成人员,由政府法制、经贸、体改、司法、工商、科技、建设等部门和贸促会、工商联等组织协商推荐,由市人民政府聘任。仲裁委员会每届任期3年。任期届满,更换1/3组成人员。仲裁委员会任期届满前2个月前,应当完成下届仲裁委员会组成人员的更换;有特殊情况不能完成更换的,应当在任期届满后3个月内完成更换。上一届仲裁委员会履行职责到新一届仲裁委员会组成为止。新一届仲裁委员会组成人员由上一届仲裁委员会主任会议商市人民政府有关部门、商会后提名,由市人民政府聘任。在仲裁委员会组成人员中,驻会专职人员1至2人,其他组成人员均应当兼职。仲裁委员会组成人员名单应报中国仲裁协会备案。

(4) 有聘任的仲裁员。仲裁员是当事人提请仲裁解决的争议案件的审理者与裁决者,仲裁委员会需聘任一定数量的符合法定条件的自然人担任其仲裁员,并按照所聘任仲裁员的专业特长制作仲裁员名册,供当事人选择,以便于仲裁活动的顺利进行。

3. 仲裁委员会的设立与注销程序

设立仲裁委员会,应当按照法定程序进行登记。根据《仲裁法》第10条以及国务院发布的《仲裁委员会登记暂行办法》,仲裁委员会应当向登记机关,即省、自治区、直辖市的司法行政部门办理设立登记。办理设立登记,应当向登记机关提交下列必要文件:(1)设立仲裁委员会申请书;(2)组建仲裁委员会的市人民政府设立仲裁委员会的文件;(3)仲裁委员会章程;(4)必要的经费证明;(5)仲裁委员会住所证明;(6)聘任的仲裁委员会组成人员的聘书副本;(7)拟聘任的仲裁员名册。此项申报工作由市政府法制局主持的仲裁委员会筹备组经办。

登记机关在收到上述文件之日起10日内,对符合设立条件的仲裁委员会予以设立登记,并发给登记证书;对符合设立条件,但所提交申请文件不符合规定的,在按照要求补正后予以登记;对不属于直辖市和省、自治区人民政府所在地的市以及设区的市申请设立仲裁委员会的,不予以登记。经登记的仲裁委员会变更其住所、组成人员的,应当在变更后10日内向登记机关备案,并提交与变更事项相关的文件。

仲裁委员会决定终止的,也应当向登记机关办理注销登记。仲裁委员会办理注销登记的,应当向登记机关提交下列必要的文件:(1)注销登记申请书;(2)组建仲裁委员会的市人民政府同意注销该仲裁委员会的文件;(3)有关机关确认的清算报告;(4)仲裁委员会的登记证书。登记机关应当在收到上述文件之日起10日内,对符合终止条件的仲裁委员会予以注销登记,收回仲裁委员会的登记证书。

登记机关对仲裁委员会的设立登记和注销登记,自作出登记之日起生效,予以公告,并报国家司法行政部门备案。

(二) 仲裁委员会的内部职能机构

1. 管理机构

委员会会议是仲裁委员会的管理机构,由仲裁委员会全体人员组成,由仲裁委员会主任或者主任委托副主任主持。每次会议须有2/3以上的组成人员出席，方能举行。委员会会议以开会形成会议决议的形式行使其职权，其中修改章程或者对委员会作出解散决议，须经全体组成人员2/3以上通过，其他决议需由出席会议组成人员的2/3以上通过。

委员会会议的主要职责包括：(1) 审议仲裁委员会的工作方针、工作计划等重要事项，并作出相应的决议；(2) 审议、通过仲裁委员会秘书长提出的年度工作报告和财务报告；(3) 决定仲裁委员会秘书长、专家咨询委员会负责人人选；(4) 审议、通过仲裁委员会办事机构设置方案；(5) 决定仲裁员的聘任、解聘和除名；(6) 仲裁委员会主任担任仲裁员的，决定主任的回避；(7) 修改仲裁委员会章程；(8) 决议解散仲裁委员会；(9) 仲裁法、仲裁规则和章程规定的其他职责。如根据当事人请求，对仲裁协议的效力作出认定；决定聘用办事机构的工作人员等。

仲裁委员会主任、副主任和秘书长组成主任会议，在仲裁委员会会议闭会期间，负责仲裁委员会的重要日常工作。

2. 办事机构

根据《重新组建仲裁机构方案》和《仲裁委员会章程示范文本》的规定，仲裁委员会下设办事机构，即秘书处，设秘书长1人，可以由驻会专职组成人员兼任。秘书长负责办事机构的日常工作，并由仲裁委员会主任会议本着精简、高效的原则，择优聘用思想品质和业务素质良好的工作人员。办事机构不仅具体代表仲裁委员会处理一般性日常事务，而且负责处理仲裁案件过程中的具体程序性事务工作，是案件当事人与仲裁员之间联系与沟通的桥梁与纽带。因此，办事机构的工作人员，即秘书应当严格按照法律规定和仲裁规则规定的程序与要求办事，严格遵守保密制度，不得向外界透露任何有关案件的实体和程序的情况，更不得向当事人透露仲裁庭合议案件的情况。为了保证仲裁的公正性，秘书人员不得担任兼职律师或者法律顾问。

办事机构的主要职责包括：(1) 具体办理案件受理、仲裁文书送达、档案管理等程序性事务；(2) 收取和管理仲裁费用；(3) 办理仲裁委员会交办的其他事务。此外，对合议庭的所有合议及庭审进行记录，核对裁决书也是办事机构职责的一部分。

3. 专家咨询机构

专家咨询机构一般称为专家咨询委员会，对仲裁委员会有着极其重要的作用。仲裁委员会可以根据需要设立专家咨询委员会，并在其组成人员或者仲裁员中聘任若干名专家组成专家咨询委员会。专家咨询委员会设负责人1人，由仲裁委员会副主任兼任，具体人选由仲裁委员会会议决定。专家咨询委员会的成员均为兼职。

专家咨询委员会的主要职责是为仲裁委员会和仲裁员提供对疑难问题的咨询意见，但是，专家咨询委员会不得干预仲裁庭行使仲裁权，其对具体仲裁案件的程序问题或者实体问题经过研究所提供的咨询意见，只能供仲裁庭参考，并不对仲裁庭产生约束力。此外，从仲裁实践来看，专家咨询委员会通常还在如下方面发挥其重要作用：(1) 组织仲裁员交流经验；(2) 对仲裁委员会的发展提出建议；(3) 对仲裁规则的修改提出建议等。

4. 其他机构

仲裁委员会需要设立哪些其他机构，我国《仲裁法》并未作出明确的规定。从我国的仲裁实践来看，一般来说，仲裁委员会只要具备了上述内部机构即可正常开展各项活动。但是，随着仲裁事业的发展，仲裁委员会自身以及与社会的关系变得越来越复杂，仲裁委员会也需要建立一些新的内部机构。例如,随着仲裁委员会受理案件数量的急剧增加,仲裁委员会不仅要求增加仲裁员的数量,而且要对仲裁员的行为进行评价,对仲裁员的聘任及管理工作量势必增大,这就需要一个仲裁员的资格审查与奖惩机构;为了不断总结仲裁经验,提高仲裁水平,提升仲裁委员会的社会声誉,势必需要设立案例与相关资料的编辑机构;随着仲裁委员会设立时间的逐渐增长,仲裁案件的档案管理日益重要而突出,这就使得档案管理机构的设立成为必要,等等。

第三节 仲 裁 庭

一、仲裁庭的概念与特征

仲裁庭是指由当事人选定或者仲裁委员会主任指定的仲裁员组成的,对当事人依据仲裁协议提请仲裁的争议案件按照仲裁程序进行审理并作出仲裁裁决的仲裁组织。

当事人依据仲裁协议提出的仲裁申请,经仲裁委员会审查并予以受理后,并不是由仲裁委员会直接行使对该争议案件的仲裁权,而是由依法组成的仲裁庭对该争议案件进行仲裁审理与裁决,因此,仲裁庭不同于仲裁委员会,具有以下特征:

(1)仲裁庭是仲裁权的行使主体。在仲裁程序中,依照仲裁规则的规定,在仲裁委员会聘任的仲裁员中,由当事人选定或者仲裁委员会主任指定的仲裁员组成仲裁庭后,该仲裁庭即可依法行使对该争议案件的仲裁审理权与裁决权。由此可见,就仲裁解决争议案件这一活动而言,仲裁庭实际上是行使仲裁权的主体,而仲裁机构仅仅是为仲裁庭行使仲裁权解决争议案件提供场所及相关的服务,换言之,仲裁庭与仲裁机构实质上是一种被服务与服务的关系。此外,仲裁庭组成之后,作为仲裁权的主体,必然要发生与当事人之间的法律关系。关于仲裁庭与当事人之间的法律关系,综观世界各国司法实务与学说见解,主要有三大学说:准契约关系说、特定身份关系说及契约关系说。准契约关系说认为仲裁员与当事人之间存在特定含义的准契约关系,这种理论来源于英美契约法上的偿还请求权,只要一方要求另一方为一定的服务,并且预计这种服务能够获取报酬,这种请求权即成立。特定身份关系说认为仲裁员行使仲裁权是一种裁判纠纷的司法行为,反映了仲裁机构在纠纷解决方面的特殊身份。[①] 可见,前两者各有所失,准契约关系说过于关注了仲裁员对当事人的报酬请求权,而忽略了仲裁员所承担的审理与裁决案件的职责;而特定身份说又走入另一极端,过于关注了仲裁员对争议的解决职责,而忽略了仲裁员解决争议的职责受当事人仲裁协议限制这一点。因此,以契约关系说较为可采,而契约关系说本身又可以分为委任、雇佣、承揽及特殊契约四种学说。有学者认为,基于当事人自主原则而选任仲裁人的契约,使选任仲裁人的争议当事人与被选任的仲裁人之间成立了契约法上的关系,而仲裁人因为被授予处理私权争议的"审判权",并应以其专业知识公正、独立行使仲裁人职务,故同时产生公法上之效果,再者,由于法律重视当事人对仲裁人专业知识与个人之信任,即在双方成立的关系上具有特别的属人性(intuitupersonae),故仲裁人与当事人之关系应属于特殊契约类型,在本质上较接近

---

① 郭寿康、赵秀文著:《国际经济贸易仲裁法》,中国法制出版社1999年版,第193页。

委任契约,应可准用委任契约之规定,但仲裁人非当事人的受任人。[①] 由此可见,无论如何理解仲裁庭与当事人之间的法律关系,仲裁庭作为当事人提请仲裁争议案件的仲裁权主体这一点是毋庸置疑的。

(2) 仲裁庭具有临时性。仲裁机构具有常设性,而仲裁庭则与此不同。仲裁机构受理当事人依据仲裁协议提出的仲裁申请后,即根据争议案件解决的需要依法或者依仲裁规则由当事人选定或者仲裁委员会主任指定的仲裁员组成仲裁庭;当仲裁程序因仲裁庭行使仲裁权作出仲裁裁决或者调解书而结束,或者仲裁程序因当事人撤回仲裁申请而结束时,仲裁庭即消灭。由此可见,仲裁庭随争议案件仲裁程序的开始而产生,随仲裁程序的结束而消灭,其具有明显的临时性。

(3) 仲裁庭的形式具有灵活性。在仲裁程序进行过程中,无论是仲裁法还是仲裁程序所适用的仲裁规则,通常对仲裁庭的具体组成并不作出统一固定的规定,某一争议案件究竟采取何种形式的仲裁庭可以由当事人根据提请仲裁争议案件的具体情况自行协商确定,当事人未约定的,则由仲裁委员会主任根据争议案件的具体情况自行确定。可见,仲裁庭的形式具有较大的灵活性。

二、仲裁庭的权利与义务

(一) 仲裁庭的权利

在仲裁程序中,仲裁庭行使对当事人依据仲裁协议提请仲裁的争议案件的仲裁权,从某种意义上看,该仲裁权如同审判组织代表人民法院行使的审判权一样,是一种抽象的权利,因此,为了保证仲裁庭所享有的仲裁权的正当行使,《仲裁法》应当赋予仲裁庭一系列具体的权利。

根据《仲裁法》的相应规定,仲裁庭从其依法成立时起,就依法可以行使两类权利:一类是指挥、引导整个仲裁程序顺利进行的权利;另一类是对具体争议案件的审理和裁决权。具体来说,仲裁庭所享有的权利,可以体现在以下几个方面:

(1) 调查取证权。证据是仲裁庭查明争议案件事实情况,分清是非,及时审理争议案件并作出公正仲裁裁决的基础,证据的调查收集是否顺利直接影响到仲裁庭对争议案件仲裁权的正当有效行使。为此,《仲裁法》第43条明确规定:"当事人应当对自己的主张提供证据。仲裁庭认为有必要收集的证据,可以自行收集。"该法第44条第1款也规定:"仲裁庭对专门性问题认为需要鉴定的,可以提交由当事人约定的鉴定部门鉴定,也可以由仲裁庭指定的鉴定部门鉴定。"由此可见,仲裁庭在审理争议案件的过程中,可以根据案件的需要自行收集证据,也可以通过鉴定的方式收集有关专门性问题的证据。

(2) 开庭审理权。在仲裁程序中,由于双方当事人之间存在明显的实体权利义务争议,为了能够对双方当事人各自提供的证据材料进行审查,并通过证据材料全面了解争议案件的具体情况,以便于作出公正的仲裁裁决,除非当事人另行约定书面审理,否则仲裁庭有权决定开庭审理案件。在开庭审理过程中,仲裁庭一方面可以通过开庭审理过程中听取当事人的举证、质证以及辩论,另一方面,可以在此基础上行使对证据的审查判断权,从而以此为依据认定争议案件的事实,并适用法律作出仲裁裁决。因此,开庭审理权也是仲裁庭的一项

---

① 张庭祯:《国际商务仲裁契约之法律效力》,载《商务仲裁》1997年7月,总第46期。

重要的权利。

（3）争议案件的调解权。由于仲裁庭以仲裁方式解决的是基于当事人之间的合同关系和财产权益关系而产生的争议案件,此类案件所涉及的民事权利的私权性以及可处分性,决定了在解决争议案件的过程中,应当注重保障当事人处分权的充分行使。因此,仲裁庭行使对争议案件的调解权解决争议,既尊重了当事人的处分权,同时也有利于实现仲裁解决争议案件所具有的快捷性。对此,《仲裁法》第51条第1款规定:"仲裁庭在作出裁决前,可以先行调解。当事人自愿调解的,仲裁庭应当调解。调解不成的,应当及时作出裁决。"

（4）争议案件的裁决权。当事人依据仲裁协议将争议案件提请仲裁的目的在于通过仲裁方式解决该争议案件,而仲裁庭行使对争议案件的调查取证权以及开庭审理权的目的,也在于在查明和认定案件事实的基础上,正确适用法律,对双方当事人之间的争议案件作出最终的裁决。因此,仲裁庭享有对争议案件的裁决权既是仲裁庭对争议案件行使仲裁权的最终结果,同时也是当事人将争议案件提请仲裁的目的所在。对此,《仲裁法》第9条第1款规定:"仲裁实行一裁终局的制度。裁决作出后,当事人就同一纠纷再申请仲裁或者向人民法院起诉的,仲裁委员会或者人民法院不予受理。"

（5）仲裁程序的指挥权。在仲裁程序中,为了保证仲裁庭有效行使其对争议案件的审理权和裁决权,从而保证争议案件的尽快解决,仲裁庭可以依法行使对仲裁程序的指挥权。如仲裁庭有权决定开庭审理的时间,当事人请求延期开庭的,是否准许由仲裁庭决定;因回避而重新选定或者指定仲裁员后,已进行的仲裁程序是否重新进行,由仲裁庭准许或者决定等。

（二）仲裁庭的义务

仲裁庭在享有广泛的权利的同时,也应当承担一定的义务。赋予仲裁庭享有广泛的权利,是为了保证仲裁庭依法有效充分地行使仲裁权;而要求仲裁庭承担一定的义务,不仅有利于督促仲裁庭正当行使其权利,而且也有利于当事人利益的维护。根据我国《仲裁法》的有关规定,仲裁庭在仲裁程序中,主要应当承担以下义务:

（1）及时、公平合理地审理并裁决争议案件。虽然对争议案件的审理权与裁决权是仲裁庭的两项重要权利,但是,如果仲裁庭不当行使审理权与裁决权,不仅会导致仲裁程序的拖延,造成仲裁成本的增加,而且还可能会因仲裁裁决结果的不当而损害当事人的合法权益,甚至影响仲裁解决纠纷功能的有效发挥。在仲裁实践中,常见的仲裁庭不当行使审理权与裁决权的行为主要表现为仲裁庭越权判断或者仲裁庭怠权判断。所谓仲裁庭越权判断,也可以称为越权裁决,即仲裁庭超出仲裁协议的范围或者仲裁请求的范围而作出的判断。这是广义上的越权判断,就狭义上的越权判断而言,仅指仲裁庭超出仲裁请求的范围作出的判断。仲裁与诉讼不同,它以仲裁协议为基础,因此,仲裁庭有权审理与裁决的对象只能是当事人依据仲裁协议约定事项所提出的仲裁请求,仲裁庭无论是超出仲裁协议约定事项的范围,还是超出当事人仲裁请求的范围作出仲裁裁决都构成仲裁庭不当行使审理权与裁决权的越权行为。如果说越权判断是仲裁庭积极不当行使审理权与裁决权的话,那么与此相对的则是仲裁庭消极不当行使审理权与裁决权的怠权判断行为。所谓怠权判断,是指仲裁庭未及时、正当地就当事人基于仲裁协议所提出之仲裁请求内容予以裁决,是仲裁庭的一种消极不作为的行为。当事人提请仲裁的目的就是希望通过一种灵活、迅捷的方式来解决所发生的争议,以实现其合法权益。因而,仲裁庭的这种消极的怠权判断行为,不仅没有及时、正当地履行自己应尽的职责,而且也损害了当事人的合法权益。在仲裁实践中,仲裁庭怠权判断行为通常表现为两种情形:第一,仲裁庭迟延行使仲裁权。即仲裁庭组成后,迟迟不履行其职责,或者在一定的期限内迟迟不对当事人所请求的争议案件进行审理与裁决,这必然导致仲裁程序之拖延。第二,仲裁庭遗漏当事人所提出的部分仲裁请求。即仲裁庭因为疏忽仅对当事人提出的部分仲裁请求予以审理并裁决,而遗漏了部分仲裁请求的情形。[①] 由此可见,为了保证当事人之间争议案件的尽快合理解决,以维护当事人的合法权益,及时、公平、合理地审理并裁决争议案件应当作为仲裁庭应承担的一项义务。

(2)依法制作调解书或者裁决书。在仲裁程序中,仲裁庭对争议案件经过审理,依法制作调解书或者裁决书,不仅是当事人将争议案件提请仲裁所追求的,而且也是仲裁庭行使仲裁权对争议案件予以解决的书面表现,此外,还是将来人民法院对仲裁行使司法监督权的重要依据。因此,仲裁庭在对争议案件经过审理后,有义务根据解决争议案件的具体情况分别制作规范的调解书或者裁决书。

---

① 关于越权判断与怠权判断的分析,主要参考了杨秀清:《协议仲裁制度研究》,法律出版社2006年版,第154—159页。

第四章

仲 裁 员

第一节 仲裁员的资格

在仲裁程序中,仲裁庭是由仲裁员组成的,事实上,仲裁员是当事人提请仲裁争议案件的审理者与裁决者。仲裁员参与争议案件的审理与作出仲裁裁决活动时应当独立,不受任何机关、社会团体或者个人的干预。由于仲裁员不同于法官,其往往来自于法学、经济贸易等不同的专业领域,因此,为了保证仲裁员公正、合理、合法地解决当事人之间的争议案件,依法确定仲裁员的资格尤为关键。

综观不同国家的仲裁法律制度,对仲裁员的资格要求通常包括一般资格要求与特殊资格要求两个方面。

一、一般资格要求

作为仲裁员的一般资格要求,必须是具有完全民事行为能力、具有人身自由的自然人。而且,一般还要求必须是未曾受过刑事处分或被开除公职的人。由此,未成年人、无民事行为能力人、限制民事行为能人或被剥夺了人身自由的人,都不得担任仲裁员。仲裁员具有完全的民事行为能力,是其实施任何有效的民事行为的基本要求。未曾受过刑事处分或者未被开除公职,则是其担任仲裁员在职业道德方面所必须具备的条件。[①] 此外,仲裁员应当是自然人。我国《仲裁法》实施之前,除技术合同仲裁以外,有关仲裁员资格方面的规定非常模糊,《仲裁法》实施后,我国《仲裁法》对仲裁员的资格条件有了明确的要求。根据《仲裁法》第 13 条的规定,仲裁委员会应当从公道正派的人员中聘任仲裁员。可见,公道正派是仲裁法对仲裁员一般资格方面的具体要求,即要求仲裁员在解决争议案件的过程中,应当秉公办案,平等对待双方当事人,公正裁决。

由于仲裁所解决的商事争议,除国内商事争议外,还经常涉及国际性商事争议,这就涉及仲裁员的国籍要求问题,也就是说,外国人能否被聘请担任仲裁员是一个极其重要的问题。目前,许多国家的《仲裁法》允许外国人被聘请担任仲裁员,参加在本国进行的仲裁程序,以便于体现仲裁的公正性与国际性。不过,也有些国家,如捷克,对外国人担任仲裁员采取对等原则,凡是某一国家允许捷克公民担任该国的仲裁员,则捷克也允许该国公民担任仲

[①] 陈治东著:《国际商事仲裁法》,法律出版社 1998 年版,第 147 页。转引自谢石松主编:《商事仲裁法学》,高等教育出版社 2003 年版,第 187 页。

裁员。① 我国《仲裁法》仍然将仲裁分为国内仲裁与涉外仲裁两种情况,就国内仲裁而言,虽然仲裁法没有明确规定仲裁员的国籍问题,但从立法精神来看,仲裁员应当为中国籍公民,并且《重新组建仲裁机构方案》中有关仲裁员资格条件中明确规定,仲裁委员会应当主要在本省、自治区、直辖市范围内符合《仲裁法》第13条规定的人员中聘任仲裁员。而涉外仲裁则有所不同,《仲裁法》第67条规定:"涉外仲裁委员会可以从具有法律、经济贸易、科学技术等专门知识的外籍人士中聘任仲裁员。"事实上,中国国际经济贸易仲裁委员会与中国海事仲裁委员会自20世纪80年代末就已开始聘请外国人和中国内地以外的其他法域的人士担任仲裁员。聘请外国人士和中国港、澳、台地区的人士,在中国内地担任仲裁员参与仲裁审理商事案件,无疑有助于增强外国当事人和中国港、澳、台地区的当事人对中国内地商事仲裁的信心,有利于发展和扩大中国内地的对外民商事交往,同时还可以促进中国商事仲裁机构的办案质量和效率。②

二、特殊资格要求

(一) 其他国家和地区仲裁员的特殊资格要求

由于当事人依据仲裁协议提请仲裁的争议案件往往涉及较强的专业性,争议的解决直接影响到当事人之间的实体权利义务关系,并且仲裁本身就是一种专业性很强的争议解决活动。因此,在商事仲裁实践中,为了满足仲裁的专业性要求,各常设仲裁机构都从本国或者各国的专业人士中遴选出具有高尚道德品质,并在法律、经贸、工商、金融、建筑、科学技术等方面具有较高专业水平的人士作为仲裁员,并设置仲裁员名册供当事人选择。

关于仲裁员的特殊任职资格,其他国家及地区有不同的规定。如我国台湾地区2002年修正的"仲裁法"不仅规定了仲裁员应当具备的特殊资格条件,而且还规定了不得担任仲裁员的几种情形。台湾地区"仲裁法"第6条规定:具有法律或其他各业专门知识或经验,信望素孚之公正人士,具备下列资格之一者,得为仲裁人:一、曾任实任推事、法官或检察官者;二、曾执行律师、会计师、建筑师、技师或其他与商务有关之专门职业人员业务5年以上者;三、曾任国内、外仲裁机构仲裁事件之仲裁人者;四、曾任教育管理部门认可之国内、外大专院校助理教授以上职务5年以上者;五、具有特殊领域之专门知识或技术,并在该特殊领域服务5年以上者。该法第7条规定:有下列各款情形之一者,不得为仲裁人:一、犯贪污、渎职之罪,经判刑确定者;二、犯前款以外之罪,经判处有期徒刑1年以上之刑确定者;三、经褫夺公权宣告尚未复权者;四、破产宣告尚未复权者;五、受禁治产宣告尚撤销者;六、未成年人。此外,我国台湾地区"仲裁法"对仲裁员的资格还有一个特色规定,即要求仲裁人应接受训练和讲习。如该法第8条规定:"具有本法所定得为仲裁人资格者,除有下列情形之一者外,应经训练并取得合格证书,始得向仲裁机构申请登记为仲裁人:一、曾任实任推事、法官或检察官者;二、曾执行律师职务3年以上者;三、曾在教育管理部门认可之国内、外大专院校法律学系或法律研究所专任教授2年、副教授3年,讲授主要法律科目3年以上者;四、本法修正施行前已向仲裁机构登记为仲裁人,并曾实际参与争议案件之仲裁者。前项第三款所定任教年资之计算及主要法律科目之范围,由法务部门会商相关机关定之。仲裁

---

① 谢石松主编:《商事仲裁法学》,高等教育出版社2003年版,第188页。
② 韩健:《现代国际商事仲裁法的理论与实践》,法律出版社2000年版,第166页。

人未依第一项规定向仲裁机构申请登记者,亦适用本法训练之规定。仲裁人已向仲裁机构申请登记者,应参加仲裁机构每年定期举办之讲习。未定期参加者,仲裁机构得注销其登记。仲裁人之训练及讲习办法,由行政管理部门会同'司法院'定之。"可见,我国台湾地区"仲裁法"对仲裁员的特殊资格要求是非常严格的。当然,也有些国家对仲裁员的资格要求较为宽松,如法国[①]、荷兰[②]等国仅要求仲裁员具有完全行为能力即可。还有一些国家,如英国,在其成文仲裁法中没有关于仲裁员资格的规定,但要求法院尊重当事人对仲裁员资格的直接或者间接约定。这里的间接约定是指当事人选择机构仲裁又未约定仲裁员资格条件的,应遵守仲裁机构的有关规定。[③]

(二) 我国大陆仲裁员的特殊资格要求

我国《仲裁法》第13条不仅对仲裁员规定了道德品质方面的一般资格要求,而且还对仲裁员应当具备的特殊专业资格条件作出了相应的规定,即仲裁员应当具备下列专业条件之一:

(1) 从事仲裁工作满8年的。虽然《仲裁法》实施之前的国内仲裁与现行《仲裁法》所确立的民间性协议仲裁制度存在很大的区别,但是,在原有的仲裁机构从事8年以上仲裁工作的人员往往具备较为丰富的解决商事争议的经验,聘任这些人士担任仲裁员不仅有利于争议的仲裁解决,而且有利于我国仲裁事业的连续顺利发展。

(2) 从事律师工作满8年的。从其职业要求来看,虽然律师仅仅依法维护被代理当事人一方的合法权益,这与仲裁员居中对争议案件进行审理并作出仲裁裁决有所不同。但是,从事律师工作满8年的人员不仅具有丰富扎实的法学知识,而且具有很强的分析实务问题并运用法律规定与法学理论解决实务问题的能力。因此,聘请从事律师工作满8年的律师担任仲裁员有利于争议的解决。

(3) 曾任审判员满8年的。虽然审判员行使的审判权与仲裁员所行使的仲裁权具有本质的区别,但是,从居中审理具有私权性质的争议案件并依据所认定事实,适用法律依法解决争议案件的角度来看,审判员与仲裁员又存在着许多相似之处;而且,担任8年审判员的经历足以使其积累了丰富的审理与解决争议案件的经验。因此,聘任担任审判员8年的人员担任仲裁员有利于仲裁事业的发展。当然,这里一定要求是曾任审判员满8年,而且不得聘任现职审判员,因为法院对仲裁进行司法监督是极其重要的一种监督方式。

(4) 从事法律研究、教学工作并具有高级职称的。仲裁所解决的商事争议案件所涉及的领域往往是法律较为复杂并且容易随着社会政治经济的发展不断变化的,而且运用仲裁解决商事争议的过程中,不仅需要理解和运用法律规定,而且还可能涉及一些法学理论以及商事惯例的综合性运用。因此,具有高级职称的教学科研人员往往具有一定的学术功底并具有较强的科研能力,聘请其担任仲裁员有利于仲裁过程中疑难问题的解决。

(5) 具有法律知识、从事经济贸易等专业工作并具有高级职称或者具有同等专业水平的。当事人依据仲裁协议提请仲裁解决的争议案件往往是在经济贸易过程中所发生的商事

---

① 1981年法国《新民事诉讼法典》第1451条规定:"仲裁员之任务只能交由自然人担任。该自然人应能完全行使其民事权利。如仲裁协议指定一法人,法人仅享有组织仲裁之权力。"

② 1986年荷兰《民事诉讼法典》第1023条规定:"任何有民事行为能力的自然人可被指定为仲裁员。除非当事人另有约定,任何人不应由于国籍的原因而妨碍被指定。"

③ 参见英国1996年《仲裁法》第19条的规定。

争议,对此类争议的公正合理的尽快解决,不仅需要综合性运用法律知识以及法学理论解决问题的经验与能力,而且还可能需要丰富的经济贸易等方面的专业知识。因此,聘请具有法律知识的经济贸易等专家担任仲裁员有利于发挥仲裁所具有的专业性强的优势。

就上述我国《仲裁法》关于仲裁员任职资格的规定可以看出,我国《仲裁法》对仲裁员不仅有品德方面的一般资格要求,而且还有较为严格的专业素质的特殊资格要求。不过,从总体上看,我国《仲裁法》仅对仲裁员应当具备的资格条件作出了相应的规定,而未规定仲裁员不应当具备的条件。

第二节　仲裁员的行为

一、仲裁员的行为特点

仲裁员的行为,即在仲裁程序中,被当事人选定或者仲裁机构指定作为当事人依据仲裁协议提请仲裁争议案件的仲裁庭组成人员后,仲裁员为解决争议案件而进行的职务行为。为实现仲裁解决争议的目的,仲裁员的行为具有以下特点:

(一)仲裁员行为的民间性

虽然仲裁员是民间性仲裁机构聘任的,但并不意味着仲裁员与仲裁机构之间存在被领导与领导的关系,仲裁员之所以能够参与具体争议案件的仲裁活动,是基于当事人的选定或者在当事人未作出选定时基于仲裁机构的指定。仲裁员一旦接受当事人的选定或者仲裁机构的指定而成为某一具体案件仲裁庭的组成人员之后,就应当按照相关法律和仲裁机构仲裁规则的规定,以其具备的专业知识、办案经验和分析问题以及解决问题的能力独立、公正地行使仲裁权对争议案件进行审理并作出仲裁裁决,其仲裁行为不受任何机关、社会团体和个人的干涉,甚至不应当受到仲裁机构的干预。由此可见,仲裁员之所以能够对当事人提请仲裁解决的争议案件实施相应的仲裁行为,其行为基础不是国家依法赋予的权力,而是当事人双方的协议授权。也就是说,仲裁员的仲裁行为实际上是法律规范下的私人裁判行为,而并非行使国家权力的职权行为,从这个意义上说,仲裁员的仲裁行为具有民间性。

(二)仲裁员行为的独立性

1. 仲裁员行为独立性的理解

仲裁员行为的独立性,是指仲裁员在仲裁程序中独立行使仲裁权,进行仲裁审理与作出裁决的行为,而不受任何机关、社会团体以及个人的干涉。仲裁员不同于法院的审判员,虽然仲裁员只有经过仲裁机构的聘任,才能被列入仲裁机构的仲裁员名册中,从而供当事人选择而担任具体争议案件的仲裁员。但是,仲裁委员会的主任、副主任、委员、秘书长与仲裁员之间并不因为聘任与被聘任的关系而产生领导与被领导的关系。因为仲裁员名册中的某一人员能否成为具体争议案件的仲裁员,通常情况下由当事人确定而无须征得仲裁机构的许可,只有在当事人未行使选定仲裁员的权利时,才能由仲裁机构依仲裁规则确定。仲裁员组成仲裁庭对争议案件经过审理作出的仲裁裁决,是以仲裁员的名义作出,无须经仲裁委员会主任的许可与签发,而且,仲裁裁决一经作出,仲裁委员会即无权变更或者撤销。不过,为保证仲裁裁决的公正性,仲裁机构在不影响仲裁员作出裁决行为独立性的情况下,可以提出建议。例如,2012年《中国国际经济贸易仲裁委员会仲裁规则》第49条关于"裁决书草案的核阅"的规定:"仲裁庭应在签署裁决书之前将裁决书草案提交仲裁委员会核阅。在不影响仲裁庭独立裁决的情况下,仲裁委员会可以就裁决书的有关问题提请仲裁庭注意。"1998年《国际商会仲裁规则》第27条也规定,仲裁庭应在签署裁决书之前,将其草案提交仲裁院。仲裁院可以对裁决书的形式进行修改,并且在不影响仲裁庭自主决定权的前提下,提请仲裁庭注意实体问题。

2. 相关问题的探讨

在分析仲裁员行为的独立性时,通常会涉及对仲裁员与当事人的关系以及仲裁员的国籍是否会影响仲裁员行为的独立性问题的探讨。

关于仲裁员与当事人的关系问题,从有关国家的国内仲裁立法以及有关国际条约的规定来看,如果某人员与当事人有特殊的关系,或者与仲裁案件的结果有某种特殊的利害关系或者存在其他可能使人对其作为仲裁员能否独立进行仲裁行为产生怀疑的关系时,对能否选择该人员作为具体争议案件的仲裁员,通常存在两种作法:一是排除这类人员担任具体案件仲裁员的可能性,如我国《仲裁法》关于仲裁员回避制度的规定即如此。二是不完全排除与当事人有某种利害关系的人员担任仲裁员的可能性,但必须将该利害关系告知对方当事人,只有取得对方当事人同意的情况下,该人员才能担任具体争议案件的仲裁员。如2008年4月1日起施行的《北京仲裁委员会仲裁规则》第20条关于仲裁员信息披露的第2款规定,仲裁员知悉与案件当事人或者代理人存在可能导致当事人对其独立性、公正性产生怀疑的情形时,应当书面披露。第3款规定,当事人应当自收到仲裁员披露之日起5日内就是否申请回避提出书面意见。此外,《法国民事诉讼法》第1452条也作出了类似的规定,仲裁庭的组成仅当仲裁员接受已委任给他们的任职时完成。知道有资格不适合的个人原因的仲裁员应当将此通知当事人。在此情况下,他仅可在当事人同意后接受任职。

关于仲裁员的国籍问题,通常认为国籍是国际商事仲裁中衡量和评判仲裁员是否独立的一个重要因素,虽然没有理由能够证明一个人的国籍会影响其作为仲裁员的独立性,但在国际商事仲裁中基本形成了一项规则,即一个人的国籍如果与任何一方当事人的国籍相同,在可能的情况下,一般不适宜选择该人员为独任仲裁员或者首席仲裁员,除非当事人之间另有约定。对此,不少仲裁机构的仲裁规则均作出了相应的规定,如《联合国国际贸易法委员会仲裁规则》第6条关于独任制仲裁庭组成的规定,其中第4款规定:"在进行指定时,指定机关应注意到足以确保指定一名独立和公正的仲裁员的种种考虑,并应同时顾及所指定的仲裁员应与当事人不属于同一国籍方为适当。"《伦敦国际仲裁院仲裁规则》第6条专门对仲裁员的国籍作出了规定,即"6.1 倘若各方当事人具有不同国籍,独任仲裁员或仲裁庭主席不得与任何当事人国籍相同,但与被提名人国籍不同的所有当事人书面同意者,则不在此限。6.2 当事人的国籍应理解为包括其控股股东或持有控制性权益者的国籍。6.3 就本条的目的而言,同时为两国或多国公民者应被视为该每一国家的国民;欧洲联盟的公民应被视为其不同成员国的国民,而不应视为具有相同国籍。"

(三)仲裁员行为的公正性

仲裁员行为的公正性是仲裁中对仲裁员的一项基本要求,由于公正性概念涉及仲裁员对一方当事人或者争议的问题是否存有偏袒的心理状态,因此,衡量仲裁员的心理是否处于公正状态是极其困难的。在仲裁中,尽管表面上看,仲裁员是由当事人选定的,特别是合议制仲裁中的普通仲裁员是由当事人根据个人意志单方选定的。但是,鉴于当事人对仲裁公正性的合理期待,仲裁员的仲裁行为不应偏向于任何一方当事人甚至是指定他的当事人。这就使得仲裁员不同于代理人的核心之处就在于,代理人必须代表一方当事人的意志,维护被代理一方当事人的利益,并且代理人行使代理权限的范围也体现了委托人的个人意志。而仲裁员则完全不同,仲裁员一经选定之后,就应当处于居中地位,在法律规定的范围内以自己的名义独立公正地实施仲裁行为,不受任何一方当事人意志的左右。

二、仲裁员的行为规范

（一）仲裁员行为规范的含义

仲裁员行为规范,是指对仲裁员行为的规范和约束。

仲裁员的仲裁行为必须得到国家法律的认可,其作出的仲裁裁决才具有法律效力,才能彻底解决当事人之间的纠纷。仲裁的民间性决定了仲裁员具有既不同于法官也不同于律师的职业特殊性,仲裁员作为一个独立的民间性的第三人,拥有相当重要的仲裁权,为了保证仲裁员的行为在整个仲裁制度中不偏离其本性,有必要对仲裁员的行为加以规范和约束,而且真正落实仲裁员的行为规范是保证仲裁公正性的基础。因此,对仲裁员行为的规范也有其自身的特点,这种特点主要体现在,虽然仲裁法对仲裁员的行为规范有一些相应的规定,但这些规定一般比较原则、笼统,更多更详细的有关仲裁员行为的规范是通过仲裁规则和仲裁员守则等文件规定的。早在20世纪70年代,美国仲裁协会(AAA)和美国律师协会(ABA)就联合制定了《商事争议中仲裁员的行为道德规范》,经AAA以小册子散发,被普遍视为美国商事仲裁的指南。此后,众多组织时常考虑能否为国际商事仲裁制定类似的规范。国际律师协会(IBA)召集数次国际会议,于1986年制定了《国际仲裁员行为准则》。

在仲裁活动中,仲裁员的行为不仅要符合仲裁法与仲裁规则的规定,而且还不得违背仲裁员行为规范的要求,这就涉及《仲裁法》、仲裁规则与仲裁员行为规范之间的关系问题。仲裁法作为国家专门制定的用于规范仲裁活动与仲裁法律关系的法律规范,以国家强制力为后盾,是当事人、仲裁员和仲裁机构在仲裁活动中所必须要遵守的。仲裁规则是由各仲裁机构自行制定的,而且通常是由当事人直接或者间接选择适用的,可以说仲裁规则只有经当事人约定选择适用才对仲裁活动产生相应的约束力。而仲裁员行为规范则是为仲裁员的行为提供一套道德准则体系,并且多数行为规范中强调,它应在不违背准据法、仲裁规则的前提下支配仲裁员的行为,且这种支配力还需要当事人通过约定来限制。如国际律师协会于1986年制定的国际仲裁员行为准则在导言中说:"除非以协议的形式规定采纳本准则,否则本准则不能直接约束仲裁员或当事人自己。国际律师协会希望把本准则与对仲裁员的质疑一并考虑,并强调本准则并非为法院撤销裁决提供根据。"可见,仲裁员行为规范与仲裁法、仲裁规则并存而对仲裁员的行为加以约束,它对仲裁员行为的引导与约束作用是对仲裁法与仲裁规则的补充。

在我国,与社会对仲裁员的期望值和法律对仲裁员资格条件的高要求形成鲜明对比,仲裁员应该遵守的自律准则,反而不为大众甚至仲裁员、仲裁机构所明了。到目前为止,不仅在我国未形成一套全国性仲裁员行为规范,而且即使有些仲裁机构制订了自己的仲裁员守则一类的文件,也很少公开宣传,这种状态的存在,既不利于仲裁员对自身行为的有效约束,也不利于社会公众对仲裁员行为的评判。

(二) 仲裁员行为规范的内容

不同国家以及不同机构对仲裁员行为规范的内容规定因具体情况不同而有所区别,但是就仲裁实践的总体而言,仲裁员行为规范通常包括以下内容:

1. 独立公正地仲裁争议案件

关于仲裁员独立公正地仲裁争议案件的问题,已在仲裁员行为的特点部分作出了详细的分析,在此不加以赘述。

从我国现行法律规定来看,仲裁法从两个角度对此作出了相应的规定:其一,从仲裁活动的角度,《仲裁法》第7条规定,仲裁应当根据事实,符合法律规定,公平合理地解决纠纷。该法第8条进一步规定,仲裁依法独立进行,不受行政机关、社会团体和个人的干涉。其二,从仲裁组织保障的角度,《仲裁法》第14条明确规定,仲裁委员会独立于行政机关,与行政机关没有隶属关系。仲裁委员会之间也没有隶属关系。此外,在仲裁程序进行过程中,仲裁员应当平等地对待双方当事人,给双方当事人平等地行使其权利的机会,不得偏袒任何一方当事人。

2. 不得私自接触当事人及其代理人

仲裁员与当事人之间的关系往往较为特殊。一方面,仲裁员对当事人提请仲裁的争议案件的仲裁权不仅基于当事人的协议授权而产生,而且基于当事人的选定而行使;另一方面,为了保证仲裁的公正性,仲裁员又要谨慎地处理与当事人之间的关系,主要是不得私自会见当事人及其代理人或者不得与当事人及其代理人讨论案件。因为在仲裁过程中,仲裁员私自接触当事人及其代理人,难免会谈及争议案件的有关情况,极易导致仲裁员在一定程度上先入为主,甚至可能会偏袒一方当事人。即使未谈及争议案件的具体情况,也必然会使对方当事人对私自接触一方当事人及其代理人的仲裁员的公正性产生合理的怀疑。对此,我国《仲裁法》第34条规定,如果仲裁员私自会见当事人、代理人,或者接受当事人、代理人的请客送礼的,必须回避,当事人也有权申请其回避。当然,在仲裁案件的调解过程中,为促使调解成功,仲裁员可以采取适当的方式与一方当事人或者代理人单独会见,了解该方当事人对争议案件解决的合理期待。如果调解不成,任何一方当事人均不得在其后的仲裁程序、司法程序和其他任何程序中援引对方当事人或者仲裁庭在调解过程中发表的意见、提出的观点、作出的陈述、表示认同或者否定的建议或者主张作为其请求、答辩或反请求的依据[①]。此外,关于禁止私自接触的问题,《中国国际经济贸易仲裁委员会仲裁员守则》第3条也作了明确的规定,即仲裁员名册中的任何人事先与一方当事人讨论过案件,或者提出过咨询意见,均不得担任该案件的仲裁员。

3. 主动履行其披露义务

仲裁员主动履行披露义务是一项普遍接受的保证仲裁员公正性的基本准则,该准则要求仲裁员披露可能影响公正或者可能造成不公平、偏袒的任何利害关系以及可能影响公正的金钱、商业、职业关系等。一般而言,仲裁员的披露义务与仲裁员回避制度是紧密相关的,实行仲裁员披露义务有利于增强仲裁员情况的透明度,同时也有助于仲裁员回避制度的有效实施。关于仲裁员的披露义务,许多具有影响的仲裁规则均作了相应的规定,如1985年《联合国国际商事仲裁示范法》规定,仲裁员应对可能引起的对其公正性和独立性产生正当

---

① 参见2012年5月1日起施行的《中国国际经济贸易仲裁委员会仲裁规则》第44条第(九)款。

怀疑的任何情况,予以事先说明。1976年联合国国际贸易法委员会制定并经联合国大会通过的《联合国国际贸易法委员会仲裁规则》、《中国国际经济贸易仲裁委员会仲裁规则》等也有类似的规定。

尽管各仲裁规则对仲裁员披露义务中应当披露事项的规定有简有繁,但其实质内容并无大的区别。为保障仲裁员的公正性,通常认为仲裁员应披露的事项包括:第一,与仲裁结果有任何直接或者间接的利害关系;第二,可能在程序上造成双方当事人之间的不公平的情形;第三,所有现存的,或者以往的金钱、商业、职业、家庭和社会交往方面的关系;第四,与案件有利害关系或者其他可能影响案件的公正审理的情形,甚至包括一些师生关系、同学关系、上下级关系、过去的同事关系、同乡关系、邻里关系等。

我国《仲裁法》规定了仲裁员的回避制度,即仲裁员出现了法定需要回避的情形时,当事人有权申请仲裁员回避,仲裁员也应自行回避。虽然我国仲裁法未使用"披露"一词,但是,回避制度同样可以起到排除可能对仲裁的公正性产生影响的仲裁员与当事人及其争议案件的特殊关系。我国设立的有些仲裁机构在其仲裁规则中规定了仲裁员的披露义务,如《中国国际经济贸易仲裁委员会仲裁规则》第29条明确规定了仲裁员的披露义务,即"被选定或者被指定的仲裁员应签署声明书,披露可能引起对其公正性和独立性产生合理怀疑的任何事实或情况。在仲裁程序中出现应披露情形的,仲裁员应立即书面披露。仲裁员的声明书及/或披露的信息应提交仲裁委员会秘书局并由其转交各方当事人。"此外,第30条规定了仲裁员回避制度与仲裁员披露制度相衔接,该条第1款规定:"当事人收到仲裁员的声明书及/或书面披露后,如果以仲裁员披露的事实或情况为理由要求该仲裁员回避,则应于收到仲裁员的书面披露后10日内书面提出。逾期没有申请回避的,不得以仲裁员曾经披露的事项为由申请仲裁员回避。"再如《北京仲裁委员会仲裁规则》第20条第2款规定,"仲裁员知悉与案件当事人或者代理人存在可能导致当事人对其独立性、公正性产生怀疑的情形的,应当书面披露。"

4. 履行保密义务

保密性是仲裁不同于诉讼的一大优势特点,也是吸引商事法律关系的当事人协议选择仲裁方式解决争议的重要原因之一;同时,仲裁的不公开进行,也有助于双方当事人在一种和谐轻松的环境中解决争议。为此,《仲裁法》第40条明确规定,"仲裁不公开进行,当事人协议公开的,可以公开进行,但涉及国家秘密的除外。"该条规定实质上为仲裁员规定了相应的保密义务。此外,有些仲裁委员会仲裁规则中对仲裁员的保密义务规定的更加明确,如《中国国际经济贸易仲裁委员会仲裁规则》第36条对保密作出了相关规定,该条第2款明确规定,"不公开审理的案件,双方当事人及其仲裁代理人、仲裁员、证人、翻译、仲裁庭咨询的专家和指定的鉴定人,以及其他有关人员,均不得对外界透露案件实体和程序的有关情况。"在仲裁过程中,仲裁员应当严格履行其保密义务,不得向外界透露任何有关争议案件实体和程序的情况,包括案件的审理过程、案件的证据情况以及合议庭意见等情况。保密制度的确立有利于使当事人的商业秘密和贸易活动不会因争议的发生而在解决争议过程中被泄露,从而使当事人的商业活动不至于因争议的发生和仲裁而受到不利的影响。

5. 勤勉审慎履行其职责

就我国仲裁法所规定的仲裁员的特殊任职资格来看,仲裁员绝大多数均是兼职仲裁员,而且是各部门、各行业之中的高级优秀专业人才,往往承担着繁重的本职工作,因此,仲裁员在被当事人选定或者仲裁委员会主任指定担任某一争议案件的仲裁员时,应当勤勉审慎地根据自身专业特长、本职工作的具体情况以及案件的性质等因素来决定是否接受选定或者指定,而不应当主动谋求被选定或者被指定。仲裁员一旦接受选定或者指定,就应当妥善地处理自己的本职工作计划和时间,付出当事人合理期望的时间和精力,以保证仲裁审理和合议的顺利进行,不得随意在接受选定或者指定后辞职。如确有特殊原因,应当及时与仲裁委员会的秘书处(局)联系,妥善处理,即使因不得已更换,也应当积极配合秘书处(局)妥善处理所遗留下来的问题。

在履行仲裁职责的过程中,仲裁员应当认真仔细地审阅案件的全部材料,开庭前应参与仲裁庭讨论案件,交换意见,商定审理方案;庭审结束后,应当毫不迟延地及时提出下一步程序的进行计划或者提出裁决书的起草意见,及时合议并在规定的审理期限内作出仲裁裁决。目前国内实践中仲裁员的主要问题就是对勤勉义务的违背,如不阅读案卷甚至开庭时带错案卷,从不起草裁决书,不提供裁决意见,对其他仲裁员或者多数情况下秘书撰写的裁决书稿不提修改意见,这样的"三不"仲裁员不在少数。[①] 因此,仲裁员的勤勉审慎义务是仲裁员道德操守的重要体现,对此加以明确规定不仅有利于保证仲裁的效率,也有利于增强当事人对仲裁员的信任。

6. 参加学术活动,提高仲裁水平

仲裁是一项专业性很强的工作,不仅离不开相关实体法律制度的运用,而且仲裁制度也有其自身的特点和内在的规律,随着社会的不断发展,无论是实体法律制度及理论,还是仲裁制度及理论都在逐渐地发展和完善,这就需要仲裁员不断地更新自己所掌握的实体法律制度和理论,而且还应当不断深入认识和研究仲裁制度。因此,仲裁员应当积极参加仲裁委员会组织的仲裁员培训、仲裁研讨会以及经验交流活动。这不仅有利于提高仲裁员自身的业务水平,提高办案质量,而且也有利于树立、维护仲裁的良好社会声誉。

7. 收取合理报酬并向当事人明示费用的根据

仲裁员接受当事人的选定或者仲裁委员会主任的指定担任具体争议案件的仲裁员后,其必然为该争议的顺利公正解决付出非常复杂繁重的脑力劳动,理应获得相应的报酬。但是,仲裁员应合理考虑案件的各种因素,并向当事人披露并解释所收取费用的根据,这实际上也是一项诚信义务。仲裁员不得为报酬而与当事人及其代理人私自接触,更不得接受当事人及其代理人私自支付的任何形式的报酬。目前,按照现行仲裁法的规定以及各仲裁委员会的实际作法,仲裁员的报酬由仲裁委员会按照规定统一支付,仲裁员不得在仲裁委员会支付的报酬之外,另行收取当事人及其代理人支付的任何费用作为自己的劳动所得。

第三节 仲裁员的责任

一、仲裁员责任的理论

在仲裁法律制度中,为了充分有效实现仲裁制度所承载的解决商事纠纷的功能,仲裁员

[①] 宋连斌:《中国仲裁员制度改革初探》,载韩德培等主编:《中国国际司法与比较法年刊》第 4 卷,法律出版社 2001 年版,第 592 页。

的权利、义务及其责任是相伴而生的制度。仲裁员所享有的完善权利,是其及时行使仲裁权解决商事争议的保障;仲裁员的义务,即仲裁员应当遵守的行为规范,则是防止仲裁员滥用其仲裁权,从而保障仲裁公正、合理解决商事纠纷所不可缺少的制度;而仲裁员的责任则是仲裁员应承担义务的保障性制度,离开了责任的义务则难免会成为法律文本中虚无的义务。事实上,就仲裁实践而言,一国的仲裁制度越发达,仲裁事业越繁荣,就越离不开一个有力的责任制度的支持。严格来说,仲裁员的责任应当包括三种形式,即当事人施加的责任、道德责任以及法律责任。其中法律责任最为复杂,争议也最多。关于仲裁员的法律责任,理论上应当包括行政责任、刑事责任与民事责任,但通常所谈到的仲裁员责任是指仲裁员的民事责任,即仲裁员是否应对其在仲裁过程中实施的故意或者过失行为而给当事人造成的损失承担民事责任。目前主要有三种理论。

(一) 仲裁员责任论

大陆法系国家基于仲裁为一种契约行为以及法官民事责任理论,认为仲裁员不应当享有职务豁免,仲裁员不仅应当承担违约责任,而且应承担违反法律的责任,承担责任的形式为专业小心责任和公正责任。

大陆法系国家确立仲裁员责任论的倾向性理论基础是契约说。当事人直接或者间接地指定仲裁员,让仲裁员为解决其争议服务,同时为此仲裁服务支付费用,当事人与仲裁员之间实际上形成了一种契约关系。仲裁员的仲裁权来源于当事人的协议授权,基于仲裁所解决争议案件的特性,仲裁员所实施的行为是一种专业行为,应同医生、建筑师、审计师和工程师等专业人员一样,在从事其专业行为时,要小心谨慎地履行其职责;如果因为不小心而给当事人造成损失,则应当承担民事责任,这就是专业小心责任。此外,为实现仲裁公正解决争议的目的,仲裁员应当公正地履行职责,平等地对待各方当事人,不得因接受贿赂等偏袒一方当事人,从而滥用其仲裁权。否则,仲裁员应当承担责任,这就是所谓的公正责任。总之,仲裁员基于契约关系承担责任的形式为专业小心责任和公正责任。①

接受仲裁员责任论的国家,如奥地利、秘鲁、法国等均要求仲裁员为自己的行为给当事人造成的损失承担民事责任。

(二) 仲裁员责任豁免论

英美法系国家流行着源自于司法豁免论的仲裁豁免论。该理论认为,仲裁员的仲裁行为免于民事责任,仲裁员对仲裁过程中因其过失行为或者其他情况而导致的不公正裁决行为以及给一方当事人带来的损失不承担个人的民事责任。虽然有些情况下,当事人可能会基于仲裁员的故意或者过失,以失职为由申请法院撤换仲裁员或者撤销仲裁裁决,但终究不能通过诉讼的方式,要求法院责令仲裁员对其不适当的仲裁行为给当事人造成的损失,承担任何个人的民事责任。该理论的主要依据是:

(1) 仲裁员责任豁免理论源自于法官的司法豁免论。仲裁是一种替代法院解决争议的方式,仲裁程序被认为是一种准司法程序,仲裁员履行的是一种准司法职能,既然国家出于保证诉讼程序独立进行和司法活动权威性和严肃性的考虑,不要求法官对其职务行为承担民事责任。那么,对于作为实施准司法活动的仲裁员,其执法权也应当像法官那样受到保护,使其不受任意干扰。

---

① 参见黄进、宋连斌、徐前权:《仲裁法学》,中国政法大学出版社2002年版,第68页。

（2）实行仲裁员责任豁免，有利于保证仲裁程序的完整性。如果确立仲裁员承担民事责任的制度，允许当事人对仲裁员提起诉讼或者指控，败诉一方当事人可能会滥用该权利，随意指控仲裁员缺乏应有的小心或者注意，而对仲裁员的行为提出异议，要求重新审理，这样可能会使仲裁员的行为甚至整个仲裁程序处于极为不确定的状态，客观上既不利于仲裁员独立地行使仲裁权，也不利于保证仲裁程序的完整性。

（3）实行仲裁员责任豁免，有利于排除仲裁员的心理顾虑。如果实行仲裁员责任制度，使仲裁员面临承担个人民事责任的风险，可能会导致仲裁员在仲裁过程中过于小心谨慎而影响仲裁程序的顺利进行，甚至还可能会导致一些有责任心和有能力的优秀仲裁员对于一些较为复杂疑难的争议案件，因担心承担个人民事责任而拒绝接受选定或者指定，从而引起仲裁质量的降低。

接受仲裁员责任豁免论的国家，如美国、英国等国均认为仲裁员在履行其职务时，如同法院法官在行使其司法职能时一样享有相同的豁免，不负民事责任。

（三）有限的仲裁员责任豁免论

上述两种观点，无论是仲裁员豁免论还是仲裁员责任论，都有其合理的成分，但其偏颇之处也非常明显，前者可能会因仲裁员完全豁免于民事责任而丧失其应有的责任心，不利于保障仲裁解决商事争议案件的质量；而后者又可能会使优秀仲裁员因担心承担民事责任的高风险而不愿意涉足仲裁领域，不利于支持仲裁事业的发展。因此，两种观点均难以服众。在这种状况之下，有学者提出了有限的仲裁员责任豁免论。

有限的仲裁员责任豁免论认为，仲裁员仅在一定的范围内享有豁免于承担民事责任的权利，如果仲裁员因故意或者重大过失导致其未能履行其接受指定时当事人所赋予的职责，则必须为其过错行为给当事人造成的损失承担法律责任。仲裁员的过错行为主要包括两个方面：

（1）程序上的过错行为。即仲裁员在仲裁程序的进行以及争议案件的及时审理方面出现的过错行为。如仲裁员积极参与因无效仲裁协议引起的仲裁程序，特别是欺骗性地把当事人引入仲裁程序；仲裁员明知自己与争议案件有利害关系而未依照仲裁规则的规定予以披露；仲裁员未能在仲裁规则规定的期限内及时作出仲裁裁决等。

（2）契约上的过错行为。由于仲裁员与当事人之间存在一种特殊的契约关系，仲裁员应当负有契约法上诚实信用、实际履行等义务，如果仲裁员在仲裁程序中无正当理由退出仲裁程序，违反了其在接受指定时对当事人应承担的契约责任，由此给当事人造成损失，仲裁员应承担法律责任。此外，如果仲裁员违反了保密义务，泄露了当事人的商业秘密或者商业信用，致使当事人的商业活动受到影响或者遭受损失，则仲裁员也应当承担责任。

接受有限的仲裁员责任豁免论的国家，如德国、挪威、瑞士、日本等国的法律，要求仲裁员承担有限的责任。

二、我国的仲裁员责任制度

（一）我国建立仲裁员责任制度的必要性

我国《仲裁法》实施之前，关于仲裁员的责任制度，既没有相关的法律规定，也没有仲裁员承担责任的实践案例，理论上对此颇有争议，主要观点有两种：第一，认为在一定程度上、一定范围内承认仲裁员的民事责任是应予肯定的。① 第二,认为就中国内地目前的现状而言,即使在将来制定有关仲裁员责任方面的法律时,也不宜改变现状而刻意要求仲裁员承担民事责任。②

其实,从其他国家仲裁立法关于仲裁员责任制度的规定来看,无论是仲裁员责任制度,还是仲裁员责任豁免制度,仲裁的独立性与公正性都是其赖以存在的基本价值,两者并不是对立的,过于强调一方面而压制另一方面都非明智之举,绝对的仲裁员责任制度与绝对的仲裁员责任豁免制度都是行不通的。因此,有限的仲裁员责任豁免制度较为现实而可行,一方面,可以通过对仲裁员行使仲裁权的行为所面临的民事责任予以豁免,以保证仲裁员行为的独立性,同时,为了保证仲裁员行为的公正性,这种豁免仅限于仲裁员的一般过失行为。另一方面,为了使仲裁员行为规范真正起到规范仲裁员行为的作用,确立有限的仲裁员责任豁免制度也是必要的。

(1) 仲裁员有限责任符合权力制约的理论。在仲裁程序中,作为仲裁权的行使主体,仲裁员直接决定着案件的仲裁程序进程以及仲裁裁决的结果,如果仲裁员的权力失去必要的监督必然会导致权力的滥用,从而侵犯当事人的合法权益。因此,从立法上规定仲裁员对因其滥用权力而给当事人造成的损失承担相应的法律责任,则可以有效地防止仲裁员滥用其权力,从而维护当事人的合法权益。

(2) 符合权利义务相一致的原理。就国家与仲裁员的关系而言,既然国家法律对仲裁员的仲裁权、对仲裁裁决的终局性和强制执行的效力予以保证,仲裁员就应当在行使当事人授予的得到国家法律认可的仲裁权的时候,遵守其行为规范,勤勉、独立、公正地完成仲裁任务。否则,就应当依法承担法律责任。③ 此外,就仲裁员与当事人之间的关系而言,既然仲裁员与当事人之间存在着一种特殊的契约关系,仲裁员在享有依法收取合理报酬权利的同时,就应当承担一种基于当事人的合理期待而产生的以其专业知识、社会经验以及对争议案件的处理与判断能力提供公正仲裁服务的义务。如果仲裁员违背了该项义务而给当事人造成相应的损失,基于权利义务相一致的原理,仲裁员理应承担违背其义务的相应法律责任。

(3) 仲裁员有限责任制度作为一种对当事人的救济制度是必要的。虽然设置撤销仲裁裁决制度的目的也是对当事人的权利予以救济,但该制度只是一种事后的补救措施。因此,这一事后补救程序不能从根本上阻止仲裁员故意或者过失实施不公正或者不适当的仲裁行为。而且,就当事人而言,撤销仲裁裁决制度客观上只能排除仲裁员不适当仲裁行为的结果,即撤销对当事人之间的争议案件所作出的仲裁裁决,并不能为受到该不适当仲裁行为侵害的当事人提供有效的损害补偿。因此,仲裁员对因其不适当行为遭受损失的当事人承担民事责任也是合理的。

(二) 我国仲裁员责任制度现状

我国《仲裁法》实施后,根据《仲裁法》第38条的规定,仲裁员有本法第34条第4项规定的情形,即私自会见当事人、代理人,或者接受当事人、代理人的请客送礼,情节严重的,或者有本法第58条第6项规定的情形,即仲裁员在仲裁该案时有索贿受贿,徇私舞弊,枉法裁决

---

① 参见黄进主编:《国际私法与国际商事仲裁》,武汉大学出版社1994年版,第114页。
② 参见陈敏:《仲裁员的行为规范》,载《仲裁与法律通讯》1994年第3期。
③ 黄进、宋连斌、徐前权:《仲裁法学》,中国政法大学出版社2002年版,第73页。

行为的,应当依法承担法律责任,仲裁委员会应当将其除名。事实上,我国现行《仲裁法》第38条的规定已经可以认为是一种有限的仲裁员责任豁免论的具体体现,即仲裁员出现法定应承担法律责任的两种情形时,即应承担法律责任;在两种法定情形之外,仲裁员的行为应当豁免于法律责任。

当然,关于仲裁员的责任问题,目前也有学者认为《仲裁法》把仲裁责任仅仅限制在这两种情况下,是不合适的。还有其他一些重大的故意行为,如仲裁员(包括仲裁机构及相关人员)泄密、仲裁员故意不披露应予回避的其他情形从而未回避的、无故拖延程序等,对仲裁员的重大疏忽,《仲裁法》都未规定仲裁员应承担相应责任,这显然是没有充分理由的。可以说,在制定仲裁法时,立法人员疏忽了解国际上关于仲裁员责任的理论与实践动态,是该法在此问题上存在不足之处的主要原因。[①]

此外,我国《仲裁法》虽然规定了仲裁员在法定情形之下应当承担法律责任,但并未明确规定该法律责任究竟是何种性质的法律责任。从仲裁员承担法律责任的必要性主要在于对当事人因仲裁员的不当行为而遭受的损失予以补偿这一点来看,仲裁员承担的应主要是民事责任。当然,这并不排除仲裁员的违法行为触犯刑法时仲裁员应承担相应的刑事责任,对此,2006年6月29日第十届全国人民代表大会常务委员会第二十二次会议通过的《中华人民共和国刑法修正案(六)》中规定,在刑法第399条后增加一条,作为第399条之一:"依法承担仲裁职责的人员,在仲裁活动中故意违背事实和法律作枉法裁决,情节严重的,处3年以下有期徒刑或者拘役;情节特别严重的,处3年以上7年以下有期徒刑。"由此可见,我国仲裁员枉法裁决情节严重的可以被追究刑事责任。

---

① 参见黄进、宋连斌、徐前权:《仲裁法学》,中国政法大学出版社2002年版,第74页。

第五章

仲 裁 协 议

第一节 仲裁协议概述

一、仲裁协议的概念

仲裁作为一种民间性的争议解决机制,其本质是以当事人意思自治排除国家司法权力的过多干预,而仲裁协议正是实现当事人意思自治的集中体现。因此,仲裁协议被认为是现代仲裁制度的基石,如果没有了仲裁协议,那么现代意义上的仲裁制度也就不复存在了。基于此,合理界定仲裁协议至关重要。

尽管对一个法律概念进行定义是一件十分困难的事情,然而任何科学研究都是以概念分析作为起点的。当代美国人类学家 E.霍贝尔在论及概念的重要性时写道:一个探索者在任何领域中的工作总是从创造该领域中有用的语言和概念开始的。① 对仲裁协议诸多问题的研究也必然毫不例外地要以对仲裁协议概念的分析作为起点。由于仲裁协议在整个协议仲裁制度中占据着重要的地位,故仲裁协议不仅成为仲裁法学理论中的一个重要概念,而且也成为有关仲裁的国内与国际立法中经常涉及的重要概念。

在仲裁法学理论界,学者们对仲裁协议的概念也形成各种不同的表述。如有学者认为:仲裁协议是指双方当事人愿意把他们之间将来可能发生或者业已发生的争议交付仲裁的协议。② 也有学者认为:商事仲裁协议是指商事关系中的双方当事人合意签订的自愿将他们之间业已发生或将来可能发生的商事法律争议交付某仲裁机构仲裁解决的一种书面文件。③ 还有学者认为:仲裁协议,或称仲裁合同、仲裁契约,是指当事人自愿把他们之间业已发生或将来可能发生的特定争议交付仲裁解决的共同意思表示。④ 还有学者认为:仲裁协议是双方当事人自愿将他们之间已经发生或者可能发生的争议,提交第三者解决的书面协议。⑤

从上述学者关于仲裁协议的定义来看,其共同之处在于:仲裁协议是当事人自愿将他们之间已经发生或者将来可能发生的争议提交仲裁的意思表示。其主要区别体现在以下几

---

① 〔美〕E.霍贝尔著:《原始人的法》,严存生等译,贵州人民出版社 1992 年版,第 17 页。
② 韩健:《现代国际商事仲裁法的理论与实践》,法律出版社 2000 年版,第 42 页。
③ 谢石松主编:《商事仲裁法学》,高等教育出版社 2003 年版,第 110 页。转引自谢石松:《国际民商事纠纷的法律解决程序》,广东人民出版社 1996 年版,第 97 页。
④ 黄进、宋连斌、徐前权:《仲裁法学》,中国政法大学出版社 2002 年版,第 72 页。
⑤ 陈治东:《国际商事仲裁法》,法律出版社 1998 年版,第 96 页。

点:第一,该意思表示是否应当采用书面形式? 第二,仲裁协议是否需要约定仲裁机构?

仲裁协议虽然从其性质上分析属于一种契约,但是,仲裁协议不同于双方当事人之间以实体权利义务关系为内容的契约,它是以争议解决方式的约定为内容的。正因为如此,只要双方当事人就他们之间已经发生或者将来可能发生的争议在提交仲裁解决方面达成共同的意思表示,而不论其形式如何,都可以理解为在双方当事人之间已经成立了仲裁协议。虽然商事仲裁应商人解决商事争议之社会需求产生之时,并没有关于仲裁协议形式方面的特定要求。然而,由于商事仲裁被广泛应用于具有涉外因素或者国际因素的商事争议解决的需要这一现实,必然使得仲裁裁决不仅涉及在本国领域内的执行,而且常常涉及在外国得到承认与执行的问题,而不同国家对仲裁协议的形式要求之不同往往使得仲裁裁决的承认与执行出现问题。因此,随着有关仲裁的国际立法的发展以及国内立法的修改与完善,仲裁协议应采取书面形式已为国际社会普遍认同。换言之,双方当事人之间已经达成的提交仲裁解决商事争议的共同意思表示如果系口头形式,则会因为不符合相关国家的国内立法以及国际立法对仲裁协议的书面形式要求而被认定为无效协议。研究仲裁协议这种特殊契约的目的在于实现当事人通过仲裁方式解决约定商事争议的愿望。因此,对仲裁协议的研究应着重立足于仲裁协议的有效,而不是其成立。

至于仲裁协议中是否需要约定仲裁机构,不同国家有不同的作法。在即认可机构仲裁,也认可临时仲裁的国家,其国内仲裁立法并不要求当事人在仲裁协议中约定仲裁机构,如英国《1996年仲裁法》第6条(仲裁协议的定义)规定:(1)本编中,"仲裁协议"系指将现在或将来之争议(无论其为契约性与否)提交仲裁的协议。(2)在协议中援引书面形式的仲裁条款或包含仲裁条款的文件,构成仲裁协议,只要该援引旨在使上述条款成为协议的一部分。[①] 德国《民事诉讼法典》第十编第1029条(仲裁协议的定义)也规定:(1)仲裁协议是当事人达成的将他们之间业已产生或可能产生的关于特定的无论是契约性还是非契约性的法律关系的所有或某些争议提交仲裁的协议。(2)仲裁协议可以以单独的协议形式(即单独仲裁协议)或合同条款的(即仲裁条款)约定。[②] 而在我国,由于仲裁立法仅仅认可机构仲裁,而尚未建立临时仲裁制度,因此,根据我国《仲裁法》第16条的规定,仲裁协议中需有选定的仲裁委员会,即当事人在仲裁协议中须约定仲裁机构。

综上,仲裁协议,是指争议发生之前或者争议发生之后,双方当事人自愿达成的将特定争议事项提请约定的仲裁机构进行仲裁审理并作出仲裁裁决的书面意思表示。也就是说,仲裁协议是双方当事人之间自愿达成的解决争议的一种书面协议。

关于仲裁协议的概念,目前有关仲裁的国际性立法中也有对仲裁协议的概念作出相应规定的,如《承认及执行外国仲裁裁决公约》第2条第1、2款规定:仲裁协议是指当事人各方同意将他们之间的契约性或非契约性的特定法律关系中已经发生或可能发生的一切或某些争议提交仲裁的协议。1985年《联合国国际商事仲裁示范法》第7条第1款规定:仲裁协议是指当事人约定将产生于特定法律关系(无论契约性与否)的现存或将来的争议提交仲裁的协议(分别称协议或仲裁协议和仲裁条款)。尽管上述关于仲裁协议的具体表述有所不同,但是,仲裁协议是当事人就特定争议提请仲裁解决而自愿达成的协议这一点是共同的。

[①] 宋连斌、林一飞译编:《国际商事仲裁资料精选》,知识产权出版社2004年版,第343页。
[②] 同上书,第392页。

二、仲裁协议的特征

仲裁协议虽然是一种合同,但是作为一种特殊的以争议解决为其约定内容的契约,具有以下特征:

1. 仲裁协议的主体特定

签订仲裁协议的行为实际上是一种对争议解决方式进行约定的行为,该行为有效成立后,对当事人双方、仲裁机构以及法院均产生一定的约束力。因此,签订仲裁协议的主体需特定,即只能由商事法律关系的具有民事行为能力的当事人或者他们的合法代理人签订,否则,该仲裁协议必然因主体不合格而无效。

2. 仲裁协议系双方当事人的共同意思表示

双方当事人自愿是各国以及国际商事仲裁中普遍遵循的一项重要原则,是仲裁制度赖以存在的基础。作为自愿原则之集中体现的仲裁协议必须以双方当事人共同的意愿为基础,是当事人将他们之间已经发生或者将来可能发生的争议提交仲裁解决的共同的意思表示。因此,在平等、自愿基础上协商一致是当事人签订仲裁协议的前提,没有双方共同的意思表示,仅凭任何当事人单方的意思表示和行为是无法签订仲裁协议的。

3. 仲裁协议约定的争议事项应当具有可仲裁性

仲裁行为毕竟是民间机构聘任的仲裁员依据当事人的协议授权,对争议事项进行审理并作出仲裁裁决的行为,而不是国家司法机关依法对民事纠纷的裁判行为,这就决定了并不是所有的争议事项都可以通过仲裁的方式加以解决。从各国的国内仲裁立法、国际立法以及仲裁实践来看,当事人可以通过仲裁协议约定提请仲裁的争议事项须是当事人有权进行处分事项,即该事项只涉及当事人可以处分的私权利。因此,当事人签订仲裁协议时,只能针对仲裁立法认可的可仲裁事项作出约定,否则,当事人之间签订的仲裁协议即可因约定事项不具有可仲裁性而无效。

4. 仲裁协议当事人权利义务的同一性

当事人权利义务的同一性,是契约当事人平等互利原则在仲裁协议中的特殊体现。一般交易合同中,双方当事人往往以追求互补利益为动机,故而在合同中表现为双方当事人之间的权利义务具有对应性和互易性,一方当事人的权利往往是对方当事人的义务,同样,一方当事人的义务往往对应对方当事人的权利;而在仲裁协议中,当事人双方具有共同的追求目标,即以仲裁方式解决所发生的争议事项,故表现在合同法律关系内容上就形成权利义务的一致性。① 即双方当事人均享有将仲裁协议约定事项所发生的争议提交仲裁解决的权利,同时也承担就该争议受仲裁协议约束而应提交仲裁,而不是向法院起诉的义务。正如英国大法官麦克米兰(Macmilan)在判决中所指出:"我以为,关于合同中仲裁条款的性质和作用一直没有引起足够的注意。该条款与其他各条款有着完全不同的性质,其他条款规定的都是当事人相互间承担的义务,而仲裁条款规定的不是一方当事人对另一方当事人的义务。它是双方当事人的协议,即如果产生了有关一方当事人对另一方当事人承担的义务的争议,则这些争议将由他们自己成立的法庭解决。一个实质性的区别是:合同中当事人之间相互承担的义务一般不能专门予以强制执行,违反此项义务只能请求损害赔偿。仲裁条款则可

---

① 谭兵主编:《中国仲裁制度研究》,法律出版社1995年版,第182页。

以由仲裁法规定的机构专门予以强制执行。违反仲裁协议的适当补救办法不是损害赔偿,而是要求强制履行协议。"①

5. 仲裁协议的间接性

仲裁协议的间接性是相对于双方当事人之间的实体权利义务关系而言的,与一般民事合同直接规定双方当事人之间的实体权利义务关系不同,仲裁协议作为一种特殊的合同,是通过确认一种解决当事人之间争议的方式,并进而通过对当事人之间所发生的仲裁协议约定事项争议的解决来确定当事人之间的实体权利义务关系。

6. 仲裁协议效力的广泛性

仲裁协议作为一种契约,不同于以实体权利义务约定为内容的一般的契约,其中一个重要的方面就在于其法律效力所及的范围不同。就一般契约而言,效力相对性原理决定了其法律效力仅及于契约的当事人,而不能对契约以外的第三人产生法律效力;而仲裁协议则不同,因仲裁协议是双方当事人在多元化争议解决机制中为选择仲裁解决争议而签订的,因此,有效仲裁协议不仅对双方当事人产生应有的约束力,即双方当事人应对将仲裁协议所约定的争议事项提请仲裁解决。此外,有效仲裁协议还对仲裁机构和法院也产生相应的约束力,即仲裁机构聘任的仲裁员组成的仲裁庭依据双方当事人之间仲裁协议的授权取得对所约定争议事项的仲裁权。同时,法院不应受理当事人对仲裁协议约定争议事项提起的诉讼。

7. 仲裁协议为要式契约

由于仲裁协议是当事人申请仲裁以及仲裁庭对当事人提请仲裁的争议事项行使仲裁权的依据。因此,仲裁协议系要式契约,需以书面形式作出,并需要具备法定的内容,否则仲裁协议无法产生相应的法律效力,这已成为国际上的通行作法。当然,随着仲裁实践的发展,对仲裁协议的书面形式的理解也呈现出越来越宽泛的状态。

8. 仲裁协议的独立性

仲裁协议,特别是存在于一般民事合同中的仲裁条款,一旦有效成立后,即具有效力的独立性,不受合同本身效力的影响。即使主合同无效、解除、变更或者终止,均不影响仲裁协议的法律效力。

三、仲裁协议的法律性质

仲裁协议是现代协议仲裁制度的基石。从宏观上来看,仲裁协议的法律性质不仅决定着整个仲裁制度理论体系的构建,而且还决定着仲裁立法的基本趋势;就理论层面而言,仲裁协议如何定性,决定着仲裁制度理论体系的构建究竟应当立足于当事人私权自治的基础之上,还是立足于国家以管理者的身份,以对国家利益和社会利益的考量为尺度运用公权对当事人私权自治予以适当干预的基础之上;就立法层面而言,仲裁协议如何定性,决定着是将仲裁协议与其他实体法契约一起纳入整个契约法的范围内,还是将仲裁协议视为与当事人选择管辖法院的协议同样的诉讼法上的契约,从而使以仲裁协议为基础的仲裁制度与调解、诉讼等一同构成多元化的民事纠纷解决机制。此外,仲裁协议的法律性质还直接关系到对违反仲裁协议的救济。如果将仲裁协议视为实体法上的契约,一方当事人违约时,另一方当事人不仅可以依据私权自治的原则决定是否追究违约当事人的责任,以及以何种方式追

---

① 〔英〕施米托夫著:《国际贸易法文选》,赵秀文选译,中国大百科全书出版社 1993 年版,第 612 页。

究该当事人的违约责任;而且,还可以依据实体法上的规定决定要求违约一方承担一定形式的民事责任。如果视为诉讼法上的契约,一方当事人违约时,是否追究违约一方当事人的责任以及违约一方应承担何种形式的责任,则不是由另一方当事人决定的,而是由法院依职权并按照仲裁法的规定进行处理,即通常采取驳回违约一方当事人已提起的诉讼。作为一种以争议解决机制为约定内容的特殊契约,仲裁协议的法律性质理应成为仲裁制度中的一个极其重要的理论问题;然而,与仲裁法律性质的研究相比较,仲裁协议法律性质这一仲裁制度中的重要问题似乎在我国理论界被边缘化了,并未引起仲裁法学界应有的重视。

正因为仲裁协议的法律性质极具理论与实践意义,各国都非常重视对仲裁协议法律性质的研究,随之关于仲裁协议性质的学说也层出不穷,其中主要存在"诉讼法上的契约说"、"实体法上的契约说"、"混合说"以及"独立类型契约说"等。

(一)诉讼法上的契约说

该学说认为,仲裁协议不同于以规范实体权利义务为内容的一般的契约,它以诉讼法上的权利义务为内容,其功能主要在于通过授权仲裁机构和仲裁庭以解决当事人之间的争议。由于仲裁协议主要是由诉讼法加以规定,因此,属于诉讼法上的契约。该学说的主要理论依据是:第一,适用于仲裁协议的法律为程序法,而非实体法。虽然仲裁协议的基础是私法中的当事人意思自治,但是,当仲裁协议本身的效力发生争议时,用于判断仲裁协议有效与否的法律是程序法而非实体法。事实上,目前在对仲裁制度未单独立法的国家,仍然将有关仲裁的内容规定在其民事诉讼法之中。第二,仲裁协议的主要效力为诉讼领域中的效力,而非实体法领域中的效力。仲裁协议的内容不是约定当事人之间的实体权利与义务本身,而是约定解决实体权利义务争议的方式,这就意味着,仲裁协议的主要效力是通过仲裁协议所具有的妨诉抗辩效力从而排除国家法院对仲裁协议约定事项的裁判权,并且赋予仲裁人依仲裁程序作出的仲裁裁决以与法院依审判程序作出的判决同样的效力,这本身就是诉讼法上的效果。正是由于仲裁协议的法律效力主要发生在诉讼领域中,因此,仲裁协议是诉讼法上的契约。为仲裁协议系诉讼法上契约赋予坚实的理论基础,并使其成为通说的先驱是Schiedermair。他在研究中对仲裁协议作如下表述:即使在学说上存有仲裁协议是否具有排他性及直接的诉讼法效力的争论,但时至今日,现行法上不会怀疑仲裁协议首先而且在其本质上具有直接的诉讼法上效力。仲裁协议的内容是将对法律纠纷的裁判权委托给仲裁人。因此,基于这一点,仲裁协议发生两方面的效力:第一,直接排除国家对权利的司法保护,即以诉讼障碍为基础的消极效力;第二,仲裁协议的积极效力,即仲裁机构根据仲裁协议开始仲裁程序并作出仲裁裁决,且该裁决对当事人具有法院终局和有拘束力判决的效力。[1] 诉讼法上的契约说在大陆法系的德国、日本、法国、意大利等国具有广泛的影响。

在英美法系国家,将仲裁视为关于权利救济的程序法,按照"程序法跟着法庭地法"的原则,仲裁协议(契约)适用法庭地法。从而,以法律承认当事人意思表示并赋予其法律的效力,由于仲裁的效力依仲裁地的法律(诉讼地法)来实现,因而仲裁协议属于诉讼法上的契约。[2]

---

[1] H. Hellwig, Zur Systematil des Ziviproze (rechtlichen Vertrages), 1968, S. 32。转引自李井杓:《仲裁协议与裁决法理研究》,中国政法大学出版社2000年版,第36页。

[2] 李井杓:《仲裁协议与裁决法理研究》,中国政法大学出版社2000年版,第36页。转引自〔日〕小岛武司、高桑昭:《注解仲裁法》,日本青林书院1988年版,第215页。

(二) 实体法上契约说

诉讼法上的契约说是仲裁司法化的必然结论,但这种强调仲裁司法性的学说会遇到难以解决的问题,其中如何平衡司法的强制性与仲裁中当事人意思自治就成为核心。此外,随着社会的不断进步和商业交往的日益频繁,以仲裁方式解决纠纷备受推崇。同时,随着人们对仲裁制度认识的逐渐深入,人们开始从更广阔的视野来审视仲裁协议的法律性质。尽管仲裁制度是作为民事程序制度的一个组成部分,且大多规定在民事诉讼法之中,但从仲裁协议的形成条件、遵循的一般原则以及产生的法律效力来看,更多的是要适用民商事法律中关于契约的规定。因此,西方学界又出现一种实体法上的契约说。

实体法上的契约说以仲裁协议在诉讼外、诉讼前依据契约自治原则缔结并以西方国家的"私法行为说"理论为依托,将仲裁视为一般的私法行为,并据此认为仲裁协议本质上是与一般民商事契约相同的实体法上的契约。将仲裁协议视为实体法上契约学说,其理论依据主要是:第一,将仲裁行为等同于一般的私法行为。当事人通过签订仲裁协议授权仲裁人对其争议行使仲裁权所为的仲裁行为,从其实质上来看也是当事人对自己的私权予以处置的一种方式,在不违背法律的强制性规定的前提下,当事人通过合意处置其私权的行为当然属于私法范畴,理应受到国家法律的尊重。早在20世纪60年代,著名的英国贸易法学家施米托夫对此就有过精辟的论述:"仲裁实质上是解决争议的一种合同制度。当事人同意把他们之间的争议或将来可能发生的争议提交给作为私人裁判官的仲裁员或作为私人裁判庭的仲裁庭解决。作为一项合同安排,仲裁应当受当事人意思自治原则的支配,至少在理论上是这样。"[①]第二,设置仲裁制度的目的在于实现私权争议解决过程中当事人的意愿。商事仲裁制度从其产生之初,就具有体现私权争议解决过程中当事人意思的天性,而且现代仲裁制度也正是根据私法上契约自治原则而设置的纠纷解决机制。可见,该争议解决机制的建立实际上是私法领域中的契约自由原则在纠纷解决领域中的延伸。第三,仲裁协议的内容间接地服务于实体权利的维护。就仲裁协议的内容而言,尽管表面上体现为对争议解决方式的约定,但实质上是当事人合意处置其实体权利的一种形式。通过仲裁裁决确定当事人之间实体权利义务关系实际上与当事人自行通过合意确定实体权利义务关系在本质上是相同的。第四,仲裁裁决的约束力源自于契约必须信守的规则。仲裁程序依据仲裁协议而进行,仲裁员对当事人依据仲裁协议提出的仲裁请求经过审理后作出仲裁裁决,只是将仲裁协议当事人的意思具体化。因此,源自于契约必须信守的规制,仲裁裁决对当事人具有约束力,当事人负有履行仲裁员所作出仲裁裁决的义务。

由于实体法上的契约说较为圆满地解释了意思自治这一私法原则在仲裁制度中的体现,因此,得到许多国家司法实践的认可。在德国,第二次世界大战后,K. Blomeyer 和 Lorenz 从国际商务仲裁的观点出发,对当时已获通说地位的诉讼法契约说提出反论,使得关于仲裁协议性质的学说再次出现实体法上契约的学说。[②] 德国后来的司法实践中,大多数判决把仲裁协议视为实体法上的契约。在日本,继仲裁协议为诉讼法的契约说之后,以国际私法学者

---

① 〔英〕施米托夫著:《国际贸易法文选》,赵秀文选译,中国大百科全书出版社1993年版,第674页。
② 〔日〕河野正宪:《仲裁契约的效力与限界》,国际商事仲裁协会编印1992年版,第12页。

为中心强烈主张仲裁协议是实体法上的契约说①,认为仲裁协议是与债权合同类似的实体法上的合同,适用国际私法上的当事人意思自治原则。而且,仲裁人虽然行使解决争议的职能,但是以当事人合意为基础的,与国家法院的法官所行使的诉讼职能根本不同。

(三) 混合契约说

绝对的诉讼法上的契约说与实体法上的契约说均不能圆满地解释仲裁协议所具有的特点,因此,在诉讼法上的契约说与实体法上的契约说互相对立的状态下,认为仲裁协议具有混合性质的协调理论得以发展起来是很自然的。该学说认为,仲裁协议不是单纯的诉讼法或者实体法上的契约,而是兼具诉讼法上的契约与实体法上的契约的双重性质的一种契约。从仲裁协议的职能,即双方当事人约定解决争议的终局方式的角度来看,仲裁协议具有诉讼法上契约的性质;而从仲裁协议的成立基础,即双方当事人意思表示一致的侧面来考察,仲裁协议又具有实体法上契约的性质。因此,仲裁协议以诉讼法和实体法为其共同的法律基础。

德国较早主张混合契约说的学者是 W. Kisch,他认为仲裁协议包含契约的实体法的因素和诉讼法的因素,仲裁协议因实体法的因素而具有确认契约的性质、确认契约的功能(消除争议或不明确性)。由于仲裁协议具有实体法契约的因素,因而,在解释或者判断仲裁协议的成立、效力要件、消灭时,就应当以实体法标准来判断。仲裁协议具有实体法上契约的性质,虽然承认仲裁协议的实体法因素,但如果当事人一方在仲裁裁决之前向法院起诉,以仲裁协议的实体法性质则不可能停止这种起诉,并且不可阻碍国家的法院对该案件进行辩论及裁判。因此,依当事人的协议排除法院的管辖权,只能由诉讼法规范作出这种规定才能达成,因此不可轻视仲裁协议诉讼法上的性质。②

(四) 独立类型契约说

混合契约说只是简单地将诉讼法上的契约说与实体法上契约说各自的有用之处合在一起,没有自己独立的理论观点,而独立类型契约说则与此不同。该学说认为,仲裁协议既有体现仲裁之核心的当事人意思自治的一面,从而对当事人产生将约定事项的争议提请仲裁的效力;同时,又对当事人的意思自治有一定的完善,即仲裁协议有效成立后,产生对仲裁机构的授权及排除法院的司法管辖权的效力,而且仲裁庭依据有效仲裁协议作出的裁决还具有与生效判决同等的强制执行的效力,而这些完善是以具有国家强制力的立法为依据的。可见,仲裁协议既不是单纯的诉讼法上的契约说,也不是单纯的实体法上的契约,而是两者之外的一种具有独立个性的特殊契约。对仲裁协议的解释和适用不能简单套用实体法和诉讼法的基本原则和规范,而应当适用一种新的法律体系。独立类型契约说实际上是与仲裁自治理论相适应的一种学说。主张仲裁自治的学者认为,仲裁制度是为适应商人们寻求一种民间的、灵活的解决他们之间争议的纠纷解决机制的需要而发展起来的,是商人们注重实效的结果。与此相适应,仲裁协议,无论是就其内容而言,还是就其要件而言,抑或是就其效力而言,均不是诉讼法上契约说与实体法上契约说所能解决的,因为它既有体现仲裁之核心的当事人意思自治的一面,同时又对当事人的意思自治有一定的完善,即仲裁协议有效成立

---

① 〔日〕川上太郎:《仲裁》,载《国际法学会·国际私法讲座》3 卷,日本有斐阁 1964 年,第 840 页以及第 854 页"关于仲裁契约的自主性"。

② 李井枥:《仲裁协议与裁决法理研究》,中国政法大学出版社 2000 年版,第 40—41 页。

后,产生对仲裁机构的授权以及排除法院司法管辖权的效力,而且仲裁庭依据仲裁协议作出的仲裁裁决还具有与生效判决同等的强制执行的效力,而这些完善是以具有国家强制力的立法为依据的。正是仲裁协议的这种独立的个性决定了对争议事项的解决,以尊重当事人的意思自治为其出发点,又以国家立法加以适当完善,最终实现当事人选择仲裁解决商事争议的目的。

第二节 仲裁协议的形式

一、仲裁协议形式的一般要求

作为一种争议解决机制,仲裁制度之所以备受人们青睐而迅速发展起来,其中一个极其重要的原因就在于仲裁所包含的契约因素。然而,仲裁协议作为一种特殊的程序法上的契约,不同于以实体权利义务约定为内容的普通的私法契约,它以争议解决方式的约定为内容的本质使得一个有效仲裁协议不仅对仲裁协议的当事人有效,甚至对仲裁机构以及法院有效。它的这一特性决定了对仲裁协议须有一定的形式要求。

就仲裁制度的发展来看,在其得到各国的国内立法以及国际立法认可之前,作为一种完全起源于商人解决商事争议需求的一种纯粹的民间性争议解决方式,而且仲裁裁决的实现完全借助于当事人受道德力量约束自觉履行之时,仲裁协议如何达成完全是当事人之间私人的事情。只要当事人之间存在提请仲裁解决争议的合意即可,对仲裁协议的形式没有任何特定的要求。因此,关于仲裁协议形式的要求也是随时代的发展而不断发展变化的。早期的国际条约对仲裁协议的形式并没有明确的要求,如1923年的日内瓦《仲裁条款议定书》和1927年的日内瓦《关于执行外国仲裁裁决的公约》,对商事仲裁协议的形式均没有作出明确的规定,而是要求各缔约国根据其国内法确定商事仲裁协议在形式上的有效性。再如《欧洲国际商事仲裁公约》第1条规定,在法律不要求仲裁协议必须以书面形式签订的国家,仲裁协议可依该国法律许可的形式订立。如原德国《民事诉讼法典》第1027条规定,具有完全商人资格的当事人间按商事交易惯例订立的仲裁协议无须书面作成,如果当事人惯常在一个有关的贸易机构进行仲裁,可以口头形式订立仲裁协议,甚至默示订立仲裁协议。但是,有些国家国内法对仲裁协议的形式要求更为严格,它们要求仲裁协议必须采用公证的形式作成,如西班牙、哥伦比亚等国。[①] 这就必然因各国国内法之间的差异而导致这一问题的不确定性,从而经常产生分歧。

自第二次世界大战以后,随着国际商事仲裁的发展和商事仲裁法的国际统一化不断加强,特别是赋予仲裁裁决与法院生效判决同等的法律效力并可以得到法院的承认与执行之后,对仲裁协议的形式要求即发生了相应的变化。此时,仲裁协议的有效不仅需要当事人双方的合意,而且还需要以仲裁庭以及法院认可的形式表现出来,才具有相应的法律效力。与此同时,与一般民商事领域中对合同或者契约的要求不同,大多数有关仲裁的国内立法与国际立法以及仲裁实务均要求仲裁协议必须采用书面形式,否则仲裁协议无效。为此,有些国家也通过其国内法对仲裁协议的形式要求作出了新的规定,如1998年修订的德国《民事诉

---

① 参见黄进、宋连斌、徐前权:《仲裁法学》,中国政法大学出版社2002年版,第80页。

讼法典》第1031条改变了原德国《民事诉讼法典》对仲裁协议的形式要求,对仲裁协议的形式作出了如下规定:(1)仲裁协议应当包含在当事人签署的书面文件中,或者在当事人间交换的书信、电传、电报中,或者足以证明该项协议的其他形式的往来信息之中。(2)仲裁协议如果包含于由一方当事人给另一方当事人,或者由第三人给双方当事人的书面文件中,而该书面文件的内容未经及时提出异议、依照交易习惯视为合同内容时,第一款所定的形式即为完成。(3)如果一个符合前2款的形式要求的合同引用了一个包含仲裁条款的文件,而这种引用使该条款成为合同的组成部分时,这就构成一个仲裁协议。(4)如果提单明确引用了租船合同中的仲裁条款,签发提单即构成一个仲裁协议。(5)消费者所参加的仲裁协议必须包含在由当事人各方亲自签署的文件中。这一文件中不得包含有除在仲裁程序中引用的约定外的其他约定;但经公证作成的文书不在此限。消费者是指自然人,他在作为争议的标的的行为中所欲达到的目的既不是属于他的工商业方面的,也不是属于他的独立职业方面的事务。(6)形式的欠缺,因在仲裁辩论中就本案问题进行答辩而得到补正。[①] 此外,英国、法国等国家也作出了仲裁协议应采取书面形式的规定。

由此可见,仲裁协议必须采取书面形式已成为现代仲裁制度中公知的事实,正如英国著名的仲裁法专家雷得芬(Alan Redfern)与亨特(Martin Hunter)所指出:"对仲裁协议书面形式的要求至少起到了一种自我证明的作用。当事人通过一项有效的仲裁协议排斥了国家的司法管辖权,而将他们之间发生的相关纠纷交由私人纠纷解决机制解决,无论如何都是一项重大的民事法律行为,因此,要求存在一个清楚、明确和有效的仲裁协议是适当的。"[②]尽管大多数国家确认仲裁协议应当采用书面形式,但是,由于各国仲裁立法对仲裁协议的书面形式的规定不同,可能会出现在商事仲裁实践中,对同一项仲裁协议因书面形式的理解不同而最终导致其效力截然相反。

二、国际立法中的书面仲裁协议

仲裁协议必须采取书面形式,这已为大多数国家所确认,并且已成为现代商事仲裁法的一项统一要求,但由于各国仲裁法对仲裁协议的书面形式的规定不同,其结果,在商事仲裁实践中,对同一项仲裁协议因书面形式的理解不同而最终导致其效力的截然相反。在这种情况下,国际立法中有关仲裁协议书面形式的规定至关重要。

(一)《承认及执行外国仲裁裁决公约》关于书面形式之规定

在《承认及执行外国仲裁裁决公约》起草的过程中,是否将仲裁协议的书面要求订入公约中,曾引起诸多争议。联合国经济与社会委员会1955年公约草案规定了仲裁协议的书面形式,其中规定,为了获得裁决的强制执行,寻求强制执行的一方必须证明双方已"书面"同意通过仲裁解决其分歧。然而,它未能说明什么构成了书面协议,这个问题的解决不得不求助于国内法。这一点反映了为适应仲裁发展的需要,各国对仲裁协议书面形式的要求趋于一致,因此,《承认及执行外国仲裁裁决公约》对构成书面仲裁协议的要素进行定义的目的在于试图消除国内法关于仲裁协议形式规定之分歧。实践证明,随着《承认及执行外国仲裁裁

---

① 《德意志联邦共和国民事诉讼法》,谢怀栻译,中国法制出版社2001年版,第275—276页。
② Alan Redfern & Martin Hunter, *Law and Practice of International Commercial Arbitration*, third edition, Sweet & Maxwell (1999), p.141.

决公约》的生效,仲裁协议的书面形式要求已逐渐被各国所普遍接受,它为迄今为止的 100 多个国家确立了一项强制性统一标准,即仲裁协议应采取书面形式,这就在很大程度上改变了过去因仲裁协议形式不一而产生的适用困难。

《承认及执行外国仲裁裁决公约》第 2 条第 1、2 款规定:"当事人以书面协定承允彼此间所发生或可能发生之一切或任何争议,如关涉可以仲裁解决事项之确定法律关系,不论为契约性质与否,应提交仲裁时,各缔约国应承认此项协定。称'书面协定'者,谓当事人所签定或在互换函电中所载明之契约仲裁条款或仲裁协定。"可见,《承认及执行外国仲裁裁决公约》对仲裁协议之书面形式规定了两种:一是当事人签定的仲裁条款或仲裁协定;二是在当事人互换函电中所载明之契约仲裁条款或仲裁协定。对此并无异议,关键在于如何理解《纽约公约》的规定,也就是说,《纽约公约》的规定是书面形式条件的最低限度还是最大限度?有学者认为,《纽约公约》第 2 条第 2 款[①]的规定允许但不强使法院接受最低限度的条件,换句话说,该规定仅是对各缔约国在书面形式上作最大限度内的要求。[②] 将《纽约公约》之规定理解为对仲裁协议书面形式的最低要求更为妥当。

不可否认,《承认及执行外国仲裁裁决公约》生效后在国际商业社会中的确起到了很好的作用,然而,必须清醒地认识到 1958 年以后国际商业社会发生了翻天覆地的变化,出现了许多已达成共识的商业惯例。此情此景,产生于特定历史背景之下的《纽约公约》,特别是其中关于仲裁协议书面形式之要求能否适应现今商业之需要就成为各界关注的焦点。

在第一种形式中,很明显《纽约公约》要求仲裁协议以当事人签署为其生效之条件。而在目前的大多数国际商事合同关系中,往往是双方已在开始履行合同了,但合同经常仍没有签署,如果因此而判定该仲裁条款无效,就势必意味着仲裁条款的成立有更高于合同成立的要求,其结果必然违背商业惯例。在第二种形式中,即当事人互换的信函、电文中所包含的合同仲裁条款或仲裁协议。从商业实践来看也是不太现实的。在商事交往中,当事人受利益与效益的驱动,谁会可能在订约时为了仲裁协议而书面来书面去(written exchange),争议一番才同意?这样一来,《纽约公约》原旨是要支持国际仲裁,但它对书面的仲裁协议订得太局限,过于严格,反而带来否定仲裁的效果,动辄就说这个协议无效或那个协议无效。可见,这是一明显的"好心做坏事"的例子。[③]

《承认及执行外国仲裁裁决公约》订立于 20 世纪 50 年代,当时电报已经是一项非常先进的通讯手段,就当时的状况而言,最先进、最便捷的缔约方式无疑就是函电往来了。但是随着世界经济的不断发展,经过近 50 年的发展,通讯技术已经取得突破性进展,电传、传真、计算机邮件等一系列先进的沟通和交流手段广泛运用,特别是 20 世纪 80 年代以来,电子数据交换(EDI,Electronic Data Interchange)在商业领域的出现,很大程度上影响了商业活动中合同的缔结方式。到了 21 世纪的今天,国际贸易中,通过电报来订立合同恐已显得与时代的脚步不合拍。再将"书面"限制在"往来函电"而不包括其他通讯手段显然既落后于时代

---

① 《承认及执行外国仲裁裁决公约》第 2 条第 2 款的英文为:The term "agreement in writing shall include an arbitral clause in a contract or an arbitration agreement,signed by the parties or contained in an exchange of letters or telegrams." 此文中的"shall include"极易使人理解为应包括,但不限于。

② See The Arbitral Tribunai of Harmburg Friendly Arbitration:award of January 15(1976),*Yearkbook Commercial Arbitration* Vol,3(1978),pp.193—212。

③ 杨良宜著:《国际商务仲裁》,中国政法大学出版社 1997 年版,第 121 页。

的发展,也脱离商业社会的实际。① 从目前的仲裁实践来看,当事人之间经常存在虽然没有签署的书面仲裁协议,但是,当事人之间存在口头仲裁协议,并且该口头仲裁协议可以被其他书面资料所证明,由于纽约公司对书面形式的规定较为严格,可能对认定和解释该类仲裁协议的有效性产生不利的影响。由此可见,《纽约公约》对仲裁协议的书面形式的要求很显然已与现代社会的快速发展不相适应。

(二)《国际商事仲裁示范法》关于仲裁协议书面形式之规定

《承认及执行外国仲裁裁决公约》在实践中存在的一些问题,联合国国际贸易法委员会秘书局早已有所意识。早在1981年,秘书局就"示范法的可能性特征"这个问题准备了一份备忘录,其中有一段话值得一提,即:如果即将采纳对书面形式的要求,则可以进一步建议在示范法内列入对"书面协议"的详细清晰的定义,这将有助于获得一个统一的解释,而这不仅对示范法本身,而且对包括1958年《纽约公约》(第2条)或1978年《联合国海运货物运输公约》(第22条)在内的其他法律文本都是十分必要的。甚至有人可能考虑在示范法中明确规定这项定义将对其他法律文本中的有关规定同样适用。至于这项定义的可能形式,可以基于1958年《纽约公约》中列明的定义。然而,正如在秘书长研究"关于纽约公约"中报道的,鉴于实际中遇到的困难,示范法中的定义应更为精确和详尽。② 基于上述动机,现行《示范法》对仲裁协议的书面形式作了详尽的规定,该法第7条第2款规定:"仲裁协议应是书面的。协议如载于当事各方签字的文件中,或载于往来的书信、电传、电报或提供协议记录的其他电讯手段中,或在申诉书和答辩书的交换中当事一方声称有协议而当事他方不否认既为书面协议。在合同中提出参照载有仲裁条款的一项文件即构成仲裁协议,如果该合同是书面的而且这种参照足以使该仲裁条款构成该合同的一部分的话。"由此可见,从形式上看,《示范法》不仅拓宽了书面仲裁协议的范围,而且关于仲裁协议的定义更为精确和详细。

《示范法》之所以努力去为仲裁协议之书面形式作出详尽界定,目的在于规范商事活动中的仲裁协议。正如Holtzman和Neuhaus对《示范法》的第7条第2款所作的评论:"统一法律的任何努力并不在法庭或听证室里,而一般在其与日常交易的关系点上产生最大的潜在影响。对仲裁法来说,这个关系点就是确定一项有效的仲裁协议的起草要求的法律,因为正是这项法律对商人及其律师产生最直接影响,决定其是否能够把仲裁作为一个解决国际商业争议的系统。因此,对术语'仲裁协议'进行定义的示范法第7条,在实际上就成为联合国国际贸易法委员会(UNCITRA)统一各国仲裁法案的尝试中最重要的一部分。正是在这一点上各国应尽力避免对此强加更多的法律性,或尤其是地方性要求。"③

《示范法》虽然如《承认及执行外国仲裁裁决公约》一样,为大家规定了仲裁协议的规范形式,并对仲裁协议的书面形式作出了详尽的定义,这对于解决因国内法规定不一而产生的一些问题具有重要作用,但与国际贸易或商业中各方知晓或理应知晓的惯例就不尽相符,对此英国特许仲裁员协会的内尔·克普兰教授(Neil Kaplan)曾严厉指出:"在当今的贸易中,许多合同甚至一些书面合同,都没有书面签字。将示范法的范围起草得如此狭窄,而将这些

---

① 赵健:《国际商事仲裁的司法监督》,法律出版社2000年版,第71页。
② 参见联合国国际贸易法委员会秘书局第一备忘录——"示范法的可能特征"——A/CN,9/207(1981年5月14日)。
③ 参见 Holtzman、Nenhaus 著:《联合国国际贸易法委员会示范法指南》,荷兰克鲁维尔出版公司1989年版,第258页。

合同排除在示范法之外是目光短浅的。"①

一言以蔽之,《承认及执行外国仲裁裁决公约》和以此为范本的联合国《国际商事仲裁示范法》对仲裁协议书面形式的要求在统一规范商事仲裁协议方面的确起到了不容忽视的作用,但随着国际经济交往的发展以及大量的为世界各国所认同的商业惯例的出现,这两者对国际仲裁事业的发展所设置的与其宗旨不相吻合的障碍也是毋容质疑的。

三、我国仲裁协议的形式

根据我国《仲裁法》第16条"仲裁协议包括合同中订立的仲裁条款和以其他书面方式在纠纷发生前或者纠纷发生后达成的请求仲裁的协议"的规定,仲裁协议可采取三种书面形式:

(一) 仲裁条款

仲裁条款,顾名思义,就是双方当事人在合同中以合同条款的形式达成的,将以后在本合同履行过程中可能出现的争议提交仲裁机构仲裁,并受仲裁裁决约束的书面意思表示。现代商事活动中,当事人之所以选择仲裁而不选择诉讼作为其发生争议的解决方式,其目的就在于使自己的意志更多地体现于争议的解决过程中。选择仲裁方式以订立有效仲裁协议为其前提条件。考证签订仲裁协议的具体时间,当市场行为过程中出现争议时,由于双方利益冲突的现实存在,此时双方对争议解决方式的选择考虑,通常不是基于争议的公正、迅捷地解决,而更多的是基于如何维护自己的利益,受双方各自不同利益的驱动,往往不易于纠纷发生后达成仲裁协议。相反,当市场主体选择交易伙伴,签订合同时,由于尚不存在现实的利益冲突,对争议解决方式的约定只是对未来现象的假定,故而有利于达成仲裁协议。此外,在合同中签订仲裁条款也较为简便易行。因此,合同中的仲裁条款是仲裁协议的一种最常见和最主要的类型。

(二) 独立的仲裁协议书

仲裁协议书即双方当事人在争议发生前或者争议发生后单独订立的,愿意将他们之间已经发生或者可能发生的争议提交仲裁解决的一种书面文件。仲裁协议书是在没有仲裁条款,或者仲裁条款规定不明确无法执行,或者根本不存在书面合同的情况下,由双方当事人共同签订的,因此,它不受当事人之间存在合同关系的约束。与仲裁条款相比较,仲裁协议书具有以下特点:一是订立的时间较为灵活,仲裁协议书既可以在争议发生前订立,也可以在争议发生后订立;二是仲裁协议书的内容较为灵活,既可以针对合同关系订立,也可以针对非合同关系的其他财产权益纠纷订立;三是仲裁协议书的内容往往较为丰富而全面,通常包括有关仲裁事项、仲裁地点、仲裁庭的组成、仲裁实体法的适用等内容。

(三) 其他书面形式

即双方当事人针对合同关系或者其他财产权益问题在相互往来的过程中,在信函、电传、电报或者其他书面形式中,对已经发生或者将来可能发生的争议提交仲裁解决的共同意思表示。此类仲裁协议是现代商事关系和通讯事业综合发展的结果。现代商事关系的空间距离给当事人之间订立仲裁协议带来了巨大的不便利,而现代通讯事业的迅猛发展又极大

---

① 〔英〕内尔·克普兰:《〈纽约公约〉与〈示范法〉对书面协议的要求与商业惯例相悖吗?》,载《仲裁与法律通讯》1996年第3期。

地减少了这种不便利,因此,在现代交易中,这种仲裁协议也是经常存在的。对此,2005年《最高人民法院关于适用〈中华人民共和国仲裁法〉若干问题的解释》(以下简称《仲裁法解释》)第1条明确规定:"仲裁法第16条规定的'其他书面形式'的仲裁协议,包括以合同书、信件和数据电文(包括电报、电传、传真、电子数据交换和电子邮件)等形式达成的请求仲裁的协议"。

由此可见,我国关于仲裁协议书面形式仍然界定为双方签订的书面形式。

第三节 仲裁协议的内容

所谓仲裁协议的内容,是指一项完整有效的仲裁协议必须具备的具体要素。

仲裁协议是当事人将争议提请仲裁机构仲裁以及仲裁机构受理争议案件的依据,《仲裁法》如何规定仲裁协议的内容,不仅直接关系到争议能否通过仲裁得到公正合理的解决,关系到当事人切身利益的实现;而且对于能否充分、有效发挥仲裁在解决争议方面的作用具有重要的影响作用。由于各国政治、经济、文化传统等因素的不同,不同国家仲裁立法关于仲裁协议具体内容的规定不尽相同,但是,综观仲裁实践,一项有效的仲裁协议通常包括仲裁事项、仲裁机构、仲裁地点、仲裁规则以及仲裁裁决的效力等内容。

一、我国仲裁协议的法定内容

根据我国《仲裁法》第16条的规定,仲裁协议应当具备以下法定内容:

(一)请求仲裁的意思表示

仲裁协议是当事人双方经过协商一致达成的,将争议提请仲裁机构仲裁解决的书面意思表示,作为一种对争议解决方式的约定,请求仲裁的意思表示应符合以下几点要求:(1)必须是当事人各方在协商一致基础上的共同意思表示,而不是某一方当事人的意思表示;(2)必须是当事人各方之间的真实意思表示,而不是当事人在外界的影响或者强制之下表现出来的虚假的意思表示。但是,通常来说,请求仲裁的意思表示往往内含于仲裁协议之中,如当事人各方达成的仲裁协议通常为:对在本合同履行过程中所发生的一切争议,双方应当友好协商解决;协商不成的,提请××仲裁委员会仲裁。在这一条款中,就包含了双方当事人共同的意思表示,即对于合同履行过程中所发生的一切,当双方协商无法解决时,即将该争议提请约定的仲裁委员会仲裁解决。

(二)仲裁事项

1. 仲裁事项的理解

作为双方当事人提请仲裁机构解决的争议案件,以及仲裁机构受理仲裁申请的有效依据,仲裁协议以约定仲裁事项为其法定必备内容。所谓仲裁事项就是双方当事人在仲裁协议中约定的提请仲裁解决的争议范围,该仲裁事项的约定是否合法或者合适,直接影响着当事人双方提请仲裁解决争议案件意思表示的实现,以及仲裁制度在解决民事商事争议,维护社会经济秩序方面作用的有效发挥。按照国际上通行的做法,当事人只有把仲裁协议中约定的事项所产生的争议提请仲裁时,仲裁机构才能受理。如果一方当事人将不属于仲裁协议约定范围内的事项提交仲裁,另一方当事人有权对仲裁庭的管辖权提出异议;即使仲裁庭审理终结并作出仲裁裁决后,另一方当事人仍然可能有权拒绝履行该仲裁裁决所确定的义务,并可能向有管辖权的法院申请撤销该仲裁裁决。因此,仲裁事项的约定是极其重要的。双方当事人在仲裁协议中约定仲裁事项时需注意:

(1) 争议事项应具有可仲裁性,即所约定提请仲裁解决的事项,必须是仲裁法允许仲裁的事项。可见,争议事项的可仲裁性,实际上是一国法律允许通过仲裁解决的争议事项的范围。由于争议事项的可仲裁性问题是由国内法加以规定的,这就决定了在争议事项可仲裁性问题上经常出现冲突,即在一国被认为具有可仲裁性的事项,在他国则可能会被界定为不具有可仲裁性。因此,确定争议事项可仲裁性具有以下几点意义:第一,决定仲裁作为一种解决社会冲突机制之职能的实现程度。也就是说,争议事项可仲裁范围宽,仲裁制度得以发挥其职能的领域随之而宽;反之,可供仲裁制度作用的领域窄必然限制其职能的发挥。第二,决定仲裁协议有效与否。也就是说,仲裁协议约定的争议事项具有可仲裁性,则仲裁协议有效;反之,仲裁协议则必然因所约定的争议事项不具有可仲裁性而无效。此外,争议事项可仲裁性决定仲裁协议有效与否实际上也就决定着仲裁管辖权的问题。仲裁庭在对当事人依据仲裁协议提请仲裁的争议事项进行审理的过程中,必然会遇到判断当事人提交仲裁解决的争议事项是否具有可仲裁性的问题。如果根据仲裁协议所应适用的法律,仲裁庭认为争议事项具有可仲裁性,则仲裁庭可行使管辖权;否则,对于不具有可仲裁性的事项,即使当事人依据自愿达成的仲裁协议提请仲裁,仲裁庭也不得行使对该不可仲裁事项的管辖权。第三,决定仲裁裁决能否得到有关国家的承认和执行。仲裁庭对争议事项经过审理作出仲裁裁决后,如果义务人未能履行义务,则势必涉及依据仲裁裁决享有权利的一方当事人申请法院承认并运用国家强制力执行仲裁裁决的问题。此时,如果仲裁裁决所解决的争议事项不具有可仲裁性,义务人则可以此为由请求法院不予承认和执行。由此可见,争议事项具有可仲裁性是当事人在订立仲裁协议时必须考虑的重要问题。根据我国《仲裁法》第3条关于不得提请仲裁的争议事项的规定,如果双方当事人约定将在继承过程中产生的纠纷,协商不成时,提请某某仲裁委员会仲裁,则该仲裁协议为无效,因为因继承产生的纠纷属于不得仲裁的事项。

(2) 仲裁事项的明确性。根据我国《仲裁法》第18条的规定,双方当事人在仲裁协议中约定提请仲裁机构解决的争议事项必须明确,如果约定不明确,当事人可以补充协议;达不成补充协议的,仲裁协议无效。关于仲裁事项的明确性问题,最高人民法院《仲裁法解释》第2条规定:"当事人概括约定仲裁事项为合同争议的,基于合同成立、效力、变更、转让、履行、违约责任、解释、解除等产生的纠纷都可以认定为仲裁事项"。

(3) 约定仲裁事项的基本做法。在争议发生之前,就仲裁事项的约定适合采用笼统的语言,如"与本合同有关的一切争议","在本合同履行过程中所发生的一切争议"等,这样一方面有利于尽可能扩大仲裁所解决争议的范围,另一方面也可以防止将来所发生的争议超出仲裁协议约定的范围,从而导致当事人通过仲裁方式解决争议的愿望无法实现。在争议发生之后,可以使用具体的语言,如"就双方当事人之间所发生的货款问题","就双方当事人之间所发生的标的物质量纠纷"等,这样有利于防止因双方当事人对仲裁协议约定事项的理解分歧而就仲裁协议本身的效力以及实际所发生的争议是否属于仲裁协议约定范围内的事项产生争议。

(三) 选定的仲裁委员会

为了防止实体权利义务关系发生争议后,双方当事人就应当提请哪一个仲裁委员会进行仲裁产生意见分歧,也为了使得仲裁委员会及时受理当事人之间的争议案件,从而及时组成仲裁庭行使对争议案件的仲裁权,对争议案件进行仲裁审理并作出公正仲裁裁决,我国《仲裁法》不仅明确规定选定的仲裁委员会是有效仲裁协议必须具备的一项内容,即双方当事人在仲裁协议中必须明确约定仲裁委员会的名称;而且《仲裁法》第18条还将选定仲裁委员会的明确性规定为仲裁协议有效条件之一,即仲裁协议对仲裁委员会没有约定或者约定不明确的,当事人可以补充协议;达不成补充协议的,仲裁协议无效。但是,在仲裁实践中,出于惯例性做法以及对其实体利益的考虑,双方当事人往往对涉及实体权利义务的条款反复斟酌,认真推敲以选择最为恰当的语言作出明确的约定,而对于作为争议解决方式的仲裁协议的约定,则可能不太注意其中用语的准确性,尤其是仲裁委员会的名称,经常出现对仲裁委员会名称约定不规范的仲裁协议。此时,一方面,当事人双方可能会因此而发生争议;另一方面,这类仲裁协议是否有效也需要具体分析。

对于选定仲裁机构,从国际商事仲裁的习惯作法来看,通常有两种:其一,当事人在仲裁协议中确定一个常设仲裁机构对仲裁协议约定事项产生的纠纷进行仲裁。其二,当事人双方直接在仲裁协议中指定仲裁员组成临时仲裁庭对仲裁协议约定事项产生的纠纷进行仲裁。目前在我国,临时仲裁尚未得到认可。

二、仲裁协议的约定内容

在仲裁实践中,除上述仲裁协议的法定内容以外,当事人双方还可以根据需要自行约定其他内容。通常包括以下几个方面:

(一) 仲裁地点

所谓仲裁地点是指进行仲裁程序和作出仲裁裁决的所在地。

当事人选择常设仲裁机构仲裁时,如果没有其他约定,通常以被选定的常设仲裁机构所在地作为仲裁地点。但是,一些常设仲裁机构在不同的地方设立有分支机构,而且更为重要的是,大多数常设仲裁机构并不禁止当事人选择其机构所在地以外的地方作为仲裁地点。因此,仲裁地点是仲裁协议的主要约定内容之一。特别是在国际商事仲裁中,双方当事人在订立仲裁协议时,都尽力争取在自己本国进行仲裁。这一方面是由于当事人对自己所在国的法律和仲裁实践比较熟悉和信任,另一方面约定在何地进行仲裁对当事人具有重要的意义。

(1) 仲裁地点直接影响仲裁协议的有效性。仲裁协议的有效性是当事人提请仲裁解决争议的意思表示得以实现以及仲裁程序能够顺利进行的先决条件。由于各国受其历史背景和法律传统之影响而反映出来的仲裁制度关于仲裁协议所应具备的内容和仲裁协议的有效要件的具体规定不尽相同,因此,在当事人双方对仲裁协议的有效性发生争议时,适用不同国家的法律进行判断可能会出现完全不同的结果。从仲裁实践的通常作法来看,在确定仲裁协议的效力时,除非当事人另有约定以外,一般都是适用仲裁地国家的法律。

(2) 仲裁地点影响仲裁所适用的程序法和实体法。仲裁庭在对当事人依据仲裁协议提请仲裁解决的争议进行仲裁时,离不开法律的具体适用,其中既包括程序法的适用,也包括实体法的适用。程序法的适用决定着仲裁程序应当如何进行,就程序法的适用而言,除非当事人双方另有约定,否则通常适用仲裁地国家的程序法。实体法的适用直接决定着当事人之间实体权利义务关系的确认,就实体法的适用而言,在当事人未作出选择的情况下,仲裁庭一般会根据国际惯例,按照仲裁地国家国际私法规则中的冲突规范确定所应当适用的实体法,或者直接适用仲裁地国家的实体法。即使当事人明确选择了解决争议所适用的实体法,也有可能发生仲裁地国家的法律不允许当事人作出某种选择,仲裁庭最终适用了仲裁地国家实体法的情况。

(3)仲裁地点影响仲裁裁决的承认和执行。对争议的当事人而言,如果该争议为国内商事争议,不涉及对此争议所作出的仲裁裁决的国籍问题。如果是国际商事争议,仲裁地点决定了该国际商事争议仲裁裁决作出的国家。在仲裁地国家作出的仲裁裁决如果在该国以外的国家申请承认与执行,就必然产生对外国仲裁裁决的承认和执行问题。如果仲裁裁决作出国与被请求承认和执行国都是《承认及执行外国仲裁裁决公约》的成员国,那么该仲裁地国家的仲裁裁决就可以按照该公约的规定在有关国家得到承认和执行。

(二)仲裁规则

1. 仲裁规则的理解

仲裁规则,即双方当事人、仲裁机构、仲裁庭与其他仲裁参与人在仲裁过程中所遵守的程序规则。仲裁规则作为调整仲裁程序中各主体之间权利义务关系的规范,其具有下列特征:(1)仲裁规则具有明显的契约性。仲裁规则是当事人之间仲裁协议的组成部分。当事人可以在仲裁协议中直接约定一套进行仲裁程序的规则,也可以援引一套现成的仲裁规则,还可以通过选定仲裁机构、仲裁庭而间接确定相应的仲裁规则,仲裁规则的契约性是很明显的。(2)仲裁规则具有必要的强制性。仲裁规则一经确定,即对当事人、仲裁机构及仲裁员产生约束力。对法院而言,出于对仲裁契约性的尊重,也必须尊重合乎法律规定的仲裁规则。因此,仲裁规则虽然是契约性的,但并不是绝对的任意性规范,如果当事人、仲裁员、仲裁机构,甚至法院不遵守仲裁规则,都可能造成严重的法律后果。(3)仲裁规则具有一定的局限性。仲裁规则虽然是有拘束力的行为规范,并可以将相关法律纳入其体系,但它本身并不是法律,而且也不能与仲裁程序应适用的法律或者仲裁地法的强制性规定相抵触。

2. 仲裁规则的内容与种类

仲裁规则是各仲裁机构或者国际组织在经过反复研究,充分总结仲裁实践经验的基础上制定的主要规范仲裁过程中的具体程序的规则。仲裁规则应当具备哪些内容,目前没有统一标准,但从国际商事仲裁实践看,仲裁规则一般应该包括如下内容:仲裁管辖、仲裁协议、仲裁申请与答辩、反请求、送达、仲裁庭的组成、仲裁审理程序和裁决程序等。另外,有的仲裁规则还包括仲裁机构、仲裁员和当事人的权利与义务、仲裁应该使用的语言、法律适用、翻译、仲裁费用、仲裁地点等方面的内容。总体来讲,在国际商事仲裁范围内,各类仲裁规则的内容有明显的趋同倾向,但由于各个国家或地区的文化背景特别是诉讼法、商业法背景的差异以及案件的特殊性,仲裁规则之间的差别也是不容忽视的。目前,关于仲裁规则的具体适用,有些仲裁机构不允许当事人选择适用仲裁规则,即只要当事人约定该仲裁机构,则只能适用该仲裁机构的仲裁规则,如我国依照仲裁法设立在各城市之中的仲裁机构均不允许当事人选择仲裁规则。但是,有些仲裁机构则允许当事人选择适用仲裁规则,即当事人约定该仲裁机构,当事人既可以选择适用该仲裁机构的仲裁规则,也可以选择适用其他仲裁机构或者国际组织制定的仲裁规则,如中国国际经济贸易仲裁委员会允许当事人选择适用的仲裁规则,但需经仲裁委员会同意。因此,当事人约定的仲裁机构允许当事人选择适用仲裁规则的,当事人在订立仲裁协议时,可以明确约定仲裁所适用的仲裁规则。

在仲裁实践中,仲裁规则主要有两类:一类是各仲裁机构自行制定的供当事人选择适用的仲裁规则,如《中国国际经济贸易仲裁委员会仲裁规则》《瑞典斯德哥尔摩商会仲裁院仲裁规则》等;另一类是由国际性、区域性仲裁机构或者国际组织制定的主要供当事人选择适用的仲裁规则,如《联合国国际贸易法委员会仲裁规则》《国际商会仲裁规则》《联合国欧洲经济委员会仲裁规则》等。

3. 仲裁规则的作用

仲裁规则是进行仲裁活动时必须遵循和适用的程序规范,在仲裁活动中,具有以下作用:

(1)为当事人、仲裁机构和仲裁庭提供了一套科学、系统而又完备的程序方法。仲裁规则一般由仲裁领域中有关专家或权威人士在反复调查研究和总结经验的基础上制订,具有较强的规范性,但又不失其应有的灵活性。因此,仲裁规则不仅便于当事人有效地通过仲裁解决纠纷,而且也使仲裁机构、仲裁庭在处理仲裁案件时有章可循,便于程序正义的实现。

(2)为当事人和仲裁机构、仲裁员提供了程序上的权利义务规范。仲裁规则的基本内容是规定当事人和仲裁机构、仲裁员在仲裁进行过程中的权利义务,以及行使和履行这些权利义务的方式。当事人及仲裁机构、仲裁员通过遵循仲裁规则的相关规定,实现各自的权利义务,从而保证当事人实体权利义务关系的确认。

(3)为法院对仲裁的支持和监督提供了依据。民商事仲裁的顺利进行,离不开人民法院的支持与监督,而在对仲裁实施支持和监督时,一般都是参照,甚至是依据仲裁规则的执行情况来进行的,如仲裁规则已得到全面遵守,仲裁活动极有可能得到人民法院的支持,否则很可能甚至必然导致仲裁裁决的撤销或不予执行。

三、内容瑕疵仲裁协议及其补救

有效仲裁协议不仅是当事人通过灵活、快捷的仲裁方式解决其争议意愿得以顺利实现的基础,而且也是仲裁机构受理争议案件以及排除法院司法管辖权的依据。因此,当事人订立的仲裁协议是否有效至关重要。然而,在商事仲裁实践中,虽然仲裁协议在法律上的重要性不亚于商事交易本身,但是,商事交易的特定主体——商人追求商业利益的心理以及惯常做法,往往驱使商人对交易本身是否成功的关注程度远远胜过对所订立仲裁协议是否符合法律规定的关注;况且,商人本身往往既不是律师,也不是法学专家,也就是说,商人往往既可能不熟知国内仲裁法对仲裁协议内容的具体要求,也不具备订立规范完善仲裁协议的特殊专业技能,加之商人们在选择交易伙伴,确定交易关系时还往往怀有不会发生争议的侥幸心理,致使内容存在瑕疵的仲裁协议经常而大量地存在。此时,对内容瑕疵仲裁协议效力的判断至关重要,因为对该内容瑕疵仲裁协议法律效力的判断一旦不当,则必然成为实现协议仲裁制度的障碍。

(一)内容瑕疵仲裁协议的类型

关于内容存在瑕疵的仲裁协议,仲裁实践中问题最为突出也极易形成歧义的是没有选定或者没有明确选定仲裁机构的仲裁协议的有效性问题。例如仅约定仲裁地点,而未约定仲裁机构的内容瑕疵仲裁协议的效力问题等。针对仲裁协议本身的效力这一争议不断的问题,在2005年最高人民法院《仲裁法解释》出台之前,最高人民法院频频进行解释,甚至呈现出略显混乱的状况。尽管有不少学者纷纷撰文[①]对关于仲裁机构的约定存在瑕疵的仲裁协议的效力问题发表各自的见解,但是,学者们所关注的焦点似乎总是对此类仲裁协议的效力如何加以认定的问题。即始终集中于具体操作层面的问题,而并未进行深层次的理论剖析,这不能不说是仲裁理论研究中的一件憾事。尽管最高人民法院司法解释对部分瑕疵仲裁协议的效力已经作出了相应的规定,但是,最高人民法院现有的司法解释还难以解决仲裁实践中所面临的各种复杂问题。因此,从理论上对瑕疵仲裁协议进行深入阐释仍然有其必要性。

1. 瑕疵仲裁协议类型的司法解释

关于瑕疵仲裁协议问题,我国仲裁法并未作出相应的规定,在仲裁实践中,双方当事人对瑕疵仲裁协议的效力发生争议而请求人民法院予以认定时,长期以来都是由最高人民法院对相关高级人民法院请示的案件以司法批复的形式予以答复,这就难免可能会出现较为混乱的状态。鉴于此,最高人民法院于2005年12月26日由审判委员会第1375次会议通过了《仲裁法解释》,该司法解释自2006年9月8日起开始施行。最高人民法院司法解释对瑕疵仲裁协议的类型及其效力作出了如下规定:

(1) 对仲裁机构名称表述有瑕疵的仲裁协议

即当事人在仲裁协议中对仲裁机构的名称约定不准确,在这种情况下,确定仲裁协议的效力应当着重考虑当事人的订约本意。如灌云县建银房地产开发公司、灌云县煤炭工业公司和美国西雅图凡亚投资公司三方合资成立连云港云卿房地产开发有限公司,在其中外合资经营合同中约定,对合同履行中所产生的一切争议,友好协商不成时,应提交中国国际贸易仲裁委员会仲裁。由于该合同中的仲裁条款将"中国国际经济贸易仲裁委员会"名称中的"经济"二字遗漏,当事人依据该仲裁协议申请中国国际经济贸易仲裁委员会仲裁,其他当事人对该仲裁协议的效力产生异议,中国国际经济贸易仲裁委员会为此提请最高人民法院认定,最高人民法院在(1998年4月2日法经[1998]159号)中答复说:"《中外合资经营连云港云卿房地产开发有限公司合同》系灌云县建银房地产开发公司、灌云县煤炭工业公司和美国西雅图凡亚投资公司三方所订立,该合营合同约定争议解决方式是提交仲裁,虽然当事人的仲裁条款中将你会名称漏掉"经济"二字,但不影响该仲裁条款的效力,因而上述三方凡因执行该合营合同所发生的或与该合营合同有关的一切争议,你会具有管辖权。"[②]在仲裁实践中,当事人在约定仲裁机构时,经常出现对仲裁机构名称约定不准确的现象,如果一味追求文字之一致,对此条款仅因其名称不够准确而认定无效,既违背当事人的意思自治,也有违立法之宗旨。对这类仲裁协议的效力问题,最高人民法院在《仲裁法解释》第3条明确规定,仲裁协议约定的仲裁机构名称不准确,但能够确定具体的仲裁机构的,应当认定选定了仲裁机构。

(2) 仅约定仲裁规则而未约定仲裁机构的瑕疵仲裁协议

在仲裁实践中,也有些当事人可能仅在仲裁协议中约定了仲裁所适用的规则,但未明确

[①] 如宋连斌:《仲裁协议的新发展:理论与实践》,载《仲裁与法律》2001年第6期;王生长:《仲裁协议极其效力确定》,载《仲裁与法律》2001年第5期;宋连斌:《国际商事仲裁管辖权研究》,法律出版社2000年版,上述学者均在其论文与著作中分析了仲裁机构未约定或者约定不明确仲裁协议效力的认定问题。

[②] 王长生:《仲裁协议及其效力确定》,载《仲裁与法律》2001年第5期。

约定仲裁机构,此时的瑕疵仲裁协议同样会引起是否有效的争议。例如 1996 年,就诺和诺德股份有限公司与海南际中医药科技开发公司经销协议纠纷一案,对双方在经销协议中所签订的仲裁协议:"因本协议产生或与本协议有关的一切争议应按照申请时有效的国际商会的规则(不包括调解程序)通过仲裁方式解决。仲裁应在伦敦以英语进行"的效力问题,最高人民法院在给海南省高级人民法院的答复函①中认为,当事人合同中的仲裁条款因无明确的仲裁机构而无法执行,海口市中级人民法院对此案有管辖权。即最高人民法院认定该仲裁协议因不符合我国仲裁法对选定仲裁委员会明确性的要求而认定仲裁协议无效。对这类仲裁协议的效力问题,最高人民法院在《仲裁法解释》第 4 条明确规定,仲裁协议仅约定纠纷适用的仲裁规则的,视为未约定仲裁机构,但当事人达成补充协议或者按照约定的仲裁规则能够确定仲裁机构的除外。

(3) 选择两个以上仲裁机构的浮动仲裁协议

在商事仲裁实践中,有时双方当事人在通过仲裁方式解决商事争议方面的意思表示是一致的,但是,在选择哪一个仲裁机构的问题上发生分歧。此时,为了不伤害双方当事人之间的关系,也为了能够实现通过仲裁方式解决争议的目的,双方当事人即在自愿协商一致的基础上达成选择两个以上仲裁机构的浮动仲裁协议(floating arbitration agreement)。例如,1996 年 12 月 12 日最高人民法院就齐鲁制药厂诉美国安泰国际贸易公司合资合同纠纷一案,在给山东省高级人民法院的关于同时选择两个仲裁机构的仲裁条款效力问题的函(法函[1996]176 号)中答复如下:本案当事人订立的合同中仲裁条款约定"合同争议应提交中国国际经济贸易促进委员会对外经济贸易仲裁委员会或瑞典斯德哥尔摩商会仲裁院仲裁",该仲裁条款对仲裁机构的约定是明确的,亦是可以执行的。当事人只要选择约定的仲裁机构之一即可进行仲裁。② 可见,最高人民法院认定该浮动仲裁协议是有效协议。其实,对于这类浮动仲裁协议,从表面来看,似乎当事人在仲裁协议中选择的仲裁机构处于不明确状态,只要当事人对此仲裁协议提出异议,仲裁机构便无法受理。但是,如果从契约自由以及探究当事人的内心真实意思表示的角度来审视该仲裁协议,实际上双方当事人的仲裁意思表示已非常明确。尽管该浮动仲裁协议不是一条好的,容易去行使的仲裁协议,但是,它非是违反公共政策,也被视为有效,可行的仲裁协议。③ 然而,最高人民法院在《仲裁法解释》第 5 条却又明确规定:"仲裁协议约定两个以上仲裁机构的,当事人可以协议选择其中的一个仲裁机构申请仲裁;当事人不能就仲裁机构选择达成一致的,仲裁协议无效。"也就是说,如果按照该条规定确定上述浮动仲裁协议的效力,则该浮动仲裁协议实际上是一个效力待定的仲裁协议,需要取决于当事人是否能就选择其中一个仲裁机构申请仲裁达成补充协议,如果当事人无法进一步达成选择其中一个仲裁机构申请仲裁的补充协议,则浮动仲裁协议即为无效。由此可见,最高人民法院对浮动仲裁协议的司法解释过于严苛,一定程度上制约了当事人通过仲裁方式解决商事争议意愿的实现。

(4) 约定地点有两个以上仲裁机构的瑕疵仲裁协议

为适应国际商事争议解决的需要,我国自 50 年代开始就设立了专门从事涉外经济贸易

---

① 参见最高人民法院 1996 年 12 月 20 日法经[1996]449 号函。
② 宋连斌、林一飞译:《国际商事仲裁资料精选》,知识产权出版社 2004 年版,第 472 页。
③ 杨良宜著:《国际商务仲裁》,中国政法大学出版社 1997 年版,第 110 页。

仲裁的机构,即中国国际经济贸易仲裁委员会,并根据需要于1989年、1990年和2009年分别在深圳、上海和重庆设立分会,该仲裁机构自1998年开始可以受理国内案件。但1995年仲裁法生效后,我国在许多城市又根据仲裁法规定的条件设立仲裁委员会,而这些仲裁委员会根据仲裁法的规定既可以受理国内案件,也可以受理涉外案件,这就使得北京、深圳、上海与重庆四个城市同时存在两个仲裁机构。

在仲裁实践中,有时存在当事人在仲裁协议中约定的仲裁地点有两个仲裁机构,而当事人在仲裁协议中表述仲裁机构的语意是模糊的情形,如"在本合同履行过程中发生的争议,双方协商解决不成,应提交上海的仲裁委员会进行仲裁。"这就必然产生该仲裁协议的效力确认问题。对此,最高人民法院在《仲裁法解释》第6条明确规定:"仲裁协议约定由某地的仲裁机构仲裁且该地仅有一个仲裁机构的,该仲裁机构视为约定的仲裁机构。该地有两个以上仲裁机构的,当事人可以协议选择其中的一个仲裁机构申请仲裁;当事人不能就仲裁机构选择达成一致的,仲裁协议无效。"

2. 仲裁实践中瑕疵仲裁协议的其他类型

虽然最高人民法院的司法解释对瑕疵仲裁协议的类型及其效力作出了相应的规定,但是,仲裁实践中仍然存在一些最高人民法院司法解释所没有规定的瑕疵仲裁协议的类型。主要有以下情形:

(1) 仅约定仲裁地点而未约仲裁机构的仲裁协议

在我国仲裁实践中,常常存在一种当事人仅约定仲裁地点而未约定仲裁机构的瑕疵仲裁协议,对此类瑕疵仲裁该协议效力的判断,就以往的实践来看,存在着矛盾性的处理。

新加坡某公司根据与中国某外轮代理公司于1996年3月27日签订的航次租船合同中的"在中国北京仲裁,适用中国法律"的仲裁条款,向中国海事仲裁委员会提起仲裁。被申请人中国某外轮代理公司以"仲裁条款仅约定了仲裁地点,没有约定仲裁委员会"为由,提出管辖权抗辩。中国海事仲裁委员会作出管辖权裁决认为:中国海事仲裁委员会是中国唯一的受理涉外海事租船合同争议的仲裁机构。《仲裁法》颁布后,在北京市新成立的北京仲裁委员会根据国务院办公厅1996年6月8日的通知可以受理涉外案件,而其在1996年6月8日前无权受理涉外案件。因此,双方在1996年3月27日订约当时绝对在北京仲裁,显然是指在北京的中国海事仲裁委员会仲裁,该仲裁条款是可以执行的。后被申请人向广州海事法院提起诉讼,请求广州海事法院就该条款的效力作出裁定。广州海事法院裁定认为:被申请人在中国海事仲裁委员会对仲裁条款效力作出认定后,又就同一条款的效力请求法院作出裁定缺乏法律依据,依法裁定驳回。[①] 可见,在该案件中,中国海事仲裁委员会并未直接否定"仅约定仲裁地点而未约定仲裁机构"瑕疵仲裁协议的效力,而是根据案件的具体情况,在推断出一个具体明确可执行的仲裁机构后,认定该瑕疵仲裁协议有效。然而,1997年最高人民法院对类似瑕疵仲裁协议效力的确定则与此不同。

1997年,就朱国环诉浙江省义乌市对外经济贸易公司国际货物买卖合同纠纷一案中"仅约定仲裁地点而未约定仲裁机构"仲裁条款效力的问题,最高人民法院给浙江省高级人民法院的答复函[②]中认为,本案合同仲裁条款中双方当事人仅约定仲裁地点,而对仲裁机构

[①] 王长生:《仲裁协议及其效力确定》,载《仲裁与法律》2001年第5期。
[②] 参见最高人民法院1997年3月19日法函[1997]36号。

没有约定。发生纠纷后双方当事人就仲裁机构达不成补充协议,应根据《中华人民共和国仲裁法》第 18 条之规定,认定本案所涉仲裁协议无效,浙江省金华市中级人民法院可以依法受理本案。由于我国现行《仲裁法》第 16 条将"选定的仲裁委员会"作为仲裁协议的法定内容加以规定,而且第 18 条同时规定,仲裁协议对仲裁委员会没有约定的,当事人可以达成补充协议;达不成补充协议的,仲裁协议无效。因此,对于上述案件中"仅约定仲裁地点而未约定仲裁机构"的瑕疵仲裁协议,最高人民法院将其认定为无效仲裁协议。

(2) 未明确约定仲裁机构名称的瑕疵仲裁协议

在仲裁实践中,有时当事人虽然在仲裁协议中约定了某一仲裁机构,但是,在仲裁协议中并未明确约定该仲裁机构的名称,此时也可能会引起该瑕疵仲裁协议效力的争议。

1996 年,关于厦门维哥木制品有限公司与台湾富源企业有限公司购销合同纠纷管辖权异议案中所涉及的仲裁协议:"解决合同纠纷的方式为双方进行友好协商解决或以国际商会仲裁为准",最高人民法院给福建省高级人民法院的答复函①中认为,按照国际商会仲裁规则第 8 条规定:"双方当事人约定提交国际商会仲裁时,在应视为事实上接受本规则。"国际商会仲裁院是执行国际商会仲裁规则的唯一仲裁机构,故双方当事人合同中的仲裁条款实际约定了由国际商会仲裁院依据国际商会仲裁规则对本案当事人之合同纠纷进行仲裁。该仲裁条款有效。可见,最高人民法院在该案的批复中,根据国际商会仲裁规则的规定,通过"国际商会仲裁"推导出"适用国际商会仲裁规则",进而根据"国际商会仲裁院是唯一的适用国际商会仲裁规则的机构"推导出当事人的真实意思表示就是由国际商会仲裁院按照国际商会仲裁规则进行仲裁。

(二) 内容瑕疵仲裁协议的补救

仲裁协议既是当事人提请仲裁解决争议这一愿望得以实现的载体,也是仲裁庭取得对争议事项管辖权的依据。在仲裁实践中,即便是当事人起草了最好的仲裁条款,但根据后来发生的事件也有可能被证明是有缺陷的。② 更何况在商事交易中当事人基于主客观原因而订立的仲裁协议往往是五花八门的,但是,即使最拙劣的仲裁协议也应当包括将争议事项提请仲裁解决的明确意思表示。由于仲裁协议本身存在内容瑕疵,不仅造成当事人提交仲裁解决争议的本意在实现过程中常常受阻,而且还经常使得当事人之间就瑕疵仲裁协议的效力问题产生歧义,从而影响当事人之间争议的尽快顺利解决以及良好与稳定的社会关系的建立。但是,大多数内容瑕疵仲裁协议毕竟不同于无效仲裁协议,只要其中的瑕疵内容不属于违反仲裁法的强制性规定而应被认定无效的特定情形,该内容瑕疵仲裁协议的效力就不应一概而论。毋庸置疑,在仲裁制度日益发达完善的现代法治国家,其发展的主要趋势均是从尽量实现当事人通过仲裁而不是通过诉讼解决争议的内心意愿以及充分发挥仲裁制度在商事争议解决中的作用的视角出发,积极地针对内容瑕疵仲裁协议予以补救,从而通过仲裁协议的完善以实现当事人的真实意愿。由此可见,内容瑕疵仲裁协议的补救有其一定的社会必然性。

仲裁协议本身就是基于双方当事人的合意而订立的将争议事项提请仲裁解决的书面意思表示,如果出现瑕疵仲裁协议,通常采取当事人自行补救的方式,即通过当事人双方协商

---

① 参见最高人民法院 1996 年 5 月 16 日法函[1996]78 号。
② [英]施米托夫著:《国际贸易法文选》,赵秀文译,中国大百科全书出版社 1993 年版,第 624 页。

第五章 仲裁协议

与完善,使其成为一个明确、完善的仲裁协议,从而使仲裁庭可以及时取得对该争议事项的管辖权,通过解决争议尽快实现当事人的愿望。对此,我国《仲裁法》第 18 条明确规定,仲裁协议对仲裁事项或者仲裁委员会没有约定或者约定不明确的,当事人可以补充协议;达不成补充协议的,仲裁协议无效。可见,我国《仲裁法》直接规定了当事人对内容瑕疵仲裁协议自行补救这一方式,当然,我国《仲裁法》对内容瑕疵仲裁协议在当事人达不成补充协议时即认定无效的过于严苛的态度值得商榷。事实上,虽然当事人对内容瑕疵仲裁协议享有自行补救的权利,但是,由于因仲裁协议的内容瑕疵而出现解释的歧义时,现实争议往往已经发生,此时,双方当事人基于现实利益的冲突不仅存在明显对立的情绪,而且在权利受到损害一方积极寻求救济途径之时,对方当事人则可能基于对自身利益的考虑而采取消极、不合作态度,甚至百般阻挠,致使当事人自行补救瑕疵仲裁协议这一直接而简单的方式无法运行。

我国《仲裁法》对瑕疵仲裁协议的补救仅仅规定了当事人自行协商的方式,事实上,在商事仲裁实践中,除当事人自行补救之外,也可以采取由仲裁机构或者法院予以补救的方式,即当事人对内容瑕疵仲裁协议的解释出现歧义而请求仲裁机构或者法院对仲裁协议的效力予以认定时,仲裁机构或者法院辅助当事人自行协商以完善仲裁协议或者直接根据仲裁法的规定对内容瑕疵仲裁协议予以补救的方式。事实上,仲裁机构或者法院,尤其是法院在认定内容瑕疵仲裁协议效力的时候,是否对内容瑕疵仲裁协议予以补救以及如何补救所采取的态度,不仅仅只是关系到当事人通过仲裁方式解决争议的愿望能否得到实现的问题,实质上还涉及一国对仲裁解决争议机制的价值判断问题。

商事仲裁中的首要原则是当事人意思自治原则,除非当事人同意将其争议提交仲裁而不是在法院诉讼,否则就不会有仲裁。① 仲裁协议是双方当事人保证将仲裁协议所约定的争议提交仲裁解决的协议,即使仲裁协议的内容存在瑕疵,无论是仲裁协议因选定仲裁委员会的语言模糊不明确而存在内容瑕疵,还是因仅选定仲裁地点而未选定仲裁委员会而存在内容瑕疵,只要该仲裁协议由具有民事行为能力的缔约主体所订立,并且就可仲裁事项订立的协议中包括提请仲裁的意思表示,从解释契约应探究当事人的真实意思这一原则出发,都应当解释为,就协议约定事项所发生争议的解决。当事人已经达成了通过仲裁方式,而不是诉讼方式予以解决的共同的自愿合意,因此,即使双方当事人就该内容瑕疵仲裁协议的效力提请法院认定,也应当认定为有效。正如塞尔泊恩大法官早在 1873 年的一个判例中所指出:如果当事人自己选择解决他们之间争议的场所,而不是诉诸一般的法院,则从国会法颁布以后,法院的首要责任就是准许当事人按他们之间的协议办理。② 此外,在商事仲裁的实践中,我们也完全可以找到以探究当事人真实意思表示为原则来解释内容瑕疵仲裁协议的例证。如瑞士苏黎世商会受理的一个买卖合同中,合同中的仲裁条款为:"因履行本合同或与本合同有关的一切争议,应通过友好协商解决。如果友好协商不能解决,争议应提交瑞士苏黎世的国际贸易仲裁组织仲裁,裁决是终局的并对双方有拘束力。仲裁费用由败诉方承担,或由该仲裁组织在裁决中另行确定。"为了论证苏黎世商会是当事人约定的仲裁机构,仲裁庭在初步裁决中对仲裁条款的真实含义作了精彩的推论:因为当事人明确选择仲裁(而不是到普通的州法院去诉讼);因为当事人明确同意在瑞士苏黎世解决其争端(而不是在其他国家或

---

① 〔英〕施米托夫著:《国际贸易法文选》,赵秀文选译,中国大百科全书出版社 1993 年版,第 611 页。
② 同上书,第 612 页。此处"国会法"指 1854 年《普通法诉讼程序法》。

者被申请人所在国解决这一争端);因为当事人明确将仲裁提交机构仲裁(而不是单纯的临时仲裁,不由任何仲裁组织管理);因为在苏黎世只有苏黎世商会是处理外国人之间或外国人与瑞士人之间的国际争议的国际性仲裁机构,所以条款中的"国际贸易仲裁组织"只能是广为人知的主要国际仲裁机构之一的苏黎世商会。综此,仲裁庭认为这一仲裁条款是有效的,而且所选定的仲裁组织就是苏黎世商会。① 苏黎世商会的做法应当说很值得我国参考与借鉴。事实上,在分析瑕疵仲裁协议类型时提到的,早在1996年,我国最高人民法院就未明确约定仲裁机构仲裁协议的效力问题,在给福建省高级人民法院的答复函中的解释已可以理解为以探究当事人的内在真实意思表示为原则进行的解释。实际上,采取这一原则对瑕疵仲裁协议予以解释,不仅考虑了当事人提请仲裁解决争议的共同意愿,而且也考虑了国家通过立法确立仲裁这一争议解决机制,从而建立多元化争议解决机制以适应市场经济对争议解决的客观社会需求。遗憾的是,由于我国无论从立法上,还是实践中并未确立这一原则,致使以后对同类问题的争议再度多次出现,并出现相对混乱的解释与处理状况。

综上,在法院支持仲裁,并在认定仲裁协议效力、弥补仲裁协议内容瑕疵方面发挥越来越大的能动性已成为国际商事仲裁领域发展潮流的今天,对仅仅在仲裁机构约定方面存在瑕疵仲裁协议效力问题的探讨,不应再仅仅停留于实践操作的层面进行个案分析,而应当透过个案现象去透视仲裁协议文字所蕴涵的深层次的当事人真实意愿。

四、示范仲裁条款

由于商事关系中的当事人不可能均同时是法律专家,因此,即使当事人努力想订立一份规范完善的仲裁协议,也经常可能因其法律知识的欠缺而使得订立的仲裁协议不规范或者有缺陷,甚至可能影响仲裁协议的效力。因此,许多常设仲裁机构为了方便当事人通过订立规范完善的仲裁协议选择本仲裁机构仲裁,并使当事人之间的争议顺利地通过仲裁方式得以解决,一般均制订了供当事人参照适用的示范仲裁条款。

(一)中国国际经济贸易仲裁委员会的示范仲裁条款

"凡因本合同引起的或与本合同有关的任何争议,均应提交中国国际经济贸易仲裁委员会,按照申请仲裁时该会现行有效的仲裁规则进行仲裁。仲裁裁决是终局的,对双方有约束力。"

除上述推荐的仲裁协议以外,中国当事人在对外经济贸易活动中常用的仲裁协议还有以下两种:

一是在被诉方国家仲裁的仲裁协议,即"凡因执行本合同所发生的或与本合同有关的一切争议,双方应通过友好协商解决,如果协商不能解决,应提交仲裁。仲裁在被诉一方国家进行。如在中国,则由中国国际经济贸易仲裁委员会根据该会现行的仲裁规则进行仲裁。如在……国,则由……机构按该机构仲裁规则进行仲裁。仲裁裁决是终局的,对双方都有约束力"。

二是在第三国仲裁的仲裁协议,即"凡因执行本合同所发生的或与本合同有关的一切争议,双方应通过友好协商解决;如果协商不能解决,应提交……国……地……仲裁机构,按照

---

① 宋连斌:《仲裁协议的新发展:理论与实践》,载《仲裁与法律》2001年第6期。

其仲裁规则进行仲裁。仲裁裁决是终局的,对双方均有约束力"。[1]

(二)香港国际仲裁中心的示范仲裁条款

主要有以下三种类型:

(1)"凡因本合同而引起,或与本合同有关的任何争议、争执或索偿,或因违反、终止合同或合同变更或者合同无效而引起的任何争议、争执或索偿,都将根据现行有效的联合国国际贸易法委员会仲裁规则,通过仲裁予以解决。但该规则可任意根据本条款下文来修改:

香港国际仲裁中心为委任仲裁员的机构。

仲裁地在香港的香港国际仲裁中心。

将委任_____名仲裁员。

如果仲裁程序所使用的语文可能引起问题,适宜在合同中加入仲裁程序所使用的语文_____。"

(2)"本合同将受香港法律规管,并根据香港法律予以诠释。与本合同有关的任何争议,将根据《仲裁条例》(第341章)或任何与其有关的法定修订或修改,在香港仲裁。"

(3)"根据香港法律在香港进行仲裁。"

(三)伦敦国际仲裁院的示范仲裁条款

"本合同发生的或与本合同有关的任何争议,包括合同的成立、有效性或终止等任何问题均根据《伦敦国际仲裁院规则》提交仲裁并作出最后解决,该规则应视为已通过关联并入了本条款。"

(四)瑞典斯德哥尔摩商会仲裁院的示范仲裁条款

"任何与本协议有关的争议,均应根据《斯德哥尔摩商会仲裁规则》通过仲裁最终解决。"该仲裁院建议当事人根据其需要对本条款作如下方面的补充:

(1)"仲裁庭应由_____名仲裁员(或独任仲裁员)组成。"

(2)"协议规定的事项受_____(国家或者地区)的法律支配。"

(3)"仲裁程序中应使用_____(语言)。"

(五)美国仲裁协会的示范仲裁条款

"因本合同发生的或与本合同有关的或者违反本合同而发生的任何争议或请求,均依照美国仲裁协会的规则采取仲裁方式解决,仲裁员作出的裁决可以送请任何有管辖权的法院裁判。"

(六)国际商会仲裁院的示范仲裁条款

"有关本合同所发生的一切争议,应根据国际商会的仲裁规则由1名或若干名仲裁员仲裁解决。"

(七)解决投资争端国际中心的示范仲裁条款

"当事人特此同意,将本协议有关的或因本协议发生的任何争议提交解决投资争端国际中心按《解决国家与他国国民间投资争议的公约》以仲裁解决。"

(八)联合国国际贸易法委员会的示范仲裁条款

"因本合同发生的或与本合同有关的任何争议、争端或请求,或有关本合同的违约、终止、无效,应按现行有效的联合国国际贸易法委员会仲裁规则予以解决。"

---

[1] 黄进、宋连斌、徐前权:《仲裁法学》,中国政法大学出版社2002年版,第88页。

双方当事人得要求加入以下内容：(1) 委任机构应为_____（机构或个人的名称或姓名）；(2) 仲裁员人数应为_____（1 人或 3 人）；(3) 仲裁地点应为_____（城镇或国家）；(4) 仲裁程序中所使用的一种或多种语言应为_____。

第四节 仲裁协议的效力

一、仲裁协议效力的认定

（一）认定仲裁协议效力的依据——仲裁协议的有效要件

仲裁协议有效成立后，才能产生其应有的法律效力。有效仲裁协议不仅是当事人提请仲裁解决争议的真实意思表示的反映，而且也是仲裁机构受理争议案件以及仲裁庭进行仲裁审理并作出仲裁裁决的依据。一项仲裁协议只有具备其有效要件，才能被认定为有效。根据仲裁理论，一项有效仲裁协议，通常应当具备以下要件：

1. 当事人具有订立仲裁协议的民事行为能力

双方当事人具有民事行为能力是保证其签订的仲裁协议合法有效的前提。根据仲裁的相关立法以及实践，仲裁协议的双方当事人在订立仲裁协议时必须具有民事行为能力，否则其订立的仲裁协议无效。

对于自然人订立仲裁协议的民事行为能力，各国仲裁立法和有关的国际条约以及《联合国国际商事仲裁示范法》等都有非常严格的规定，即欠缺民事行为能力的自然人订立的仲裁协议无效。我国《仲裁法》第17条也明确作出了规定，即无民事行为能力人或者限制民事行为能力人订立的仲裁协议无效。之所以作出如此严格的规定，一方面有利于维护无民事行为能力人或者限制民事行为能力人的合法权益，另一方面也有利于防止当事人滥用申请仲裁的权利。

对于法人订立仲裁协议的民事行为能力须区别对待。由于法人通常可以分为私法人和公法人两种基本类型，对于私法人订立仲裁协议的民事行为能力已得到各国立法所确认。而对于公法人订立仲裁协议的民事行为能力，则做法不一，大体有三种模式：(1) 经国家立法授权或经主管机关批准，公法人可以订立商事仲裁协议，但对于商事仲裁协议订立设立了限制条件。如比利时、英国、美国、日本、德国、意大利等国。(2) 禁止公法人订立仲裁协议。如利比亚、印度尼西亚、伊朗等国家。(3) 原则上不允许公法人通过仲裁协议将其争议提交仲裁解决，但允许将国际商事关系领域的争议提交仲裁。如法国不允许将国家合同争议提交仲裁解决，而应由法院解决，但1986年颁布的一项法令中规定，允许国家和公共实体将国际商事关系中产生的争议提交仲裁。在国际公约中，1961年《关于国际商事仲裁的欧洲公约》和1965年《解决国家与他国国民内间投资争议的公约》允许公法人签订仲裁协议。[①]

2. 当事人之间有提交仲裁的真实一致的意思表示

仲裁作为一种争议解决方式，其主要特征在于反映了当事人的意思自愿，即当事人之间将其有关争议提交仲裁解决，必须有明确的请求仲裁解决的意思表示。此外，当事人之间请求仲裁的意思表示必须真实并且一致，即双方当事人都同意将所约定的争议提交仲裁解决，

[①] 参见谢石松主编：《商事仲裁法学》，高等教育出版社2003年版，第137页。

而不是一方当事人的意思,任何一方当事人利用自己的经济、社会优势地位迫使对方当事人违背自己的真实意愿所订立的仲裁协议,都会因违背仲裁中的自愿原则而无效。

3. 仲裁协议约定的争议事项具有可仲裁性

当事人通过仲裁协议约定提交仲裁的争议事项具有可仲裁性是仲裁协议有效的一项重要条件。所谓争议事项具有可仲裁性,即当事人通过仲裁协议约定提交仲裁解决的争议事项是法律允许采取仲裁方式予以解决的事项。

仲裁机构的民间性决定了并不是所有的争议事项均可以提交仲裁机构以仲裁方式予以解决,各国基于其本国社会公共利益、社会习俗和法律政策的需要,在其仲裁立法中,都不允许当事人将所有争议事项提交具有一裁终局效力的仲裁机构以仲裁方式予以解决,而明确规定有些争议事项是可以仲裁的或者是不可仲裁的。争议事项可仲裁性问题是各国仲裁制度中极其重要的问题,尽管如此,在对仲裁制度采取成文立法的国家对争议事项可仲裁性的规定,不仅内容有所差异,而且在立法体例上也各不相同。主要有以下几种:(1)概括式立法体例。所谓概括式立法体例,即仲裁规范不直接规定可仲裁的具体事项或不可仲裁的具体事项,只是对仲裁事项作出抽象的、一般概括性的规定。一般而言,这种概括式立法体例,由于其采用抽象的,而不是具体的语言对其仲裁事项作出规定,往往可以作出比较宽泛的解释,因而其仲裁所适用的范围较广,有利于仲裁的发展。采用概括式立法体例的仲裁规范,根据其具体规定又可分为肯定性概括方式和否定性概括方式。前者如《韩国仲裁法》(1999年12月31日经第6083号法令修改)第1条和第2条的规定。① 后者如阿根廷《国家民商事诉讼法典》(1967年9月19日法律第17454号)第737条的规定。但其第736条同时对可仲裁事项作了概括式规定。② (2)列举式立法体例。所谓列举式立法体例,是指仲裁规范采用具体罗列的方法规定可仲裁事项或不可仲裁事项。相对于概括式立法体例而言,这种立法体例具有两大特点:第一,该立法体例对可仲裁事项或不可仲裁事项的规定非常明确、具体,无须援引其他规范即可判断对某项争议是否可以提请仲裁解决。第二,该立法体例之下,由于仲裁规范明确列举了可仲裁的事项或不可仲裁的事项,因而,仲裁的适用范围往往较窄。这既不利于仲裁事业的发展,也不利于当事人意思自治原则的实现。采用列举式立法体例的仲裁规范,根据其是以肯定的方式规定可仲裁事项还是以否定的方式规定不可仲裁的事项,可以分为肯定性列举式与否定性列举式。前者如《不列颠哥伦比亚1986年国际商事仲

---

① 《韩国仲裁法》第1条:"本法旨在确保以仲裁方式适当、公平并迅捷地解决私法争议。"第2条:"如其他法律规定某些争议不得提交仲裁或仅可依据本法规定以外之其他规定提交仲裁,则本法不影响该法律之规定;本法亦不得影响对韩国生效之条约之适用"。宋连斌、林一飞译编:《国际商事仲裁资料精选》,知识产权出版社2004年版,第421页。

② 《阿根廷国家民商事诉讼法典(节选)》第737条:"法律不准许和解与调解解决的争端,不能提交仲裁,否则仲裁无效。"第736条:"除第737条所规定的争端外,任何争端均可在法院对该争端的诉讼程序开始之前或之后,不问在诉讼的任何阶段,提交仲裁员去作出决定。"程德钧、王长生主编:《涉外仲裁与法律》(第二辑),中国统计出版社1994年版,第299页。

裁法案》第 1 条①；后者如《秘鲁民法》(1984 年 7 月 24 日)第 1913 条。② (3) 结合式立法体例。所谓结合式立法体例，是指仲裁规范在对仲裁事项作出规定时将概括式立法体例与列举式立法体例合二为一，既采用抽象的语言作出概括性规定，同时又具体列举可仲裁事项或不可仲裁事项。相对于前两种立法体例而言，结合式立法体例既可以避免概括式立法体例因用语抽象而导致对某一事项是否可以提交仲裁而产生争议的现象，也可以避免列举立法体例因其规定过于具体而导致仲裁适用范围过窄的弊端。采取结合式立法体例的仲裁规范，根据其具体情况又可分为以下不同的情况：第一，肯定性概括为主、否定性列举为辅的方式。例如，《德国民事诉讼法典（第十编）》(1998 年 1 月 1 日生效)第 1030 条(可仲裁性)(1) 就可仲裁性事项作出概括性规定，同时，该条(2)与(3)又对不可仲裁事项作出列举式规定。③ 第二，肯定性与否定性概括为主、肯定性列举为辅的方式。例如《荷兰民事诉讼法典》(1986 年 12 月 1 日生效)第四编关于仲裁的规定。该法第 1020 条第 1 款首先规定了可仲裁事项的判断标准，第 3 款又规定了不可仲裁事项的判断标准，同时该法第 1020 条第 4 款又具体列举了其他可仲裁的事项。④ 第三，肯定性与否定性概括为主，否定性列举为辅的方式。例如，《印度尼西亚民事诉讼法》第 615 条第 1 款规定了可仲裁事项的判断标准，第 2 款又规定了不可仲裁事项的判断标准，同时该法第 616 条又具体列举了不可仲裁的事项。⑤

我国《仲裁法》关于争议事项可仲裁性的规定就采取了肯定性概括与否定性列举相结合的立法方式，我国《仲裁法》第 2 条作出了肯定性概括的规定，即"平等主体的公民、法人和其他组织之间发生的合同纠纷和其他财产权益纠纷，可以仲裁。"而《仲裁法》第 3 条则通过否定列举的方式对不得申请仲裁的争议事项也作出了明确的规定，即"下列纠纷不能仲裁：第一，婚姻、收养、监护、抚养、继承纠纷。第二，依法应当由行政机关处理的行政争议。"

如果双方当事人在仲裁协议中约定的仲裁事项超出了法律规定的仲裁范围，不仅仲裁机构不能受理依据该仲裁协议提起的仲裁申请，而且即使仲裁机构受理了该争议案件，仲裁庭经过审理并作出了仲裁裁决，该仲裁裁决也会因其解决的争议事项不具有可仲裁性而经过当事人申请后，由人民法院依法裁定撤销或者裁定不予执行。因此，当事人订立仲裁协议时，须依据仲裁法的规定对约定争议事项是否具有可仲裁性进行审查，以保证所订立的仲裁协议合法有效。

---

① 《不列颠哥伦比亚 1986 年国际商事仲裁法案》就采取此种立法体例，该法第 1 条列举了 6 项可作为商事仲裁对象的法律关系，即"(a) 供应或交换货物或服务的贸易交易；(b) 销售协议；(c) 商事代理；(d) 开发协议或租让；(e) 合营企业或其他工业或商业合作的有关形式；(f) 通过航空、海上、铁路或公路运载货物或旅客；(g) 工程建筑；(h) 保险；(i) 许可；(j) 代理经营；(k) 出租；(l) 咨询；(m) 工程；(n) 融资；(o) 银行；(p) 投资。"

② 《秘鲁民法》(1984 年 7 月 24 日)第 1913 条规定："下列事项不能成为仲裁协议的标的：1. 涉及个人法律能力和地位的争端。2. 涉及国家和其财产的争端，但这种财产属于公法中的企业，私法中的国有公司和其合同必须经最高决议案通过的混合公司时除外。在完成公法中的企业，私法中的国有公司或混合公司的宗旨而签订的合同之履行过程中发生的争议可以成为仲裁协议的标的，但应正式通过共和国审计长。3. 涉及道德情感和可接受的标准的争端。"参见《秘鲁民法(节选)》第 1913 条，载程德钧、王长生主编：《涉外仲裁与法律》（第二辑），中国统计出版社 1994 年版，第 309 页。

③ 参见《德国民事诉讼法典》第 1030 条，载宋连斌、林一飞译编：《国际商事仲裁资料精选》，知识产权出版社 2004 年版，第 392 页。

④ 参见《荷兰民事诉讼法典》第 1020 条，载程德钧、王长生主编：《涉外仲裁与法律》（第二辑），中国统计出版社 1994 年版，第 51 页。

⑤ 参见《印度尼西亚民事诉讼法(节选)》第 615 条与第 616 条，载程德钧、王长生主编：《涉外仲裁与法律》（第二辑），中国统计出版社 1994 年版，第 142 页。

4. 仲裁协议的内容与形式须合法

仲裁协议必须具备法定内容,并采取法定形式才能产生相应的法律效力。关于仲裁协议的内容与形式问题,前面已有详细的分析,在此不加以赘述。

(二) 仲裁协议效力的认定机构

仲裁协议有效成立后,才可能产生相应的法律效力。但有时,仲裁协议订立后,双方当事人有可能对该仲裁协议是否有效产生争议,这就产生了仲裁协议效力的认定问题。关于仲裁协议效力的认定,除了涉及认定仲裁协议效力的法律适用问题之外,最重要的问题就是仲裁协议效力的认定机构问题。

1. 法院

法院对仲裁协议效力的认定享有管辖权,已得到各国仲裁立法和司法实践的普遍认可。也就是说,如果当事人对已订立的仲裁协议的效力产生异议,一方当事人就此异议向法院请求认定仲裁协议的效力,法院有权认定仲裁协议的效力。如果法院认定仲裁协议无效,仲裁机构应当根据法院的认定终止仲裁程序;反之,法院则应依一方当事人的请求,令当事人将案件提交仲裁。如1958年《承认及执行外国仲裁裁决公约》第2条第3款规定,当事人就诉讼事项订有本条所称之协定者,缔约国法院受理诉讼时应依当事人一造之请求,命当事人提交仲裁,但前述协定经法院认定无效、失效或不能实行者不在此限。

我国《仲裁法》第20条规定,当事人对仲裁协议的效力有异议的,可以请求仲裁委员会作出决定或者请求人民法院作出裁定。一方请求仲裁委员会作出决定,另一方请求人民法院作出裁定的,由人民法院裁定。可见,我国《仲裁法》对此采取了人民法院享有优先决定权的立法体例。至于当事人可以向哪一个人民法院请求认定仲裁协议的效力,最高人民法院在《仲裁法解释》第12条明确规定:当事人向人民法院申请确认仲裁协议效力的案件,由仲裁协议约定的仲裁机构所在地的中级人民法院管辖;仲裁协议约定的仲裁机构不明确的,由仲裁协议签订地或者被申请人住所地的中级人民法院管辖。申请确认涉外仲裁协议效力的案件,由仲裁协议约定的仲裁机构所在地、仲裁协议签订地、申请人或者被申请人住所地的中级人民法院管辖。涉及海事海商纠纷仲裁协议效力的案件,由仲裁协议约定的仲裁机构所在地、仲裁协议签订地、申请人或者被申请人住所地的海事法院管辖;上述地点没有海事法院的,由就近的海事法院管辖。

当事人对仲裁协议提出异议应遵守法定期间,即《仲裁法》第20条第2款明确规定,当事人对仲裁协议效力有异议,应当在仲裁庭首次开庭前提出。对此,《仲裁法解释》第13条又作出了进一步的规定,即依照《仲裁法》第20条第2款的规定,当事人在仲裁庭首次开庭前没有对仲裁协议的效力提出异议,而后向人民法院申请确认仲裁协议无效的,人民法院不予受理。仲裁机构对仲裁协议的效力作出决定后,当事人向人民法院申请确认仲裁协议效力或者申请撤销仲裁机构的决定的,人民法院不予受理。人民法院审理仲裁协议效力确认案件,应当组成合议庭进行审查,并询问当事人。

2. 仲裁庭或者仲裁员

随着国际经济的迅速发展,为保证争议尽快地通过当事人所选择的仲裁方式得以解决,与"自裁管辖"学说的出现相适应,仲裁协议效力的认定机构也发生了相应的变化。"自裁管辖"学说认为仲裁庭或者仲裁员总是自己的管辖权的裁量者,有权就自己的管辖权作出决定。仲裁员或仲裁庭不能因他的管辖权受到异议就停止仲裁程序的进行,而应继续仲裁程序并决定他有无管辖权。① 自裁管辖学说来源于当事人的意思自治原则,按照该原则,当事人通过协议的方式约定将争议交由仲裁解决时,就意味着将协议项下的一切争议,包括对该协议效力的异议,交由仲裁解决。② 可见,根据自裁管辖学说,当事人对仲裁协议效力产生异议时,有权将该争议提交仲裁庭或者仲裁员予以认定。对此,《国际商事仲裁示范法》第16条第1款规定:"仲裁庭可以对它自己的管辖权包括对仲裁协议的存在或效力的任何异议,作出裁定。为此目的,构成合同的一部分的仲裁条款应视为独立于其他合同条款以外的一项协议。仲裁庭作出关于合同无效的决定,不应在法律上导致仲裁条款的无效。"相关国家的国内立法也确立了仲裁庭或者仲裁员有权认定仲裁协议的效力,如英国1996年《仲裁法》规定,除当事人另有约定外,仲裁庭可以裁定其实体管辖权,包括是否存在有效的仲裁协议。1998年德国《民事诉讼法典》也规定,仲裁庭可以决定自己的管辖权并同时对仲裁协议的存在或效力作出决定。此外,有些仲裁机构的仲裁规则也赋予仲裁庭对仲裁协议效力的认定权,如1998年英国《伦敦国际仲裁院仲裁规则》规定,仲裁庭有权决定其管辖权,包括对仲裁协议是否自始存在、有效性或效力的异议作出决定。《国际商会仲裁规则》第8条关于仲裁协议的效力的第4款也规定:"如无另外规定,仲裁员不因有人主张合同无效或不存在而丧失管辖权,如果仲裁员认定仲裁协议是有效的,即使合同本身可能不存在或无效,仲裁员仍应继续行使其管辖权以确定当事人各自的权利,并对他们的请求和抗辩作出决定"。《国际商事仲裁示范法》第16条第1款规定:"仲裁庭可以对它自己的管辖权包括对仲裁协议的存在或效力的任何异议,作出裁定。为此目的,构成合同的一部分的仲裁条款应视为独立于其他合同条款以外的一项协议。仲裁庭作出关于合同无效的决定,不应在法律上导致仲裁条款的无效。"该示范法的上述表述极大地丰富了自裁管辖学说的内容,成为自裁管辖学说最具代表性的、最经典的表述,已经被以后许多国际、国内仲裁立法以及主要的国际仲裁机构所借鉴或采纳,使其成为现代国际商事仲裁法的一个重要发展。③ 因此,为了实现商事仲裁的高效率,在认定仲裁协议效力,即处理管辖权异议方面,直接赋予仲裁庭以审查决定权,可以有效地防止被诉方利用法院决定仲裁庭是否具有管辖权的先决权,阻挠或拖延仲裁的进行。遗憾的是,我国《仲裁法》仅仅赋予人民法院和仲裁机构有权决定仲裁协议的效力,而未赋予仲裁庭相应的权利。由于仲裁协议有效与否直接关系到仲裁庭对该争议案件的仲裁权,仲裁协议有效,仲裁庭即对争议案件享有仲裁权;反之,仲裁庭则无仲裁权。

3. 仲裁机构

我国《仲裁法》第20条规定,当事人对仲裁协议效力有异议的,可以请求仲裁委员会作出决定。可见,我国《仲裁法》规定对仲裁协议效力的认定不是由仲裁庭或者仲裁员决定,而是由仲裁机构决定,这种做法在现代仲裁中是极为少见的。由于仲裁机构并不直接审理当事人提请仲裁的争议案件,由仲裁机构而不是仲裁庭认定仲裁协议的效力,一方面,事实上剥夺了仲裁庭对自身管辖权的决定权;另一方面,使仲裁庭所享有的对当事人提请仲裁解决争议的仲裁权的行使依附于仲裁委员会,难免会使仲裁的独立性与公正性受到怀疑。此外,如果在仲裁庭组成后,因当事人对仲裁协议的效力提出异议而由仲裁机构决定仲裁庭的管

---

① 赵威主编:《国际商事仲裁法理论与实务》,中国政法大学出版社1995年版,第132页。
② 赵秀文:《国际商事仲裁及其适用法律研究》,北京大学出版社2002年版,第41页。
③ 宁敏、宋连斌:《评国际商事仲裁中的管辖权原则》,载《法学评论》2000年第2期。

辖权,从而中断仲裁程序,不利于仲裁程序的连续而有效地进行。因此,仲裁委员会决定仲裁协议效力的问题受到仲裁法学理论界的许多质疑。不过,关于仲裁机构决定仲裁协议效力的问题,在国际商事仲裁规则方面也有类似的规定,如1998年《国际商会仲裁规则》规定,被申请人对仲裁协议的存在、效力或范围提出异议,仲裁院如依表面证据即认定可能存在按照国际商会仲裁规则进行仲裁的协议,可决定仲裁程序继续进行,如果仲裁院认为相反,在通知当事人仲裁程序不能进行。

（三）仲裁协议效力认定的法律适用

仲裁协议的有效性不仅决定着以此为基础而进行的仲裁程序的合法性,而且还直接决定着以该仲裁协议为基础对当事人仲裁请求所作出的仲裁裁决能否得到执行的问题;但是,由于各国仲裁法对仲裁协议有效要件规定之不同,就可能导致适用不同的法律认定仲裁协议的效力即可得出不同的结论,这便构成了各国在确定仲裁协议效力时的法律冲突。可见,如何确定认定仲裁协议效力时所适用的法律至关重要。

由于仲裁协议的有效性通常涉及当事人的缔约能力、仲裁协议的形式、内容等很多方面,因此,在确定仲裁协议效力认定时的法律适用时必然涉及是将仲裁协议作为一个整体来确定对其适用的法律,还是将仲裁协议分解成若干不同方面分别确定对其适用的法律。对此形成了"统一论"与"分割论"两种方法论。所谓"统一论"即将一项商事仲裁协议看作一个整体,将其所涉及的所有问题都统一地由一种法律来支配。所谓"分割论"则主张对商事仲裁协议涉及的所有要素进行分割,使商事仲裁协议的不同方面分别受不同的法律支配。[①] 我们这里所要探讨的是当事人对仲裁协议本身的效力产生异议时,如何确定认定仲裁协议本身是否有效所适用的法律问题。

从仲裁实践以及有关仲裁的立法来看,认定仲裁协议效力时通常适用以下几种法律:

1. 当事人协议选择的法律

仲裁的本质是建立于当事人意思自治基础上的争议解决制度,有关国家的国内立法和国际立法既然已经承认仲裁制度的合法性,并以反映当事人意思自治的仲裁协议作为仲裁庭行使仲裁管辖权的依据,那么尊重当事人的意愿理应成为确定仲裁协议效力所适用法律的首要标准。因为仲裁协议归根结底是一种以约定争议解决方式为内容的合同,因此,当事人自由地选择适用于合同的法律这一基本原则同样也适用于仲裁协议,这已成为当今世界各国的通行做法并已得到许多国际公约的普遍接受,除非当事人所选择适用于仲裁协议的法律与公共秩序相抵触。

2. 仲裁地国法或裁决作出地国法

在当事人对仲裁协议所适用的法律没有明确作出约定时,国际上的通行做法是根据仲裁地国法或者裁决作出地国法来认定仲裁协议的效力。如1999年《瑞典仲裁法》第48条规定:如仲裁协议具有国际性因素,将受制于双方当事人约定的法律。如双方当事人未能就此达成一致,仲裁协议将受当事人约定的正在进行程序或将要进行程序的国家的法律约束。前款规定不适用于解决有关一方当事人是否得到签订仲裁协议的授权或者是否被有效代理的问题。而该法第47条同时规定:如仲裁协议规定仲裁程序在瑞典进行,或仲裁员或仲裁机构根据该协议决定仲裁程序应在瑞典进行,或对方当事人以其他方式也同意如此,则根据

---

① 参见谢石松主编:《商事仲裁法学》,高等教育出版社2003年版,第160—161页。

本法进行的仲裁程序可在瑞典开始。如一方当事人住所地在瑞典或争议事项因其他原因受瑞典法院管辖,根据本法进行的仲裁程序也可以在瑞典开始,除非仲裁协议规定程序应在国外进行。在其他情况下,根据本法进行的仲裁程序不得在瑞典进行。[①] 由此可见,如果当事人对仲裁协议所适用的法律未作出明确约定时,只要仲裁地在瑞典,即可适用瑞典的法律进行仲裁,而且仲裁协议也将受瑞典法律的约束。换言之,即使仲裁协议中未规定这一点,但根据协议以外的情况,可判断当事人的意图是把某国当作进行仲裁的仲裁地时,该仲裁地的法律可能是具有决定意义的。国际商会仲裁院在1988年第5832号案件的裁决中也采用了该种方法确定仲裁协议的效力。作为申请人的一家奥地利公司与一家列之敦士登公司就仲裁条款的效力发生争议,双方没有选择仲裁协议准据法,但选择了仲裁地——瑞士苏黎世,仲裁庭考察了《承认及执行外国仲裁裁决公约》、《关于国际商事仲裁欧洲公约》及瑞士国际私法的有关规定,排除主合同准据法,决定适用仲裁地法。[②] 此外,英国、德国、日本、瑞士等国也出现类似的情况。

3. 密切联系地的法律

依当事人选择的法律以及依仲裁地国法或裁决作出地国法来认定仲裁协议的效力只是仲裁实践中的通行做法,它必须以当事人对仲裁协议所适用的法律有所选择或根据仲裁协议能确定仲裁进行地为前提,但是仲裁实践非常复杂,如何确定仲裁协议所应适用的法律也是非常复杂的。有时,当事人未明确选择仲裁协议所应适用的法律,且根据仲裁协议也无法确定仲裁地或裁决作出地,此时如何确定认定仲裁协议本身有效与否的法律就面临困难,按照国际社会通行的做法,从最密切联系原则考虑,应依受理争议的法院国的冲突规则加以确定。还有的时候,法律规定几种标准,只要仲裁协议符合其中之一,即可采取倾向使之有效的原则认定该仲裁协议为有效。

关于认定仲裁协议效力的法律适用问题,我国最高人民法院《仲裁法解释》第16条也作出了明确的规定,即对涉外仲裁协议的效力审查,适用当事人约定的法律;当事人没有约定适用的法律但约定了仲裁地点的,适用仲裁地法律;没有约定适用的法律也没有约定仲裁地或者仲裁地约定不明的,适用法院地法律。

二、仲裁协议效力的体现

所谓仲裁协议的效力,即有效成立的仲裁协议对双方当事人、仲裁机构以及法院所应当具有的相应约束力。仲裁协议作为一种特殊的以争议解决方式为其内容的契约,不同于一般契约的其中一个重要方面就是仲裁协议具有效力的广延性,即仲裁协议不仅对订立仲裁协议的各方当事人有约束力,而且对仲裁机构与法院也有相应的约束力。

(一)对当事人的效力

仲裁协议既然是各方当事人自愿达成的将已经发生或者将来可能发生的争议提交仲裁解决的一种共同意思表示,仲裁协议有效成立后,自然首先对仲裁协议的当事人产生应有的法律效力。而争议事项能否通过仲裁程序得以顺利解决,以实现当事人订立仲裁协议的目

[①] 参见1999年《瑞典仲裁法》第47条与第48条,载宋连斌、林一飞译编:《国际商事仲裁资料精选》,知识产权出版社2004年版,第418页。

[②] See Collection of ICC Arbitral Awards(1986—1990), ICC Publication No. 514, p. 534.

的,在很大程度上取决于仲裁程序进行是否顺利,因此,当事人是否依仲裁协议进行仲裁程序至关重要。

仲裁协议是当事人提请仲裁的依据,欠缺有效仲裁协议即不能提请仲裁解决其争议。同时,仲裁协议有效成立后,就仲裁协议约定事项所发生的争议,当事人应当依据仲裁协议向仲裁机构申请仲裁,如果任何一方当事人违背其对仲裁协议所承担的就约定争议事项提请仲裁,不应向法院起诉的义务,而擅自向法院起诉,对方当事人有权以存在有效仲裁协议为由对法院的管辖权提出抗辩。这样就从法律上保证了当事人之间的特定争议事项在协商不成时只能通过仲裁方式解决,使得当事人不愿诉诸法院解决争议的本来愿望得以实现。可见,当事人依仲裁协议提起仲裁是仲裁程序进行的基础。对此,我国《仲裁法》第26条作出了明确的规定,即当事人达成仲裁协议,一方向人民法院起诉未声明有仲裁协议,人民法院受理后,另一方在首次开庭前提交仲裁协议的,人民法院应当驳回起诉,但仲裁协议无效的除外;另一方在首次开庭前未对人民法院受理该案提出异议的,视为放弃仲裁协议,人民法院应当继续审理。

(二)对法院的效力

仲裁协议有效成立后,在对当事人产生妨碍起诉权行使效力的同时,相对于法院而言,就产生了以当事人的自由意志排除法院司法管辖权的效力,即法院应当尊重当事人之间的仲裁协议约定,不得受理当事人之间有仲裁协议的争议案件,除非该仲裁协议无效。这种效力不仅能够排除法院的一般司法管辖权,而且还能够排除法院的专属管辖权。仲裁协议所具有的这种效力通常被称为妨诉抗辩效力。

仲裁协议之妨诉抗辩,是指一方当事人违反有效成立的仲裁协议而就双方当事人约定应提交仲裁解决的争议事项向法院起诉时,他方当事人可提出仲裁协议之抗辩,请求法院驳回原告之诉或中止、停止该诉讼程序。也就是说,如果一方当事人将仲裁协议约定事项产生的争议向法院提起诉讼,法院因其无管辖权而应当要求当事人将该争议提交仲裁机构仲裁解决。如果法院已经受理了当事人所提起的诉讼,另一方当事人有权以存在仲裁协议、法院对该争议无管辖权为由请求法院中止有关的诉讼程序,驳回当事人的起诉。当然,有一种例外情况,即法院在不知当事人有仲裁协议的情况下,基于一方当事人的起诉行为受理案件后,被告当事人不仅不对法院的管辖权提出异议,反而应诉答辩,此时原告的起诉行为与被告的答辩行为,视作双方当事人放弃仲裁协议,而接受法院对该争议案件的司法管辖权。①

仲裁协议具有妨诉抗辩的法律效力这一点虽已得到各国立法以及国际立法之认可,但由于各国对此的规定不同,因而各国对仲裁协议之妨诉抗辩法律效力的认识也有所不同,这不仅反映各国理论研究的状态,而且直接反映各国立法对当事人在争议解决机制方面的自主选择权以及司法对仲裁支持与否的态度。

我国目前《仲裁法》关于仲裁协议对法院的效力也作出了相应的规定,但是,仔细推敲相关规定,不难发现其中似乎存在矛盾之处。有些条文规定仲裁协议具有"禁诉"之作用,如我国《仲裁法》第5条明确规定:"当事人达成仲裁协议,一方向人民法院起诉的,人民法院不予

---

① 《仲裁法》第26条规定:当事人达成仲裁协议,一方向人民法院起诉未声明有仲裁协议,人民法院受理后,另一方在首次开庭前提交仲裁协议的,人民法院应当驳回起诉,但仲裁协议无效的除外;另一方在首次开庭前未对人民法院受理该案提出异议的,视为放弃仲裁协议,人民法院应当继续审理。

受理。"也就是说,只要双方当事人订有仲裁协议,除非该仲裁协议无效、失效或无法执行,否则就仲裁协议所约定事项发生争议后,当事人只能提请仲裁机构以仲裁方式解决,人民法院不得受理此案。然而,有些条文又规定仲裁协议具有"妨诉"的作用,如我国《仲裁法》第 26 条规定:"当事人达成仲裁协议,一方向人民法院起诉未声明有仲裁协议,人民法院受理后,另一方在首次开庭前提交仲裁协议的,人民法院应当驳回起诉,但仲裁协议无效的除外;另一方在首次开庭前未对人民法院受理该案提出异议的,视为放弃仲裁协议,人民法院应当继续审理。"即当事人在仲裁协议所约定事项发生争议后,如果一方当事人违反应就该事项提请仲裁解决的义务而向人民法院起诉的,对此争议事项究竟以仲裁方式解决,还是以诉讼方式解决,完全取决于被告的态度,如果被告以仲裁协议存在为由提出抗辩,则人民法院应裁定驳回当事人之起诉;如果被告在法定期限内未提出异议,人民法院就可基于原告之起诉行为和被告未提出管辖权异议的行为而取得对仲裁协议所约定争议事项的管辖权。

综上,我国法律对仲裁协议效力所作出的不尽一致的规定,不利于实践中对法律的统一适用,因此,采取"妨诉抗辩"之规定更为妥当。首先,有利于尊重当事人的意思自治。当事人订立仲裁协议之最初目的就是希望将争议提请仲裁,当一方当事人违反仲裁协议之规定而将争议提起诉讼时,即意味着该当事人欲单方放弃仲裁,此时,究竟以何种方式解决争议,取决于对方当事人的态度,如果该当事人为仲裁协议之妨诉抗辩,法院应尊重当事人之选择,维护仲裁协议之效力而驳回原告的起诉。其次,有利于仲裁之发展。仲裁协议订立后,如果不赋予该协议以妨诉抗辩的效力,就会因一方当事人之违反而致使双方选择的仲裁程序无法开始,其结果势必影响仲裁的发展。

(三) 对仲裁机构(仲裁庭)的效力

有效仲裁协议是仲裁机构受理当事人的仲裁申请以及仲裁庭对当事人提请仲裁的争议案件行使仲裁管辖权的依据。也就是说,没有有效的仲裁协议,任何一方当事人均无权将争议提交仲裁解决,仲裁机构也无权受理该争议案件,仲裁庭自然也就无权就该争议案件进行审理并作出仲裁裁决。有效仲裁协议对仲裁机构(仲裁庭)的效力主要体现在两个方面:

1. 授权效力

仲裁机构作为民间性机构,因得到国家立法或国际立法的认可,而成为重要的争议解决机构;仲裁机构聘任的仲裁员所组成的仲裁庭虽然在法律意义上享有对当事人提请仲裁解决争议案件的仲裁管辖权,但这也只是意味着从抽象的意义上来说,仲裁机构取得了对可仲裁争议事项的仲裁受理权,进而仲裁庭取得对该争议案件的仲裁管辖权。但是,仲裁庭所享有的这种仲裁管辖权要落实到对具体争议事项的仲裁权,即审理和裁决权,必须建立在当事人之间的有效仲裁协议的基础上,也就是说,当事人通过订立有效仲裁协议而进行的协议授权是仲裁庭取得对当事人约定争议事项仲裁管辖权的前提。

由此可见,仲裁协议是仲裁庭取得仲裁管辖权的依据。事实上,后来的国际商事仲裁实践中发展起来的仲裁协议独立性理论以及仲裁庭自裁管辖的理论均为仲裁庭依据仲裁协议取得仲裁管辖权提供了有力的证明。因为仲裁协议独立性理论使得仲裁协议具有了独立于主合同的效力,使得仲裁庭可以依据有效仲裁协议裁决当事人因合同的变更、解除、终止和无效所产生的各种争议;而仲裁庭自裁管辖理论则使仲裁庭能够独立地对仲裁协议的效力问题作出判断,而不必完全依赖于司法权。

2. 仲裁协议是仲裁庭正确行使仲裁权的依据

依据仲裁协议取得仲裁管辖权只是仲裁庭行使仲裁权,以实现当事人订立仲裁协议之目的的条件;而仲裁庭是否依据仲裁协议正确行使仲裁权,则不仅影响到仲裁协议目的的实现,而且涉及当事人合法权益之保护。因此,在仲裁中,仲裁庭对具体争议案件的仲裁权受到仲裁协议的严格限制,即仲裁庭只能对当事人基于仲裁协议约定事项产生的争议行使仲裁权,而对仲裁协议约定范围以外的任何争议,即使当事人提出仲裁申请也无权仲裁。

三、仲裁协议效力的扩张

(一) 仲裁协议效力扩张的概念

众所周知,仲裁协议应当采用书面形式已为各国所公认,这就意味着书面仲裁协议通常仅仅对签字当事人双方有效,而对双方当事人以外未签字的第三人无约束力。然而,随着社会生活的多元化,仲裁制度也在持续变化的法学环境中发展改进。伴随着仲裁法学理论研究的深入与更新以及仲裁法律制度的改进,鼓励和支持仲裁协议制度已成为一股强劲而不可逆转的潮流,在这一特定背景之下,作为一种古老的争议解决机制,仲裁制度得到了迅速的发展。为符合支持仲裁、鼓励仲裁的目的,人们开始重新思考传统仲裁中的某些理论和制度,为了使其适应时代的需要,而赋予其新的概念和内涵。① 特别是 20 世纪 70 年代以来,仲裁理论不再恪守传统的理论,这种转变体现为可仲裁事项范围的扩大、仲裁程序更加灵活,而在仲裁协议的法律效力问题上,最突出的一个表现便是仲裁协议效力的主体范围,即在特定情形下仲裁协议的效力范围出现了扩张的现象与趋势,即不少国家的"司法和仲裁实践、仲裁理论逐步承认仲裁协议对未签字的当事人具有法律约束力",仲裁协议的"胳膊"正在"伸长"。② 毕竟仲裁协议效力向未签字第三人的扩张是对传统仲裁理论的重大突破,因此,如何界定仲裁协议效力的扩张以及究竟应扩张于仲裁协议双方当事人之外的哪些人就成为不容回避的重要问题。

就仲裁协议效力的扩张问题,学者们从不同的角度进行了阐释,仁者见仁,智者见智。谭兵教授在《中国仲裁制度研究》一书关于仲裁当事人的分析中,借鉴了民事诉讼中的第三人制度构建仲裁中的第三人制度,即对仲裁当事人的争议标的有独立的请求权,或虽无独立的请求权,但案件的处理结果同他有法律上的利害关系,为保护自己的合法权益而参加到仲裁程序中的人,该学者在分析没有仲裁协议的情况下,有独立请求权的第三人又为什么能提起仲裁请求以申请人的身份参加到仲裁程序时,认为,仲裁协议的效力有一定的扩张性,正是这种扩张性才使得仲裁第三人获得了仲裁协议当事人的资格从而为其参加或介入仲裁程序提供了依托。③ 可见,该学者主要是在将仲裁协议效力扩张作为构建仲裁中的第三人制度的理论依托的框架下探讨仲裁协议效力的扩张问题。按照这一思维,建立仲裁协议效力扩张这一理论的目的似乎主要在于为了实现仲裁的经济与效率价值,基于当事人或者第三人的申请而一并解决与协议约定事项相关的争议案件。从扩大仲裁制度解决争议的社会功效

---

① M. J. Mustill and S. C. Boyd, *The law and practice of commercial arbitration in England*, 2nd, London: Butterworths (1989), p. 42.
② 赵健:《长臂的仲裁协议:论仲裁协议对未签字第三人的效力》,载《仲裁与法律》2002 年第 1 期。
③ 谭兵著:《中国仲裁制度研究》,法律出版社 1995 年版,第 129 页。

角度来看有其一定的积极意义,然而,这一思路却背离了仲裁所应当具有的契约性这一本质。

也有学者虽然未明确界定仲裁协议效力扩张的含义,但对仲裁协议效力扩张的情形作出了分类阐释,如仲裁协议效力在下列情形之下可以扩张于未签字当事人:(1)通过灵活解释"书面"的含义,以使仲裁协议未经签字即生效;(2)法人的合并与分立;(3)合同转让;(4)提单的转让;(5)清偿代位;(6)代理。[①] 可见,该学者将仲裁协议可以对未签字人生效的情形全部理解为是仲裁协议效力的扩张。事实上,如果仔细分析,不难发现上述情形实际上包括了两类情况,其中通过灵活解释"书面"的含义,以使仲裁协议未经签字即生效,实际是对仲裁协议书面形式的扩大理解,即通过扩大理解最终使得仲裁协议在未签字的双方当事人之间产生与经过双方当事人签字同等的法律效力,因此,从本质上看,这种情况属于仲裁协议在双方当事人之间的生效问题。而除第1种情形之外的5种情形则属于双方当事人签字的仲裁协议向未签字的第三方扩张的问题。

还有的学者指出,仲裁协议效力扩张意味着在国内外立法普遍确立了鼓励和发展仲裁原则的大背景下,人们为了支持仲裁、鼓励仲裁,在特定的情况下,不再固守传统的仲裁理论,仅将仲裁协议的效力及于书面协议的签字人,而是将其扩大到未签字方。仲裁协议扩张的几种情形主要为:子公司签订的仲裁协议对母公司的约束力、代理人订立的仲裁协议对委托人或被代理人的效力、代位求偿情形下仲裁协议的效力、仲裁协议当事人主体资格发生变化情况下仲裁协议对新的主体的效力、合同转让情形下仲裁协议的效力等。[②]

上述关于仲裁协议效力扩张的理论观点,虽然在为适应仲裁制度发展的总体趋势,应承认仲裁协议的扩张效力这一点上学者们的观点是相同的,但是,由于学者们的探讨视野大多集中于对仲裁协议效力扩张的具体情形的分析方面,而未能真正探讨仲裁协议效力扩张的内涵,以致于造成对仲裁协议效力扩张的外延,即仲裁协议效力扩张的情形理解的不统一。

在谈到仲裁协议效力扩张这一术语时,通常在以下三种状况下使用:第一,在分析仲裁协议法律效力的体现时,认为仲裁协议有效成立后,不仅对当事人双方有约束力,而且对法院与仲裁机构也有约束力,这表现了仲裁协议效力的扩张。第二,在分析对仲裁协议书面形式的理解时,将书面形式作扩大理解从而使得仲裁协议在未经签字的情况下对当事人产生约束力,这体现了仲裁协议效力的扩张。第三,仲裁协议经过双方当事人签字有效后,为了鼓励与发展仲裁,充分发挥仲裁在争议解决方面的作用,将仲裁协议的效力扩大于未签字的第三方。其中第一种情况实际上是仲裁协议本身应有的法律效力的体现,仲裁协议对当事人、法院与仲裁机构具有约束力已在仲裁理论界与实务界取得共识,这不属于仲裁协议效力的扩张。而第二种情况,从本质上来看,实际上是随着商事交易本身的变化,越来越多的商事关系的建立基础并不是双方签字盖章的合同,而是通过一种商事领域中认可的交易习惯在未签字双方当事人之间已产生合同关系。受此影响,仲裁实践中的许多仲裁协议虽然未经双方签字。但是,有必要通过扩大书面形式的解释,从而使该种仲裁协议成为当事人之间的有效仲裁协议,因此,也不属于仲裁协议效力的扩张。本书认为,只有第三种情形才真正

---

① 参见赵健:《长臂的仲裁协议:论仲裁协议对未签字第三人的效力》,载《仲裁与法律》2002年第1期。
② 刘晓红:《仲裁协议效力扩张的特殊情形》,载《中国仲裁》2004年第6期。

属于仲裁协议效力扩张这一理论所要解决的问题。也就是说,通常情况下,仲裁协议当事人以外的第三人无权援引他人之仲裁约定,而对仲裁协议之一方提付仲裁;反之,仲裁协议当事人亦无权要求对仲裁协议以外之第三人提请仲裁,除非该第三人形式上虽非仲裁协议之原始当事人,但实质上则与原始当事人有一体之关系者(例如概括继承人或契约受让人),则仲裁协议之效力例外地及于此等第三人。[①]

由此可见,所谓仲裁协议效力的扩张是指仲裁协议有效成立后,基于未签字第三方与仲裁协议所依附的实体权利义务关系之一方当事人之间的特定关系,赋予仲裁协议在某种特定情形之下对未签字第三方有效的制度。

(二)仲裁协议效力扩张的适用

1. 仲裁协议效力扩张的法定适用

关于仲裁协议效力扩张的适用,我国《仲裁法》并未作出任何规定,但是,《仲裁法解释》为适应仲裁实践的发展需要,对仲裁协议效力的扩张作出了一定的规定。《仲裁法解释》第8条规定,当事人订立仲裁协议后合并、分立的,仲裁协议对其权利义务的继受人有效。当事人订立仲裁协议后死亡的,仲裁协议对承继其仲裁事项中的权利义务的继承人有效。前两款规定情形,当事人订立仲裁协议时另有约定的除外。该《仲裁法解释》第9条还规定,债权债务全部或者部分转让的,仲裁协议对受让人有效,但当事人另有约定、在受让债权债务时受让人明确反对或者不知有单独仲裁协议的除外。由此可见,根据我国现行仲裁法司法解释的规定,仲裁协议的效力在下列情形下可以向未签字第三方扩张:

(1)当事人的法定继受人,具体包括两种情形

第一,法人合并或者分立后的新法人。法人的合并,无论是新设式合并还是吸收式合并,法人合并的特点即不必经过清算程序就能使原来法人的财产概括地转移给存续或新设的法人,同时,原法人的全部实体权利义务也概括地由存续或新设的法人所承受。对此,我国《合同法》第90条规定,当事人订立合同后合并的,由合并后的法人或者其他组织行使合同权利,履行合同义务。法人分立,无论是新设式分立还是存续式分立,因分立而消灭的法人的权利义务由分立后的法人承受。《公司法》第175条也作了类似的规定,即公司合并时,合并各方的债权、债务,应当由合并后存续的公司或者新设的公司承继。因此,法人合并或者分立后,由新法人承受原法人仲裁协议当事人的地位。

第二,自然人死亡后的合法继承人。当仲裁协议之一方或者双方当事人为自然人,并且发生自然人死亡时,根据继承法的有关规定,各继承人概括承受继承人的一切非专属性权利和义务。在这种情况下,该合法继承人也应当承受仲裁协议当事人的地位。

当然,在上述两种情形之下,无论是合并、分立后的法人承受原法人的权利义务,还是合法继承人承受原自然人的权利义务,均属于法定继受关系。因此,仲裁协议可以直接对合并、分立后的法人以及自然人的合法继承人有效,而无需考虑合并、分立后的法人以及合法继承人的意思表示。但是,仲裁协议效力的扩张不得违背订立仲裁协议当事人的意思表示,因此,当事人订立仲裁协议时另有约定的除外。

(2)债权债务转让后的受让人

债权债务转让实质上是在不改变债权债务内容的前提下,一方当事人将其债权债务

---

① 罗昌发:《论仲裁约定对第三人之效力》,载台湾《商务仲裁》第23期。

全部或者部分转让给第三人受让的法律行为。此时,如果原债权人与债务人之间存在仲裁协议,该仲裁协议理应随债权债务的转让而对受让人有效。然而,由于债权债务的转让是债权债务的原当事人与受让人之间合意的结果,其转让基础是意思自治,因此,仲裁协议的效力能否向受让人扩张,不仅要取决于债权债务原当事人的意思表示,还要取决人受让人的意思表示。基于此,在发生债权债务全部或者部分转让的情况下,仲裁协议通常对受让人有效,但是,当事人另有约定、受让债权债务时受让人明确反对或者不知有单独仲裁协议的除外。

2. 仲裁协议效力扩张的其他适用

目前我国《仲裁法解释》仅对上述情形下仲裁协议效力向未签字第三方的扩张作出了相应的规定,但事实上,在仲裁实践中,为了便于实现当事人订立仲裁协议,通过仲裁方式解决商事争议的意愿,应当扩大仲裁协议效力向未签字第三方扩张适用的情形。主要应考虑以下情形的扩张:

(1)保险代位人

保险代位人,即代位请求权人,是指被保险人发生保险人应负保险责任的损失,并获得保险给付的赔偿金后,如果被保险人对第三人享有损失赔偿请求权,则已承担了保险责任的保险人即可成为保险代位人,代位行使被保险人对第三人的请求权。此时,如果被保险人与第三人之间订有仲裁协议,保险代位人可否依该仲裁协议向第三人请求损害赔偿?换言之,保险代位人能否替代被保险人而成为被保险人与第三人之间仲裁协议的当事人?

对于上述问题,有肯定说与否定说之区别。持肯定说者认为,仲裁协议以外的保险代位人既然已处于代位被保险人的法律地位,就可以依据原法律关系行使被代位人的权限,自然应包括提付仲裁之权限。持否定说者认为,代位权之标的仅限于非专属于债务人本身的财产上或经济上的权利,并不及于诉讼上的权利,故代位权不可适用于仲裁;且当事人以合意约定仲裁,其效力不及于任何一方之代位权人,除非法律设有明文规定。否则,仲裁协议当事人以外的任何第三人均不得代位仲裁协议当事人之任何一方对他方提起仲裁,英、日、德等国家的著述与实务中亦未见有代位仲裁的实例。①

要解决这一问题,应分析保险代位请求权的性质。从代位请求权的成立来看,应具备两个要件,其一,被保险人因保险事故的发生,对于第三人享有损失赔偿的请求权;其二,保险人因保险事故的发生,已给付被保险人以损失赔偿金。由于被保险人已从保险人处获得了损失赔偿金,如果因被保险人对第三人享有损失赔偿请求权而再向该第三人请求损害赔偿,则可因此而获得双重赔偿,显然违反损害赔偿之原则。因此,各国保险法一般均允许保险人有代位请求权,我国亦如此。②但同时又对保险人代位请求权的行使给予一定的限制,即保险人代位请求之数额,以不超过赔偿金额为限。所以,保险人在代位行使请求权请求赔偿时,需注意被保险人实际所受的损失;保险人可在请求第三人赔偿之金额及保险人已赔偿之

---

① 〔日〕小岛武司、高桑昭:《注解仲裁法》,日本青林书院1988年版,第78页。
② 我国《保险法》第44条第1款规定:"因第三者对保险标的损害而造成保险事故的,保险人自向被保险人赔偿保险金之日起,在赔偿金额范围内代位行使被保险人对第三者请求赔偿的权利"。

金额范围内获得赔偿。① 由此可得,保险人之代位请求权,既然系代位行使,则其本质仍非自己之权利,而系被保险人之权利,而由保险人代位行使。② 因此,保险代位人实质是基于代位权的理论而承受被代位人,即被保险人的实体权利义务关系,应受被保险人与第三人所订立的仲裁协议的约束,可代位被保险人而成为被保险人与第三人所订立仲裁协议的当事人。

(2) 代理关系中的本人

在现代社会,代理制度发挥着越来越重要的作用,然而,代理制度在大陆法系与英美法系国家之间却存在很大的区别。大陆法系国家采狭义代理、直接代理概念,特别强调代理人在对外进行民事活动时表明代理人身份,并以被代理人名义。③ 直接代理的后果由被代理人承担。如《德国民法典》第164条规定:"代理人于代理权限内,以被代理人名义所为的意思表示,直接为被代理人和对被代理人发生效力。"《日本民法典》第99条规定:"代理人在其权限内,表示为本人而为的意思表示,直接为本人发生效力。"而对于间接代理大陆法系国家则不认为是代理,而是当作行纪关系处理,行纪人以自己的名义与第三人签订合同,并直接对合同享有权利承担义务,行纪行为的后果不能直接由委托人承受。而英美法系国家则与此不同。英美普通法把本人与代理人的同等论作为代理的理论基础,这个理论可以用"通过他人去做的行为视同自己亲自作的一样"(quifacit per allterum facit per se)短语来表述。④ 代理分为披露本人的代理(Agency of Disclosed Pricipal)和未披露本人的代理(Angency of Undisclosed Principal)两种,前者又分为显名代理(Angency of Named Principal),即具体表明本人的代理与隐名代理(Angency of Unnamed Principal),即仅表明代理他人的身份,而未直接表明本人的代理。而未披露本人的代理是指既不表明自己的代理身份,更不指明本人的代理。

在大陆法系国家的直接代理以及英美法系国家的显名代理之下,由于合同关系直接发生在代理关系中的本人,即被代理人与相对人之间。因此,合同中的仲裁协议对本人产生约束力属于仲裁协议的正常效力状态,而不是仲裁协议效力的扩张。而在大陆法系国家的行纪关系与英美法系国家的隐名代理以及未披露本人的代理关系中的情况则有所不同。在行纪关系中,由于行纪人直接与第三人订立合同,委托人并不是合同的一方当事人,其不直接享有合同权利并承担合同义务。因此,即使行纪合同中签订仲裁协议,该仲裁协议不能直接对委托人产生约束力,即大陆法系国家的行纪关系中不存在仲裁协议效力扩张的问题。而英美法系国家的隐名代理则与此不同,在未披露本人的代理中,代理人公开代理关系但不透露委托人姓名的情况下,所订合同对隐名委托人发生约束力,而代理人对合同不承担责任。也就是说,如果基于可归责于第三人的事由致使代理人未能向本人履行义务,本人可行使介入权直接向第三人主张合同权利;同理,如果基于可归责于本人的事由致使代理人未能向第

---

① 参见我国《保险法》第44条第2、3款的规定:"前款规定的保险事故发生后,被保险人已经从第三者取得损害赔偿的,保险人赔付保险金时,可以相应扣减被保险人从第三者已取得的赔偿金额。保险人依照第1款行使代位请求赔偿的权利,不影响被保险人就未取得赔偿的部分向第三者请求赔偿的权利"。此外,也可以参阅有关司法判例,如1978年度台湾地区上字第二八二〇号判决所述:"按保险人对被保险人为赔偿后,代位保险人行使对第三人损失赔偿请求权时,法院应于调查被保险人实际所受之损失,在可得请求第三人赔偿之金额,及在保险人已赔偿之金额范围内为赔偿。并非单纯以保险人已赔偿被保险人之金额为准"。
② 梁宇贤著:《海商法论》,台湾三民书局1987年版,第700—701页。
③ 江平主编:《民法学》,中国政法大学出版社2000年版,第246页。
④ 〔英〕施米托夫著:《国际贸易法文选》,赵秀文选译,中国大百科全书出版社1993年版,第381页。

三人履行义务时,第三人可以行使选择权,向代理人或者本人行使请求权。由此可见,在代理人与第三人订立的合同中如果包括仲裁协议,该仲裁协议的效力理应向未签字的本人扩张,否则即无法实现代理人与第三人订立仲裁协议以便通过仲裁方式解决争议的目的。而在未披露本人的代理中,虽然代理人在与第三人签订的合同中未披露代理身份,而且委托人也未在合同上签字,但是在合同违约的救济方式上,法律规定了与对隐名代理相同的救济制度。由此可见,在未披露本人的代理关系中,代理人与第三人所签订的合同实际上对本人同样产生相应的约束力。因此,如果该合同中订立了仲裁协议,则该仲裁协议的效力理应向未签字的本人扩张。

我国《合同法》颁布之前,我国的代理制度基本承袭了大陆法系国家的做法,只规定了直接代理,自然就不涉及仲裁协议效力扩张理论在代理关系中的适用问题,然而,《合同法》颁布后,我国《合同法》不仅在第402条与第403条分别规定了类似于英美法系的隐名代理与未披露本人的代理,而且还在第22章规定了行纪合同,这就意味着合同法的实施标志着我国在沿袭大陆法系国家概念的同时又借鉴了英美法系国家的内容。虽然这种大陆法系概念与英美法系概念二合一式的规定必然会带来实践中定性的困难,但是,我们必须正视一个基本事实,那就是,随着隐名代理与未披露本人代理制度的产生,仲裁协议效力的扩张理论自然也就随之渗透进代理这一领域之中,即代理人与第三人签订合同中的仲裁协议的效力应当扩张于未签字的本人。

(3) 受控子公司的母公司

随着经济的日益全球化,公司集团化成为国际贸易、金融投资等领域中令人关注的一大现象。虽然集团化的跨国公司往往呈现出母公司与子公司分别依法成立独立的法人,各自以其自身的财产对外独立承担民事责任的状况,然而,由于集团公司内部控制因素的存在,集团化的跨国公司内部一旦出现母公司与子公司之间的财产混同、业务混同或者由于其他原因致使子公司丧失独立的意志,而完全为母公司所控制而成为傀儡公司时,子公司的独立法人人格实际已完全形骸化。债权人可以主张揭开法人面纱,将其与子公司之间所签订仲裁协议的效力扩张于未签字的母公司。目前,国际上也出现一些适用揭开法人面纱理论确定子公司签订的仲裁协议的效力可以扩张于母公司的案例。在国际商会仲裁第4131号案例中,仲裁员认为:由于母公司对子公司签订协议上的绝对控制力以及在合同缔结、履行、终止上有效的参与,仲裁条款也视为被母公司所接受。母公司由于其在合同各个阶段的参与行为而表达了成为合同当事人的意图。①

(4) 特定第三人

随着社会的发展以及契约关系的复杂化,利他合同逐渐产生并运用于社会生活。所谓利他合同,是指合同当事人一方不为自己而是为了第三人设定权利,并约定由合同另一方向第三人履行,第三人依合同当事人的这种约定而享有合同的权利。虽然第三人未在合同上签字,其不是合同法律关系的当事人,但可以享受该合同规定的权利并可直接请求债务人向自己履行债务,有权请求不履行义务的债务人承担违约责任或申请法院强制执行。② 此时,如果债权与债务人之间的基础合同中签订了仲裁协议,则该仲裁协议的效力应当扩张于未

---

① 朱慈蕴:《公司法人格否认法理研究》,法律出版社1998年版,第75页。
② 王利民、崔建远著:《合同法新论(总则)》,中国政法大学出版社1997年版,第423页。

签字的第三人,即利他合同的受益人。

综上所述,当商事关系依法在有关当事人之间建立后,如果在特殊情况下,该商事关系当事人之外的第三人实际上享有该商事关系中的实体权利或者承受实体义务,则商事关系的当事人就为解决该商事关系所产生的争议而签订的仲裁协议应当向该未签字的特定第三人扩张。否则,商事关系的当事人签订仲裁协议,通过仲裁方式解决争议的共同愿望必将落空。

四、仲裁协议的无效与失效

（一）仲裁协议的无效

仲裁协议的无效,是指仲裁协议因不具备法定有效要件而自始未产生法律效力的状态。

1. 仲裁协议无效的法定情形

一项仲裁协议签订后,只有为有效仲裁协议时,才能产生应有的法律效力,作为一项仲裁协议,除需要具备有效仲裁协议的积极要件以外,还应当排除消极要件,即不得具有仲裁法所规定的仲裁协议无效的法定情形之一。根据《仲裁法》第17条的规定,有下列情形之一的,仲裁协议无效：

（1）约定的仲裁事项超出法律规定的仲裁范围的。这一要件实际上就是约定事项应具有可仲裁性的问题。一般而言,各国出于本国公共政策的考虑,通常会规定可以仲裁的事项以及不可以仲裁的事项。我国《仲裁法》第2条明确规定了平等主体的公民、法人和其他组织之间发生的合同纠纷和其他财产权益纠纷,可以仲裁。同时第3条又明确规定了下列纠纷不能仲裁：第一,婚姻、收养、监护、扶养、继承纠纷；第二,依法应当由行政机关处理的行政争议。另外,第77条还规定,劳动争议和农业集体经济组织内部的农业承包合同纠纷的仲裁,另行规定。由此可见,双方当事人订立仲裁协议时,约定提交仲裁机构仲裁解决的争议事项必须符合仲裁法的规定,如果当事人约定的仲裁事项超出了这一规定的范围,则必然导致仲裁协议的无效。

（2）无民事行为能力人或者限制民事行为能力人订立的仲裁协议。订立仲裁协议是一项非常重大的法律行为,为了维护民商事法律关系的稳定性以及保护无民事行为能力人或者限制民事行为能力人的合法权益。通常来说,有民事行为能力是民事主体订立有效仲裁协议的必要条件,如果一个人,不论是自然人,还是法人属于民法上的无民事行为能力人或者限制民事行为能力人,则其订立的仲裁协议无效。

（3）一方采取胁迫手段,迫使对方订立仲裁协议的。仲裁协议是双方当事人在平等协商基础上形成的共同一致的真实、自愿的意思表示,如果一方采取胁迫手段,迫使对方订立仲裁协议,则该仲裁协议不可能是该被胁迫当事人的真实意思表示,因此,该仲裁协议无效。

（二）实践中常见的无效仲裁协议

根据现行仲裁法关于仲裁协议的形式、内容以及无效仲裁协议的相关规定,在仲裁实践中,有时经常出现以下无效仲裁协议：

1. 无法实现的仲裁协议

在仲裁实践中,经常出现当事人在仲裁协议中约定的仲裁机构是一个在我国目前根本不存在的仲裁机构,这就必然导致仲裁协议因无法实现而无效。例如当事人在合同仲裁约定,如果合同履行过程中出现的争议协商不成,提交××县仲裁委员会仲裁等。这类仲裁协议属于因选择的仲裁机构不存在而无法实现的仲裁协议,因为根据我国现行仲裁法的规定,仲裁委员会一律设在城市,而且是独立于行政机关设立的。

2. 仲裁终局性不确定的仲裁协议

这类仲裁协议通常包括以下几种:第一,将争议提交甲仲裁委员会仲裁后,对裁决不服的,可以向上一级仲裁委员会申请裁决;第二,将争议提交甲仲裁委员会仲裁后,对仲裁裁决不服的可以向法院起诉;第三,将争议提交甲仲裁委员会仲裁,对仲裁裁决不服的,可以向法院上诉。这类仲裁协议均因违反了仲裁法所确定的一裁终局的原则,因此,仲裁协议无效。

(二) 仲裁协议的失效

仲裁协议的失效不同于仲裁协议的无效,是指一项仲裁协议有效成立后,因特定事由的发生而使原本有效的仲裁协议丧失其原有法律效力的状态。虽然仲裁法对仲裁协议失效的情形并未作出明确的规定,但是,就仲裁协议的本质属性是一种以约定争议事项解决方式为目的的特殊合同的角度来看,仲裁协议在下列情形之下失效:

1. 仲裁协议因仲裁庭对当事人基于仲裁协议提出的仲裁请求作出仲裁裁决而失效

当事人签订仲裁协议的目的就在于,当仲裁协议约定事项发生争议时,通过仲裁的方式解决争议,一旦仲裁庭对当事人基于仲裁协议提出的仲裁请求作出仲裁裁决之后,当事人签订仲裁协议的目的即已实现,仲裁协议的功能也已发挥,此时,仲裁该协议失效。因此,当该仲裁裁决出现法定情形,基于当事人申请被人民法院裁定撤销或者不予执行后。当事人如果想再申请仲裁解决争议,只能重新达成新的仲裁协议,而不得依据已经失效的原仲裁协议重新申请仲裁。

2. 仲裁协议因当事人协议放弃而失效

当事人可以自愿协商订立仲裁协议,当然,在仲裁协议有效成立后,当事人也可以自愿协议放弃或者终止一份有效的仲裁协议。也就是说,当事人可以经过协商一致,放弃原有的有效仲裁协议,有效仲裁协议一经合意放弃,即告失效。

3. 仲裁协议因当事人协议改变争议方式而失效

当事人签订仲裁协议的本意是通过仲裁方式解决仲裁协议所约定事项产生的争议,但是,仲裁协议有效签订后,也可能会因为情况的变化,当事人协商放弃仲裁,而改为其他方式解决争议。因此,当事人在签订仲裁协议后,如果协商改变了争议解决方式,仲裁协议即失效。

4. 附期限的仲裁协议因期限届满而失效

在仲裁实践中,当事人订立的仲裁协议有些是附有效期限的,有效期限届满后,该仲裁协议自然失效。

第五节 仲裁协议的独立性

一、仲裁协议的独立性理论

(一) 仲裁协议与基础合同关系的传统理论

在仲裁实践中,仲裁协议大多表现为合同中的仲裁条款或者作为合同组成部分的文件,这就使得仲裁协议与包含仲裁协议的基础合同之间存在一种必然的依附关系。这种依附关系通常表现为两个方面:一方面,当事人订立仲裁协议的目的在于解决因基础合同本身及其履行而产生的具体争议;另一方面,仲裁协议是从属于基础合同的一个组成部分,因此,仲裁协议法律效力的实现应以合同本身以及合同的其他条款在履行过程中出现争议为前提条件。如果基础合同本身以及合同的履行过程中未产生仲裁协议约定的争议,则该仲裁协议无法发挥其应有的作用。正是因为仲裁协议与包含仲裁协议的基础合同之间的这种附属关系,于是仲裁实践中必然产生出这样的问题,即如果基础合同被认定为无效或者失效、不存在,合同中的仲裁协议是否也因此而无效或者失效、不存在? 仲裁庭是否具有对相关合同争议的管辖权? 一言以蔽之,就是仲裁协议是否具有独立于合同的法律效力? 这就是所谓的仲裁协议独立性问题,或者仲裁协议的可分割性或自治性(doctrine of separability or autonomy of arbitration clause)问题。

关于仲裁协议的独立性问题,传统理论认为,仲裁协议是包含该仲裁协议的合同的不可分割的组成部分,理应受合同一般规则的约束,即合同无效、失效、不存在、变更、解除、终止,仲裁协议也应当具有这些效果。如果当事人对合同的有效性提出异议,仲裁协议的有效性则须提交法院确定,而不是由仲裁员确定。这就是传统的英国法所持的单一合同论(one contract theory)。在这方面,英国以前的司法实践表现得最为突出而典型。英国法院判例确认,下列三个方面的争议不属于仲裁协议的范围:第一仲裁庭有无管辖权;第二有关包括仲裁条款的合同是否有效的争议;第三有关包含仲裁协议的主合同自始无效的争议。以及这类合同是否反映当事人真实意思的争议。[①]

(二) 仲裁协议独立性理论的产生

根据传统理论,在仲裁过程中一旦涉及合同无效等问题,无论合同无效的原因是什么,仲裁条款的有效性便成为疑问。随着时代的发展和商事仲裁法律制度的发达,仲裁协议的效力依附于基础合同的传统理论和司法观念受到了批驳。无论引起合同无效的原因是什么,当事人将争议提请仲裁的共同意思表示不仅是存在的,而且是真实的,除非有证据证明当事人提请仲裁的意思表示不真实。因此,无论仲裁协议采取何种形式,虽然它对基础合同具有附属性,但是它又具有与合同中其他条款的本质区别,即它不仅是当事人协商一致的结果,而且当事人双方彼此同意授权第三方解决其争议,并承担将该争议提交第三方以仲裁方式解决的义务。如果仲裁协议的效力仅仅因为它是基础合同的一部分而受基础合同效力的影响,不仅从实质上剥夺了或者歪曲了当事人在争议解决方式上的共同意愿,而且还剥夺了仲裁机构的相应权利,这对当事人和仲裁机构均是不合理的。在这种情况下,仲裁协议的独立性理论应运而生。

(三) 仲裁协议的独立性理论的内容

仲裁协议的独立性理论(doctrine of independence of arbitration agreement),又称为仲裁协议的可分离性、可分割性理论,是指仲裁协议在与包含它或者与它相关的基础合同的关系问题上的独立或者相互分离。

该理论认为仲裁协议虽然附属于基础合同,但又与基础合同形成了两项各自独立的针对不同内容的契约。基础合同所针对的是双方当事人在商事交易方面的实体权利义条关系,而仲裁协议则针对当事人之间的另一种权利与义务,即通过仲裁解决因商事交易而发生

[①] 参见谢石松主编:《商事仲裁法学》,高等教育出版社2003年版,第155页。

争议的权利与义务。因此,仲裁协议具有保障当事人通过寻求某种救济而实现当事人商事权利的特殊性质,它具有相对独立性,其有效性不受主合同有效性的影响。即使合同无效,仲裁协议仍然有效。质言之,即使合同不存在或者无效,也并不影响或排除仲裁员或仲裁庭相应的判定合同有效与否以及提交给仲裁庭的其他问题的权利,除非仲裁庭发现导致合同无效的理由同样影响到仲裁条款本身,如合同因当事人无行为能力而导致无效。[①]

(四) 仲裁协议独立性理论的确立

一般认为,较早确立仲裁条款可独立于主合同而存在的案例是英国法院于1942年对 Cheyman v. Darwins Ltd.[②]一案所作出的认定。上诉法院认为,仲裁条款可独立于合同存在,没有违约的一方是否可以继承履行合同的问题,应由仲裁员而不是由法院决定,在本案中,无论是一方当事人是否违约,还是另一方当事人是否可以继续履行合同的问题,都属于仲裁条款的管辖范围;但同时,西蒙(Viscount Simon)法官在发表个人意见时指出,关于合同是否存在及合同自始无效的问题,不属于仲裁协议的管辖范围。[③] 这一案例虽确定仲裁条款应独立于合同而存在,但其必须以合同的有效存在为前提,即在合同有效存在的情况下,仲裁条款对争议解决方式的确定与合同对当事人实体权利义务的确定是各自独立的。可见,这一案例并未解决合同自始无效以及合同是否存在情形之下的仲裁条款的效力问题,因而,并未确定现代意义上的仲裁条款的独立性。

现代意义的仲裁条款独立性最早是由法国最高上诉法院于1963年在"戈塞特"(Gosset)一案中提出的。在该案中,最高上诉法院称仲裁条款独立于合同,如果主合同无效,只有在其无效理由影响仲裁协议时,仲裁协议才可能成为无效。[④] 但在法国,仲裁条款独立性原则最初仅适用于国际商事关系,直到1981年修订民事诉讼法后,才将该原则的适用扩大到国内商事关系。《法国民事诉讼法典》第1466条规定:"如果一方当事人向仲裁员抗辩他的管辖权,不论是原则或范围,该仲裁员应决定其任职的效力或范围。"也就是说,法国法院有可能采用一种学说,根据这一学说,不管是基于主合同无效还是基于仲裁条款本身无效对仲裁员的管辖权提出的异议,仲裁员都有权作出决定。[⑤]

在美国,过去一直认为主合同与仲裁协议是一体的,后来,在合同法的研究中,认为主合同与仲裁协议是可以作不同处理的两个独立的合同部分。仲裁协议的分离可能性理论是由美国的纳斯鲍姆(A. Nussbaum)在1940年有关商务仲裁的研讨会上首先强调其具有普遍性。美国的纳斯鲍姆(A. Nussbaum)指出,美国法学家面临的仲裁问题是在欧洲大陆的法院里长时间被处理过来的问题,欧洲的解决政策会导致值得美国法学界人士引起注意的理论性革新,并介绍了德国以及瑞士的仲裁协议的分离可能性理论,进一步指出欧洲大陆和美国仲裁法的一般关联性以及主合同与仲裁条款的关联。

在美国司法实践中,仲裁条款的分离可能性理论被联邦最高法院正式认知是在1967年

[①] 高菲:《论仲裁协议》(续),载《仲裁与法律通讯》1996年第2期。
[②] 该案载于《上诉法院判例集》,1942年,第356页。案情为:英国一钢铁制造商Darwins与营业所在纽约的Hegman订立了指定Cheyman为其独家销售代理人的合同,该合同约定:"由于本合同引起的任何争议应通过仲裁解决。"后来,Darwins拒绝履行合同,Heyman诉诸法院,指控Darwins违约。Darwins以合同中存在仲裁条款为由请求法院中止对本案的审理,将该争议交付仲裁解决。
[③] 赵秀文:《论仲裁条款独立原则》,载《法学研究》第19卷第4期(总第111期)。
[④] 戈塞特企业公司诉卡拉佩里公司一案,载《国际法杂志》1963年,第83页。
[⑤] G. R. Delaume, *Transnational Contracts Applicable Law and Settlement of Disputes*, 1988, p. 303.

6月12日对"首家涂料公司诉弗拉德与康克林制造公司"(Prima Paint Corporation vs Flood and Conklin Mfg. Co)一案中所作出的判决。该案中的被诉人(F&C)是一家生产并向一些州的批发商销售漆以及漆产品的新泽西公司,与申请人,一家马里兰公司(Prima)签订了一份关于被诉人同意向申诉人提供咨询以及将操作方法转让给申诉人的服务,并不与申诉人竞争的合同。在合同中双方规定了仲裁条款,即:"任何产生于本协议或者与本协议有关的,或者违反本协议引起的任何争议或诉求,应在纽约市根据美国仲裁协会的仲裁规则仲裁解决。"后因被诉人违约,申诉人以被诉人存有欺诈为由向联邦法院申请撤销咨询协议的诉讼,并同时请求法院禁止被诉人进行仲裁程序。对此,被诉人提出请求法院延缓中止仲裁进行诉讼的协议。最高法院判决道,以欺诈为理由对含有仲裁条款的合同的有效性提出的申诉,不应由联邦法院解决,而应提交仲裁。对此案,申请人不服上诉,第二巡回上诉法庭驳回了申诉人的上诉,认为如果诉求是在劝诱签订仲裁条款本身存在着欺骗问题,这属于1925年仲裁法第4条规定的制定仲裁协议的问题,联邦法院应该进行审理。无论如何,该案被称为是仲裁条款独立于主合同的分水岭。①

法国与美国的上述两个判决所确立的现代意义上的仲裁条款独立性理论得到了国际商事仲裁理论与实践的普遍认同,并使得仲裁条款独立性理论迅速发展为商事仲裁领域中的一个重要理论。

仲裁协议独立性理论产生以后,得到了一些主要商事仲裁规则的确认。如《国际商会仲裁规则》第6条第4款规定:除非有相反的约定,只要仲裁庭认为仲裁协议有效,不应因合同被指无效或不存在而终止对仲裁案件行使管辖权。即使合同本身可能不存在或无效,仲裁庭仍然应该继续行使管辖权,以决定当事人的权利,并对其请求和主张作出裁判。《联合国国际贸易法委员会仲裁规则》也明确规定了仲裁协议的独立性,该规则第21条第2款规定,为第21条(仲裁庭决定自己管辖权)的目的,构成合同的组成部分和规定按本规则提交仲裁的仲裁条款应当作为一种与合同其他条款相独立的协议。仲裁庭对合同无效的决定不应当在法律上导致仲裁条款无效。此外,《伦敦国际仲裁院仲裁规则》、《美国仲裁协会仲裁规则》、《中国国际经济贸易仲裁委员会仲裁规则》等也都作出了类似的确认仲裁协议独立性的规定。

二、我国仲裁协议独立性理论的司法及立法状况

(一)仲裁协议独立性的司法状况

在我国早期的司法实践中,仲裁条款独立性理论并未得到人民法院的认可。在温州钢材案中,瑞士工业资源公司(下称IRC公司)通过编造谎言,诱使中国技术进出口总公司(下称中技公司)与其在上海签订了《合同修改议定书》,将原合同的卖方改为IRC公司。尔后,又向中技上海办事处提交伪造的6种议付单据,将货款骗取到手,并隐瞒事实真相,故意拖延时间,以转移货款。中技公司掌握了证据材料后,在上海市中级人民法院对瑞士IRC公司提起侵权损害赔偿之诉。上海市中级人民法院于1988年5月11日对此作出判决,判处被告瑞士IRC公司赔偿中技公司的钢材货款、银行利息、经营损失、诉讼费等费用共计500多万元。IRC公司不服,向上海市高级人民法院提起上诉。IRC公司提起上诉的理由之一就

---

① 高菲:《论仲裁协议》(续),载《仲裁与法律通讯》1996年4月。

是:双方签订的钢材购销合同中订有仲裁条款,中国已加入1958年《纽约公约》,中国法院无管辖权。上海市高级人民法院认为:IRC公司利用合同形式进行欺诈,已超出合同履行的范围,不仅破坏了合同,而且构成侵权。双方当事人的纠纷,已非合同权利义务的争议,而是侵权损害赔偿纠纷。中技公司可以向法院提起侵权之诉,而不受双方所签订的仲裁条款的约束。上海市高级人民法院据此认定上海市中级人民法院对该案具有管辖权,同时根据其他理由,驳回IRC公司的上诉,维持原判。① 在本案中,上海市高级人民法院在其生效判决中,以本案中存在欺诈,构成侵权为由而否定仲裁条款对当事人的约束力是值得质疑的。

10年后,最高人民法院对(香港)裕亿集团有限公司(下称裕亿公司)、(加拿大)太子发展有限公司(下称太子公司)与江苏省物资集团轻纺总公司(下称轻纺公司)侵权损害赔偿纠纷管辖权异议案中认可了仲裁条款的独立性。1996年5月5日,轻纺公司分别与裕亿公司、太子公司签订了包括仲裁条款在内的进口旧电视的合同,约定:凡与本合同所发生的或与本合同有关的一切争议,双方可以通过友好协商解决;如果协商不能解决,应提交中国国际经济贸易仲裁委员会,根据该会的仲裁规则进行仲裁。仲裁裁决是终局的,对双方当事人有约束力。之后,裕亿公司、太子公司交付的货物与约定的不符,因此,轻纺公司以裕亿公司、太子公司侵权损害为由,向江苏省高级人民法院起诉,裕亿公司、太子公司则以合同中存在仲裁条款为由,对法院的管辖权提出异议,要求法院驳回轻纺公司的起诉,将争议交付仲裁解决。江苏省高级人民法院经审理裁定裕亿公司、太子公司在合同履行中存在欺诈行为,认为:本案是因欺诈引起的损害赔偿纠纷,虽然当事人之间的买卖合同中订有仲裁条款,但由于被告是利用合同进行欺诈活动,已超出履行合同的范围,构成侵权。双方当事人的纠纷已非合同权利义务的争议,而是侵权损害赔偿纠纷。江苏省轻纺公司有权向法院提起侵权之诉,而不受双方所签订的仲裁条款的约束,两被告提出的管辖权异议的理由不能成立。裕亿公司、太子公司不服江苏省高级人民法院的上述裁定,上诉至最高人民法院。1998年5月,最高人民法院裁定撤销了江苏省高级人民法院的裁定,并通过分析案件的实际情况以及《仲裁法》第2条关于可仲裁性的相关条款、《中国国际经济贸易仲裁委员会仲裁规则》关于案件受理范围的规定后,认为:本案各方当事人均应受合同中订立的仲裁条款的约束,所发生的纠纷应通过仲裁方式解决,人民法院对此案没有管辖权。② 此项裁定在中国历史上具有划时代的意义,它为我国各级法院处理同类问题确立了符合时代精神的和仲裁制度本质的指导原则。③ 由此可见,在我国的司法实践中实际上已认可了仲裁条款独立性理论,这不仅使我国仲裁法的有关规定得到顺利的执行,而且也极大地实现了当事人订立仲裁协议的目的。

(二)仲裁协议独立性理论的立法状况

在《仲裁法》颁布之前,中国国际经济贸易仲裁委员会在其仲裁规则中已经明确地确立了仲裁协议的独立性,其1994年仲裁规则第5条明确规定:"合同中的仲裁条款应视为与合同的其他条款分离地、独立地存在的一部分;合同的变更、解除、终止、失效或者无效,均不影响仲裁条款或仲裁协议的效力"。我国1995年9月1日起实施的《仲裁法》第19条也作出

---

① 韩健:《现代国际商事仲裁法的理论与实践》,法律出版社2000年版,第106页。
② 《中华人民共和国最高人民法院公报》1998年第3期,第110页。
③ 陈治东:《国际商事仲裁法》,法律出版社1998年版,第55页。

了明确的规定:"仲裁协议独立存在,合同的变更、解除、终止或者无效,不影响仲裁协议的效力,仲裁庭有权确认合同的效力。"此外,其他各仲裁机构的仲裁规则也都有关于仲裁条款独立性的相关规定。

从上述仲裁立法以及仲裁规则关于仲裁条款独立性的规定可以看出,我国不仅明确规定了合同自始无效情形下仲裁条款的效力,而且还规定了合同的变更、解除、终止并不影响仲裁协议的效力。

1. 合同无效时仲裁条款的独立性

按照仲裁条款独立性理论,合同的自始无效并不影响仲裁条款的效力,只是其所具有的法律效力的具体表现有所不同。当基础合同合法有效,且基础合同在履行过程中出现了仲裁条款所约定事项的争议时,仲裁条款的独立性即表现为对该争议事项的解决功能。而当合同一旦涉及其有效与否时,仲裁条款的独立性的体现以及仲裁条款的功能即发生了实质性变化。由于合同的无效为自始无效,此时,仲裁条款作为解决在合同履行过程中所发生争议的方式的功能也就失去了存在的前提,其具有的独立性即表现为仲裁机构依据该仲裁条款对合同效力的认定。可见,合同无效导致合同中对实体权利义务确认条款的自始无效,而对于仲裁条款,合同的无效不能导致其无效,只能使其效力的具体表现由对仲裁条款约定事项争议的解决功能转变为对合同本身效力的确认功能。

2. 合同解除时仲裁条款的独立性

合同解除,依我国民法的规定有广义和狭义之分。广义的合同解除包括单方解除和双方解除,而狭义的合同解除仅指单方解除。前者是双方当事人为了消灭原有的合同关系而订立的新合同;后者是当事人一方因法律上或合同上的解除权行使,使合同的效力溯及消灭的意思表示。

在发生合同解除的情况下,仲裁条款的独立性即表现为,如果出现合同应否解除,以及围绕合同的解除而出现的返还财产、赔偿损失等争议,均可依据当事人在合同中订立的仲裁条款提请仲裁机构予以解决。

3. 合同终止时仲裁条款的独立性

合同终止,是指合同的一方当事人所作的使合同效力归于消灭的意思表示。合同的终止与解除的不同之处在于,合同的解除有溯及既往的效力,而合同的终止则无此效力。因此,合同终止只能使合同与合同所生之债向将来消灭,已履行的债务或受领的债权仍然有效。对于终止前当事人一方因对方不履行债务所受的损害,发生损害赔偿请求权。[①]

由于合同终止与合同解除所发生的前提均为合同的有效成立,并且所针对的均是合同中所约定的实体权利义务,而不是针对合同中的约定的争议解决方式,因此,合同中的仲裁条款作为双方当事人对将来可能出现争议的解决方式的书面意思表示,其具有独立性,在当事人因合同是否终止或因终止而发生损害赔偿时,当事人即可基于该仲裁条款提请仲裁。

4. 合同变更后仲裁条款的独立性

合同变更是指合同内容的变更和合同主体的变更。

(1) 合同内容变更后仲裁条款的独立性。合同内容的变更是指狭义的合同变更,它是在合同成立以后,尚未履行或者尚未实际履行以前,当事人就合同的内容达成修改或补充协

---

① 张俊浩主编:《民法学原理》,中国政法大学出版社1997年版,第675页。

议。事实上,合同内容的变更是在保留原合同的实质内容的基础上产生一个新的合同关系,它仅仅只是在变更的范围内使原合同权利义务关系消灭,而变更之外的合同权利义务关系仍然有效。另外,变更合同的内容必须经过双方协商同意,任何一方未经对方同意,均不得擅自变更合同的任何内容。因此,合同中未变更的内容以及合同变更的部分,均是双方当事人对其权利义务的共同约定,只不过是合同成立后,因情事之变迁,由双方当事人通过变更合同的部分内容对其权利义务作出一种新的更有利于实现各自利益的约定,故当事人双方在合同中对其权利义务争议解决方式所作的约定,即仲裁条款对变更后的合同继续有效,如果变更内容后的合同在履行过程中出现争议仍然可根据仲裁条款提请仲裁解决。

(2)合同主体变更时仲裁条款的独立性。合同主体变更,是指合同订立后,以新的主体取代原合同关系的主体,但合同权利义务关系的内容没有发生变化的一种变更形式。由于仲裁条款是原合同的双方当事人就合同履行过程中出现的争议事项的解决方式的合意约定,其效力独立于合同,因此,合同的主体变更不影响原有仲裁协议的效力。但是,合同主体变更不同于合同内容变更之处在于,原合同中的仲裁协议涉及对新的合同主体是否有效的问题,关于这一点,在前文分析仲裁协议效力向合同转让后未签字当事人扩张的问题时已阐述过,在此不加以赘述。

第六章

仲 裁 程 序

第一节　仲裁参加人

一、仲裁当事人

（一）仲裁当事人的概念与特征

仲裁当事人，是指因仲裁协议约定事项发生争议，为维护自身的合法权益，基于仲裁协议以自己的名义独立地提起或者参加仲裁程序，并接受仲裁裁决约束的公民、法人或者其他组织。在仲裁程序中，仲裁当事人通常被称为申请人和被申请人。我国《仲裁法》第2条的规定："平等主体的公民、法人和其他组织之间发生的合同纠纷和其他财产权益纠纷，可以仲裁。"在我国，仲裁当事人的范围包括公民、法人和其他组织。

仲裁当事人具有以下特征：

（1）必须是仲裁协议的当事人。仲裁作为一种解决争议的方式，不同于民事诉讼的重要区别之处就在于，仲裁程序的开始必须以仲裁协议的有效存在为基础，与此相对应，提起或者参加仲裁程序的当事人必须是仲裁协议的当事人。如果没有仲裁协议，任何人均不得成为仲裁程序的当事人。

（2）以自己的名义参加仲裁程序。为了维护自己的合法权益，以自己的名义参加仲裁程序是当事人的重要特征；反之，如果以他人的名义参加仲裁程序，则仲裁的后果应由他人承担，也就不能成为仲裁中的当事人。

（3）当事人之间必须发生了仲裁协议所约定事项的争议。当事人约定仲裁的目的在于解决争议，要实现这一目的，必须以当事人之间发生了仲裁协议所约定事项的争议为前提，如果当事人之间虽然存在有效仲裁协议，但是，他们之间并未发生争议或者仲裁协议所约定事项的争议，也不可能提起仲裁程序而成为仲裁程序中的当事人。

（4）受仲裁裁决的约束。仲裁裁决是仲裁庭对当事人依据仲裁协议提请仲裁解决的争议经过审理后作出的终局性权威判定。当事人订立仲裁协议的目的就是约定以仲裁的方式解决因仲裁协议约定事项所发生的争议，一旦仲裁庭对当事人提请仲裁的争议案件作出仲裁裁决，该仲裁裁决必然产生对当事人的约束效力，当事人应当自觉履行仲裁裁决。因此，受仲裁裁决的约束不仅是当事人基于自由意志选择仲裁的结果，而且也是《仲裁法》所确定的当事人的一项义务。

(二) 仲裁当事人的判定标准

如何判定仲裁当事人,有三种标准:

(1) 书面签署标准(也称传统形式标准)。即只有在仲裁协议上签字的人才能成为仲裁当事人。该标准的优点是能够直接明确判定出仲裁当事人,但缺陷也很明显:首先,当实体关系上出现合同相对性例外或合同主体动态变化的情形,当合同原始当事人之外的第三人有权主张合同的时候,书面签署标准就给纠纷解决带来了诸多不利影响;其次,书面签署标准也背离了确定当事人应当具备的思想,即尽量使仲裁协议有效及使实体法律关系主体和程序参与主体一致。

(2) 利害关系标准(也称请求权标准),即根据仲裁申请人和被申请人的实体地位以及请求的实体属性来判断其主体身份。该标准的缺点在于,按照请求权标准确定的仲裁当事人的范围始终处于弹性可变的状态。当事人处于不断变化中,不利于仲裁对基本确定性的需求,是否具有仲裁合意、仲裁机构的选择、仲裁庭的组成等,皆因仲裁当事人的不确定,而变得飘忽不定,这也同时影响到当事人对仲裁的选择。

(3) 仲裁协议当事人标准。以是否为仲裁协议的当事人来确定仲裁当事人。何为仲裁协议的当事人,一般认为包括仲裁协议的书面签署人,以及虽不是仲裁协议的书面签署人,但是仲裁协议效力扩张后所涉及的人。该标准直接体现了仲裁当事人的特征,且包括利害关系标准的实质内涵。将传统的书面签署标准和效力扩张后的仲裁协议当事人标准相结合,不仅能够最大限度地使实体权利义务主体与程序参与者保持一致性,确定当事人的范围,而且不至于使确定当事人的标准跨度过大,导致仲裁当事人范围的扩大。

可见,根据仲裁协议当事人标准,仲裁当事人包括仲裁协议的书面签署人和仲裁协议效力扩张后的当事人。

(三) 仲裁当事人的种类

1. 仲裁申请人与仲裁被申请人

在我国仲裁实践中,仲裁当事人包括仲裁申请人与仲裁被申请人。所谓仲裁申请人,是指依据仲裁协议向仲裁委员会提出仲裁申请的人。所谓仲裁被申请人,是指仲裁申请人在仲裁申请书中主张与其发生权利义务争议的对方当事人。当事人的称谓不仅仅是表面上的一种称呼,而是直接关系到不同当事人在仲裁程序中的法律地位以及不同当事人在仲裁程序的权利与义务。

仲裁当事人不同于仲裁参加人和仲裁参与人。仲裁参加人,除仲裁当事人以外,还包括仲裁代理人。仲裁参与人,除包括仲裁参加人以外,还包括参与仲裁程序的证人、鉴定人和翻译人员等。

2. 仲裁第三人的争论

(1) 关于仲裁第三人概念的讨论

何为仲裁第三人,学界从不同的角度给出了不同的界定。具体而言,有如下几个代表性的观点。观点一:仲裁第三人是指在已经开始的仲裁程序中,因符合一定的条件而参加或介入到仲裁程序中的、仲裁协议签约方以外的人。该观点从仲裁效率扩张角度来定义仲裁第三人,在一定程度上能解决仲裁第三人在申请参加仲裁的权利问题,但将仲裁协议效力扩张后的仲裁当事人与仲裁第三人相混淆。观点二:仲裁第三人是指仲裁协议当事人以外的人。这种观点过于概括,将"第三人"的概念简单等同于"其他任何人",如同将诉讼中起诉状所确定的原告和被告之外的人一概确定为诉讼第三人一样,无法体现第三人与仲裁案件的关系,从而丧失了理论意义。观点三:仲裁第三人是指对当事人之间争议的标的有独立的请求权或者虽无独立的请求权,但是与仲裁结果有法律上的利害关系,因而参加到他人之间已经开始的仲裁程序中的人。该观点是参照诉讼第三人制度来界定仲裁第三人制度,无法体现仲裁第三人与诉讼第三人的差别。观点四:从程序的角度出发,认为仲裁第三人即仲裁程序进行过程中的第三人,是指作为非仲裁程序的当事人申请参加到或者被他方申请追加到或者被仲裁庭通知加入到已经开始的仲裁程序中的当事人。这种观点虽然明确了仲裁第三人参与仲裁的方式,但对仲裁第三人的范围界定过宽。

上述观点虽然各有缺陷,但均从不同的角度揭示了仲裁第三人的内涵。本书认为,仲裁第三人的内涵应该包括以下三个方面:第一,仲裁第三人不是仲裁协议的签约人,也不能依据仲裁协议效力扩张原则而实际受到仲裁协议的约束;第二,仲裁第三人对仲裁标的具有独立的请求权或者与案件结果有法律上的利害关系,其有参加到他人已经开始的仲裁程序中之必要;第三,仲裁第三人是在仲裁程序进行过程中加入仲裁,成为当事人,一同解决相关的纠纷,即在加入时间上,必须是原仲裁程序已经开始,尚未作出裁决之前。可见,仲裁第三人是指仲裁程序开始后,与仲裁案件处理结果有实体法上的牵连关系而主动介入或者被动加入到仲裁程序中的非原仲裁协议当事人。

(2) 关于要否设立仲裁第三人制度的争论

关于仲裁当事人问题,目前存在争议较大的就是第三人问题,即仲裁程序中是否存在类似于民事诉讼程序中的那种第三人? 目前,我国《仲裁法》和绝大多数国家的仲裁立法中均没有对第三人作出明确规定。

仲裁是以当事人之间的仲裁协议为基础的,仲裁庭对争议案件的管辖权、审理权仅限于当事人同意的范围,仲裁庭有权决定当事人的仲裁请求是否成立,但无权追加非仲裁协议当事人之外的第三人或者接受第三人参加仲裁程序。否则,必然与仲裁的本意相违背。事实上,随着市场经济的发展,社会经济机构从简单趋向复杂,社会分工也越来越细,导致一笔交易往往涉及许多当事人,而仲裁协议通常是在直接发生法律关系的双方当事人之间签订,这就使得一个涉及多方当事人的争议往往需要进行几个不同的仲裁程序或者其他争议解决程序。这种分别解决的模式,使得相关联的当事人不能参与其他仲裁程序,于是现实的困难产生了:索赔或者抗辩所需要的资料,只有首尾两个当事人才有,而夹在中间的中间商却无法调查,无法取证,无法成功抗辩,极易造成不公正的结果。[①] 这也就是说,如果当事人的仲裁请求与案件当事人之外的第三人有法律上的利害关系,那么仲裁当事人的仲裁请求可能无法得到或者至少无法全部得到仲裁庭的支持;第三人如符合仲裁当事人的条件,可以另行提出仲裁申请;第三人如不符合仲裁当事人的条件,则只能视情况向人民法院提起诉讼,或者寻求其他的解决争议的途径。

正因为如此,对于要否设立仲裁第三人制度,理论上存在着肯定与否定两种观点。持肯定观点者认为,允许存在仲裁第三人制度有利于实现仲裁的公正与效率。公正是人们永恒追求的目标,设立仲裁第三人制度有利于实现仲裁结果与仲裁程序的公正性。同时,设立第三人制度实际上是把同一纠纷中的多个当事人或数个有牵连的纠纷纳入同一纠纷解决程序

---

① 宋连斌、杨玲:《论仲裁第三人》,载《仲裁研究》(第五辑),法律出版社 2005 年版,第 17 页。

中合并处理。无论对仲裁机构还是对当事人都意味着投入的减少和效率的提高。而且，第三人制度的设立使得因其作用而增加的仲裁结果的公正性也会消除导致社会资源再次投入仲裁或诉讼的因素，节约诉讼或者仲裁的投入，降低纠纷解决成本。① 持否定观点者认为仲裁性质中最重要的一点是民间性，当事人的意思自治是仲裁的基本原则。而认为第三人可以不经已经开始的仲裁程序当事人的同意，通过自己申请或者依据仲裁庭通知而参加仲裁必然使仲裁蒙上诉讼化的阴影，从而具有非契约性和强制性，进而与仲裁的本质相悖。②

就仲裁立法与实践来看，绝大多数国家的立法和仲裁机构的仲裁规则均未设立仲裁第三人制度，我国的仲裁立法与仲裁机构的仲裁规则也是如此。此外，在我国的司法实践中，最高人民法院曾公布以下案例：在江苏省物资集团轻工纺织总公司（以下简称轻纺公司）诉（香港）裕亿集团有限公司（以下简称裕亿公司）、（加拿大）太子发展有限公司（以下简称太子公司）侵权损害赔偿纠纷上诉案（以下简称轻纺公司案）③中，上诉人裕亿公司、太子公司因与被上诉人轻纺公司侵权损害赔偿纠纷一案，不服江苏省高级人民法院一审民事裁定，向最高人民法院提起上诉。最高人民法院认为：本案争议的焦点在于仲裁机构是否有权对当事人之间的侵权纠纷作出裁决。从被上诉人轻纺公司在原审起诉状中所陈述的事实和理由来看，其所述裕亿公司和太子公司的侵权行为，都是在签订和履行 CC960505 号和 CC960506 号两份销售合同过程中产生的，同时也是在《中华人民共和国仲裁法》实施后发生的。而该两份合同的第 8 条是明确的仲裁条款，根据《中华人民共和国仲裁法》和《中国国际经济贸易仲裁委员会仲裁规则》的规定，中国国际经济贸易仲裁委员会有权受理侵权纠纷，因此，本案应通过仲裁解决，人民法院无管辖权。原审法院认为轻纺公司提起侵权之诉，不受双方所订立的仲裁条款的约束，显然是与仲裁法和前述仲裁规则相悖的；……此外，认为轻纺公司关于"本案涉及第三人……只有人民法院审理此案，才能查清事实，保护当事人的合法权益"的答辩理由，不予以采纳。综上所述，本案各方当事人均应受合同中订立的仲裁条款的约束，所发生的纠纷应通过仲裁解决，人民法院无管辖权。最高人民法院对本案所作裁定的意义，除了确认侵权争议的可仲裁性外，就有关仲裁第三人的问题作了判定。该裁定表明：第三人如与仲裁当事人有利害冲突，不能参加仲裁程序以解决有关争议，仲裁庭不能追究第三人的责任。④

仲裁立法与实践中，作为少数例外，确实存在仲裁中的第三人。如 1986 年 12 月 1 日生效的《荷兰民事诉讼法典》规定了仲裁中的第三人，该法第 1405 条规定：（1）根据与仲裁程序的结果有利害关系的第三人的书面请求，仲裁庭可以允许该第三人参加或者介入程序。仲裁庭应不迟延地将一份请求发送给当事人。（2）声称第三人应予赔偿的一方当事人可以将一份通知送达第三人，并不迟延地发送给仲裁庭和其他当事人。（3）如果第三人根据他

---

① 宋连斌、杨玲：《论仲裁第三人》，载《仲裁研究》（第五辑），法律出版社 2005 年版，第 20 页。
② 林一飞：《论仲裁与第三人》，载《法学评论》2001 年第 1 期。
③ 轻纺公司案案情简介：1996 年 5 月 5 日，原告轻纺公司与被告裕亿公司签订了 CC960505 号销售合同，约定由裕亿公司销售普通旧电机 5000 吨给轻纺公司，每吨 348.9 美元。同年 5 月 6 日，轻纺公司与被告太子公司签订了 CC960506 号销售合同，约定由太子公司销售普通旧电机 500 吨给轻纺公司，每吨 348.9 美元。上述两份合同第 8 条均明确约定："凡是执行本合同所发生或与本约有关的一切争议，双方可以通过友好协商解决；如果协商不能解决，应提交中国国际经济贸易仲裁委员会，根据该会的仲裁规则进行仲裁。仲裁裁决是终局的，对双方均有约束力"。参见谢石松主编：《商事仲裁法学》，高等教育出版社 2003 年版，第 172 页。
④ 参见谢石松主编：《商事仲裁法学》，高等教育出版社 2003 年版，第 172—174 页。

与仲裁协议的当事人之间的书面协议参加,其参加、介入或者联合索赔仅可由仲裁庭在听取当事人意见后许可。(4)一俟准许了参加、介入或联合索赔的请求,第三人即成为仲裁程序中的一方当事人。可见,虽然荷兰仲裁法规定了仲裁中的第三人,但仲裁中的第三人与民事诉讼中的第三人还是存在一定的区别,即仲裁中的第三人实际上是基于效率考虑进行的合并审理,而且该合并审理必须征得当事人、第三人以及仲裁员的一致同意。

(四)仲裁当事人的权利与义务

1. 仲裁当事人的权利

根据我国《仲裁法》的相关规定,当事人在仲裁中享有以下权利:仲裁申请权与答辩权;委托代理人参加仲裁的权利;选择仲裁员的权利;申请回避的权利;辩论权;收集、提供证据的权利;申请财产保全与证据保全的权利;协商选择审理方式的权利;自行和解和请求调解的权利;请求仲裁裁决书的权利等。

2. 仲裁当事人的义务

仲裁当事人参加仲裁活动,在依法享有仲裁权利的同时,也应当承担相应的义务。当事人承担相应的义务,既是保证仲裁程序顺利进行的必要,同时也是权利义务相一致原则的具体体现。当事人在仲裁程序中应承担以下义务:正当行使其权利的义务;遵守仲裁秩序的义务;履行发生法律效力的仲裁裁决书以及仲裁调解书的义务;缴纳仲裁费用的义务。

二、仲裁代理人

(一)仲裁代理人的概念与特征

仲裁代理人,是指根据法律规定或者当事人、法定代理人的授权委托,以被代理人的名义,为维护被代理人的合法权益,在代理权限范围内代理一方当事人进行仲裁活动的人。代理当事人进行仲裁活动的权限,称为仲裁代理权。

仲裁代理人具有以下特征:

(1)仲裁代理人必须以被代理人的名义进行仲裁活动。由于仲裁当事人是仲裁案件的实体权利的享有者和实体义务的承担者,而仲裁代理人只是代理当事人进行仲裁活动,并不承担因仲裁活动而产生的任何法律后果。因此,仲裁代理人实施一切行为时,都必须以被代理人的名义进行。

(2)仲裁代理人代为进行仲裁活动的目的是维护被代理人的利益。由于仲裁代理人与仲裁案件没有直接的利害关系。因此,其参加仲裁活动的目的就是为了维护被代理当事人的合法权益。

(3)仲裁代理人在代理权限范围内进行代理活动所产生的法律后果由被代理人承担。由于仲裁代理人在仲裁活动中是为了维护被代理人的合法权益,以被代理人的名义实施行为。因此,其在代理权限范围内的仲裁行为所产生的法律后果理应由被代理人承担。

(4)在同一案件的仲裁程序中,代理人只能代理当事人一方进行仲裁活动。在仲裁活动中,由于争议双方当事人的实体利益处于对立状态。因此,为了有效地维护被代理一方当事人的合法权益,仲裁代理人在仲裁程序不得同时代理双方当事人进行仲裁活动。

(二)仲裁代理人的种类

根据《仲裁法》的有关规定,仲裁代理人可以分为法定代理人和委托代理人。

1. 法定代理人

我国《仲裁法》虽然未对法定代理人作出详细的规定,但是,根据《仲裁法》第29条"当事人、法定代理人可以委托律师和其他代理人进行仲裁活动"之规定,在我国仲裁活动中,存在法定代理人代为进行仲裁活动的情形。

由于法定代理人是根据法律规定行使代理权的人,因此,法定代理人的代理权限与被代理的当事人的权利是一致的,即法定代理人不仅享有仲裁程序中的一般性权利,如代为提出仲裁申请、委托代理人、收集并提供证据、参与庭审等,而且还可以根据自己的意愿行使特殊权利,如代为承认、放弃、变更仲裁请求、进行和解或者调解等。

在仲裁程序中,出现下列情形时,法定代理人的代理权限即消灭:被代理人取得或者恢复了行为能力;法定代理人死亡或者丧失行为能力;法定代理人失去对被代理人的亲权或者监护权。

2. 委托代理人

委托代理人,是基于当事人、法定代理人的授权委托并在授权范围内,代为进行仲裁活动的人。根据《仲裁法》第29条的规定,当事人、法定代理人可以委托律师和其他代理人进行仲裁活动。委托律师和其他代理人进行仲裁活动的,应当向仲裁委员会提交授权委托书。

根据委托授权的不同,可以把委托代理分为一般委托代理和特别委托代理。在一般代理中,委托代理人只能代为进行一般性的权利;在特别代理中,委托代理人有权代为承认、放弃或变更仲裁请求;代为进行和解与调解、代为提出反请求,但这些权利的行使必须经被代理人的明确授权。

委托代理权基于被代理当事人的授权而产生,也可以基于被代理当事人的授权而予以变更。当事人变更对委托代理人的代理权限的,应书面通知仲裁庭。委托代理权产生以后,出现下列情形之一的,委托代理权即归于消灭:仲裁程序终结;委托代理人死亡或者丧失行为能力;委托人解除委托或者代理人辞去委托。

第二节 仲裁申请与受理

一、仲裁申请

(一)仲裁申请的概念

仲裁申请,是指平等主体的公民、法人和其他组织就他们之间发生的合同纠纷和其他财产权益纠纷,根据双方当事人之间自愿达成的仲裁协议,提请仲裁协议中选定的仲裁委员会通过仲裁方式解决争议的行为。

根据我国《仲裁法》的规定,仲裁协议约定事项发生争议后,争议的任何一方当事人都可以根据双方当事人之间订立的仲裁协议,向仲裁协议约定的仲裁委员会提出仲裁申请,因此,当事人依据仲裁协议申请仲裁是仲裁程序启动的前提。

(二)申请仲裁的条件

在商事仲裁实务中,提出仲裁申请,必须具备一定的条件。对于申请仲裁的条件,各国的仲裁立法和商事仲裁规则中一般都有较为明确的规定。一般都要求:当事人之间存在有效的仲裁协议;有明确的仲裁请求;有事实和理由;提供必要的证据和证据来源。对于仲裁庭的组成,也应该提供必要的建议或采取必要的行动,如选定仲裁员。例如,《瑞典仲裁法》第 19 条规定,除非当事人另有约定,仲裁程序自一方当事人收到根据本条第二段提出的仲裁申请之日起开始。仲裁申请必须是书面的且包括以下内容:(1)明确及无条件的仲裁请求;(2)对仲裁协议项下且将由仲裁员解决的事项的说明;(3)在要求当事人委任仲裁员时,对其所选择的仲裁员的说明。再如,1998 年的《伦敦国际仲裁院仲裁规则》第 1 条仲裁申请规定,(1)任何当事人拟按照本规则提起仲裁者(下称"申请人"),应向仲裁法院书记员提交书面仲裁申请(下称"申请书"),申请书应包括或附载下列事项:(a)仲裁当事人及其法定代表人的姓名、地址、电话、传真、电传和电子邮箱号码(如知晓的话);(b)申请人援引的书面仲裁条款或单独的书面仲裁协议(下称"仲裁协议")的副本一份,以及包含有仲裁条款或就此而产生仲裁的合同文件的副本一份;(c)阐述争议性质和案情、阐明申请人向仲裁另一方当事人("被申请人")所提出的请求的简要陈述;(d)当事人已经书面约定或申请人拟建议的任何与仲裁有关事项(如仲裁地、仲裁语言、仲裁员人数或其资格或其身份)的陈述;(e)仲裁协议规定当事人提名仲裁员的,申请人提名的人的姓名、地址、电话、传真、电传和电子邮箱号码(如知晓的话);(f)仲裁收费表规定的费用(未缴付者,申请应被视为未被书记员收悉、仲裁应视为未开始进行);及(g)向书记员确认申请书(包括所有附件)的副本已经或者正在以确认书中说明的一种或多种方式同时送达所有的其他仲裁当事人。(2)书记员收到申请书之日应视为仲裁开始之日。向书记员提交申请书(包括所有附件)时,如应指定一位独任仲裁员的,应为一式两份,如果当事人已经约定或者申请人认为应指定三名仲裁员的,则应为一式四份。

我国《仲裁法》和各仲裁委员会的《仲裁规则》中,对申请仲裁的条件也作了明确规定,具体包括以下三个方面:

1. 实质条件

根据我国《仲裁法》第 21 条的规定,当事人申请仲裁应当符合以下条件:

(1)有仲裁协议。仲裁的本质在于当事人自愿,而仲裁协议正是当事人自愿将其争议提交仲裁解决的合意。当事人之间订立仲裁协议的目的就在于授权仲裁机构以仲裁的方式解决争议,而排除人民法院的司法管辖权。因此,有仲裁协议是当事人申请仲裁的前提条件,如果没有仲裁协议,任何一方当事人向仲裁委员会申请仲裁,仲裁委员会均不得受理。

(2)有具体的仲裁请求和事实、理由。所谓仲裁请求,是当事人通过仲裁委员会向对方当事人提出的具体实体权利主张或要求,也就是当事人请求仲裁委员会通过仲裁活动所要解决的具体问题以及所要达到的目的。仲裁请求应当具体而明确,不能使用含糊或者抽象的语言。所谓事实、理由,是指申请人向仲裁委员会提出仲裁请求所依据的事实以及相应的理由。事实是一种客观情况,主要是指双方当事人之间存在的民商事法律关系发生、变更、消灭的事实以及由此而引起具体纠纷的事实,这些事实都需要提供相应的证据予以证明。而理由是申请人的一种主观认识,即申请人提出的据以支持其主张的证据材料和法律依据。当然,申请人的请求是否合理、事实是否真实、理由是否适当,需要仲裁庭通过一定的正当程序审理后作出判断。

(3)属于仲裁委员会的受理范围。即当事人在仲裁协议中所约定提请仲裁解决的争议应属于《仲裁法》所规定允许仲裁的事项。具体而言,当事人申请仲裁解决的争议必须属于《仲裁法》第 2 条规定的范围,即平等主体的公民、法人和其他组织之间发生的合同纠纷和其他财产权益纠纷。此外,当事人申请仲裁解决的争议不属于《仲裁法》第3条规定的不能仲裁的事项,即不是基于婚姻、收养、监护、扶养、继承产生的纠纷,也不是依法应当由行政机构处理的行政争议。否则,仲裁委员会不得受理当事人提出的仲裁申请。

2. 形式条件

当事人申请仲裁,除应当具备上述申请仲裁的实质条件以外,还应当符合《仲裁法》第22条所规定的形式要求,即申请仲裁应当向仲裁委员会递交仲裁协议、仲裁申请书及副本。可见,申请仲裁需要采取书面形式。采取书面形式申请仲裁,既可以便于被申请人针对仲裁申请书进行答辩,也便于仲裁庭及时了解当事人的仲裁请求及其事实与理由,从而行使仲裁权尽快对该争议案件进行审理并作出仲裁裁决。

根据《仲裁法》第23条的规定,仲裁申请书应当记载下列内容:

(1)当事人的基本情况。具体包括申请人和被申请人的姓名、性别、年龄、职业、工作单位、住所、联系方式;如果当事人是法人或者其他组织,则应当写明法人或者其他组织的名称、住所以及法定代表人或者主要负责人的姓名、性别、职务及联系方式。如果申请人有代理人的,应当在申请人基本情况之后写明代理人的基本情况,并出具对委托代理人的授权委托书。

(2)仲裁请求及事实和理由。这部分是仲裁申请书的主要部分,应当尽可能地做到详细、具体、说理充分透彻、逻辑严谨。其中仲裁请求部分应明确具体,如果有多项仲裁请求,应当一一写明。事实、理由部分是仲裁申请书的核心部分,它既是支持仲裁请求的依据,同时也是仲裁庭查明争议案件事实的重要依据。书写事实、理由部分应注意重点突出事实部分,理由部分要依据事实部分有理有据。

(3)证据和证据来源、证人姓名和住所。根据《仲裁法》第43条的规定,当事人应当对自己的主张提供证据加以证明,这就要求仲裁申请人在提出仲裁请求时,应当提供该仲裁请求所依据的证据,同时,为了便于仲裁庭查明证据的真实性与合法性,申请人还需要提供证据的来源;如果证据的表现形式是证人证言,应当提供证人姓名与住所,以便于仲裁庭通知证人出庭作证。这样要求,一方面有利于促使仲裁申请人对争议案件事实作出真实的陈述,防止仲裁申请人滥用权利,另一方面也有利于仲裁庭核对有关争议案件事实,进行必要的调查,从而在认定案件事实的基础上及时作出仲裁裁决。

此外,仲裁申请书还应当写明仲裁委员会的名称、提交申请书的日期,并由仲裁申请人签名或者盖章。

3. 交纳仲裁费用

根据我国《仲裁法》第76条之规定,当事人申请仲裁时应当按照规定交纳仲裁费用,但未对收费标准、缓、减交等作出规定。为此,我国各仲裁机构都在其《仲裁规则》中对交纳仲裁费用的标准等作出了明确规定。也就是讲,当事人申请仲裁时预交仲裁费用为申请仲裁的条件之一。例如,《中国国际经济贸易仲裁委员会仲裁规则(2012年版)》第12条第3款规定,按照仲裁委员会制定的仲裁费用表的规定预交仲裁费用;《北京仲裁委员会仲裁规则(2008年版)》第7条第2款规定,当事人申请仲裁,应当按照本会制定的收费标准,预交仲裁费用。当事人预交仲裁费用有困难的,可以申请缓交,由本会决定是否批准。当事人不预交仲裁费用,又不提出缓交申请的,视为撤回仲裁申请。

二、仲裁受理

（一）仲裁受理的概念

在仲裁活动中,仲裁申请与仲裁受理是两个不同但又密不可分的行为。仲裁申请是仲裁受理的前提,而仲裁受理又是在仲裁申请的基础上引起仲裁程序的发生。可见,仅有仲裁申请而没有仲裁受理,仲裁程序是不能进行的。

仲裁受理,是指仲裁机构对当事人提出的仲裁申请经过审查,认为符合法律规定的受理条件,从而决定立案审理的行为。

当事人向仲裁委员会提出仲裁申请后,并不意味着仲裁程序的启动。在机构仲裁中,各仲裁机构受理仲裁案件的要求不完全相同。例如,在我国,仲裁委员会对于当事人的仲裁申请经过审查后,认为符合法定条件的,仲裁委员会即可受理,并发出仲裁通知,此时仲裁程序才能启动。又如在国际商会仲裁院和斯德哥尔摩商会仲裁院,如果没有发现存在仲裁协议的初步证据,认为仲裁院明显地缺乏管辖权、或者申请人未交清立案费,将不受理仲裁申请。[①]

（二）仲裁申请的审查与受理

根据《仲裁法》第 24 条的规定,对当事人提出的仲裁申请,仲裁委员会应当在收到仲裁申请书之日起 5 日内进行审查,认为符合受理条件的,应当受理,并通知当事人;认为不符合受理条件的,应当书面通知当事人不予受理,并说明理由。在仲裁实践中,仲裁委员会收到当事人提出的仲裁申请后,通常进行三个方面的审查：

（1）对形式条件的审查。即审查当事人的仲裁申请书是否符合《仲裁法》第 22 条和第 23 条规定的条件。主要是审查申请人提交的仲裁申请书及其副本的格式是否符合要求,如果仲裁委员会经过审查,发现仲裁申请书的格式或者内容有欠缺,可要求仲裁申请人限期予以补正,然后根据补正的仲裁申请书决定是否受理。

（2）对实质条件的审查。即审查当事人的仲裁申请是否符合《仲裁法》第 21 条的规定。具体而言,审查以下几个方面：第一,当事人之间是否存在有效的仲裁协议。不过在这一阶段,仲裁委员会对仲裁协议的审查应当是形式意义的,即只需审查当事人之间是否存在仲裁条款或者单独的仲裁协议书,或者是否存在以电报、电传等形式记载的仲裁协议。至于仲裁协议的效力的认定问题,则应当在仲裁过程中予以处理。第二,有无具体的仲裁请求、事实与理由。第三,是否属于本仲裁委员会的受案范围。

（3）对是否交纳仲裁费用的审查。当事人申请仲裁,必须按照仲裁委员会的交费通知交纳仲裁费用。所以,仲裁委员会接受了申请人提交的申请仲裁书等材料后,并不等于仲裁委员会就立案受理了案件,只有在申请人依照交费通知交纳了仲裁费用以后,当事人的仲裁申请才被正式受理。

仲裁委员会在法定期间内对上述内容经过审查后,认为符合受理条件的,应当受理,并通知当事人;认为不符合受理条件的,应当书面通知当事人不予受理,并说明理由。

（三）受理后的准备工作

仲裁委员会一旦受理当事人提出的仲裁申请后,为了保证仲裁活动的顺利尽快进行,应

---

① 谢石松主编：《商事仲裁法学》,高等教育出版社 2003 年版,第 180 页。

当进行相应的准备工作。根据《仲裁法》第 25 条第 1 款的规定,仲裁委员会受理仲裁申请后,应当在仲裁规则规定的期限内将仲裁规则和仲裁员名册送达申请人,并将仲裁申请书副本和仲裁规则、仲裁员名册送达被申请人。被申请人接到仲裁委员会送达的仲裁申请书副本后,应当在仲裁规则规定的答辩期内提交答辩书。仲裁委员会收到答辩书后,应当在仲裁规则规定的期限内将答辩书副本送达申请人。被申请人不提交答辩书的,不影响案件的审理。根据本条规定,仲裁委员会将仲裁申请书副本送达给被申请人的目的在于使被申请人及时了解申请人的仲裁请求以及事实、理由,以便于被申请人进行答辩并在仲裁规则规定的期限内提出答辩书。当然,被申请人不提出答辩书的,不影响仲裁程序的继续进行。此外,还需向双方当事人送达仲裁规则与仲裁员名册。送达仲裁规则的目的在于让双方当事人及时了解仲裁规则中的相应程序性规定,以保证双方当事人按照仲裁规则的具体程序要求为仲裁行为;送达仲裁员名册的目的在于便利当事人及时行使选择仲裁员的权利,以保证仲裁庭的及时顺利组成。

第三节　仲裁答辩与仲裁反请求

一、仲裁答辩

仲裁答辩,是指在仲裁程序中,被申请人为了维护自己的合法权益,针对申请人在仲裁申请书中所提出的仲裁请求和该仲裁请求所依据的事实、理由进行答复与辩解的行为。

在仲裁中,被申请人针对申请人提出的仲裁请求、事实与理由,有合理的机会与方式充分进行答辩,是基于仲裁正当程序要求而为被申请人设置的一项极其重要的程序性权利。仲裁答辩不仅是被申请人用以维护其合法权益的重要手段,而且被申请人客观充分地提出答辩理由也有助于仲裁庭及时查明争议案件事实,分清是非,从而公正、合理地解决争议案件。

根据《仲裁法》第 25 条第 2 款的规定,被申请人收到仲裁申请书副本后,应当在仲裁规则规定的期限内向仲裁委员会提交答辩书。可见,被申请人答辩须采取书面形式。被申请人要针对申请人提出的仲裁请求及其依据进行答辩,特别是认为仲裁请求全部或者部分无理时,应当据理反驳。通过答辩书,被申请人既可以表明自己对仲裁申请书中所提出的仲裁请求以及所依据的事实、理由的态度,也可以在答辩书中进一步提出有利于自己的事实和理由。如果被申请人不按期提交答辩书,则意味着其自愿放弃了针对仲裁申请书进行书面答辩的权利,不影响仲裁程序的继续进行。在仲裁实践中,也有被申请人故意不按期提交答辩书,而在仲裁庭开庭审理仲裁案件时再进行答辩的情形,企图给申请人以突袭。虽然我国现行仲裁立法及相关司法解释对这种不诚信的行为并无明确的禁止性规定,但这种行为是不可取的。因为其结果不仅致使仲裁申请人处于不公平的地位,而且还必然导致仲裁程序的迟延,降低仲裁庭开庭审理争议案件的效率,不利于争议案件的及时解决。

二、仲裁反请求

(一)仲裁反请求的概念

仲裁反请求,是指在已经开始的仲裁程序中,被申请人通过本仲裁委员会向申请人提出的一种独立的反请求。反请求必须与申请人的仲裁请求在事实和法律上有牵连关系,例如,申请人要求被申请人按房屋买卖合同的约定将其出卖的房屋交付,被申请人提起反请求,要求撤销双方之间的房屋买卖合同,等等。被申请人提起仲裁反请求的目的在于抵消或者吞并申请人的仲裁请求。

与仲裁答辩一样,被申请人提出仲裁反请求也是在仲裁活动中用以维护其合法权益的重要手段。允许被申请人提出反请求体现了双方当事人在仲裁程序中地位平等并享有平等的权利,即申请人可以基于仲裁协议提出仲裁请求,被申请人则可以在仲裁程序中针对仲裁请求提出反请求。事实上,赋予被申请人提出反请求的权利也可以极大地提高仲裁庭解决争议的效率。为此,《仲裁法》第27条明确规定:"申请人可以放弃或者变更仲裁请求。被申请人可以承认或者反驳仲裁请求,有权提出反请求。"

(二)仲裁反请求的构成要件

在仲裁活动中,仲裁反请求的成立需要具备五个要件:

(1)当事人特定并且地位互换。在仲裁程序中,仲裁反请求是由被申请人以申请人为被申请人提出的,被申请人提出反请求后,双方当事人的法律地位即具有了双重性,即原仲裁请求的申请人同时也是仲裁反请求的被申请人,而原仲裁请求的被申请人同时也是仲裁反请求的申请人。

(2)反请求须与本请求基于同一仲裁协议提出。仲裁协议是提出仲裁请求与仲裁反请求的基础,并且反请求提出所依据的仲裁协议必须与本请求提出所依据的仲裁协议是同一的。如果不同,通常认定是两个独立的案件,应当分别立案、分别审理,不应作为仲裁反请求与本请求合并审理。①

(3)反请求具有独立性。反请求虽然是以仲裁请求的存在为前提的,没有仲裁请求也就没有反请求。但是反请求又是一个完全独立的仲裁请求,应当具有仲裁请求的全部要素。仲裁反请求的独立性主要体现在两个方面:一方面,被申请人既可以在基于申请人的仲裁申请而开始的仲裁程序以反请求的形式提出仲裁申请,也可以直接向仲裁协议约定的仲裁委员会提出独立的请求而开始新的仲裁程序;另一方面,仲裁反请求一经受理,不受仲裁申请人行为的影响,即使仲裁申请人撤回仲裁申请,仲裁反请求依然独立存在。

(4)反请求提出的时间具有限定性。被申请人的反请求应当在仲裁程序进行中提出,这样,仲裁庭才能将仲裁请求与仲裁反请求一并审理,达到以仲裁反请求抵消或者吞并仲裁请求的目的。否则,仲裁程序结束后,即使被申请人的仲裁反请求得到仲裁庭的支持,也无法起到抵消或者吞并仲裁请求的作用。

(5)反请求在事实与理由上的牵连性。仲裁反请求是被申请人针对申请人的仲裁请求提出的,虽然仲裁反请求与仲裁本请求是对立的。但是,仲裁反请求应当与仲裁本请求存在事实与理由的牵连性。

(三)反请求的提出和审理

在仲裁程序中,赋予被申请人提出反请求权利的目的在于保护被申请人的合法权益,然而,由于反请求与仲裁本请求所依据的是同一个仲裁协议。因此,被申请人提出反请求应当向受理原仲裁请求的仲裁委员会提出,并且应当在受案仲裁委员会的《仲裁规则》要求的期限内提出。我国《仲裁法》仅规定反请求应当在仲裁过程中提出,而我国各仲裁机构在其

---

① 参见孙巍编著:《中国商事仲裁法律与实务》,北京大学出版社2011年版,第114页。

《仲裁规则》中,对反请求提出的时间均作了进一步明确的规定,例如,《中国国际经济贸易仲裁委员会仲裁规则(2012版)》第15条第1款:"被申请人如有反请求,应自收到仲裁通知后45天内以书面形式提交。被申请人确有正当理由请求延长提交反请求期限的,由仲裁庭决定是否延长反请求期限;仲裁庭尚未组成的,由仲裁委员会秘书局作出决定。"又如,《北京仲裁委员会仲裁规则(2008年版)》第11条第1款:"被申请人如有反请求,应当自收到答辩通知之日起15日内提出。逾期提交的,仲裁庭组成前由本会决定是否受理;仲裁庭组成后由仲裁庭决定是否受理。"

仲裁委员会收到被申请人提出的反请求后,应当对该反请求进行审查,对于符合条件的反请求,应当予以受理,并将反请求书副本送达申请人;对于不符合条件的仲裁反请求,仲裁委员会不予受理。对于已受理的反请求,仲裁庭应当与原仲裁请求合并处理。仲裁委员会受理被申请人提出的反请求之后,如果申请人撤回仲裁申请,仲裁庭应当对被申请人的反请求继续进行审理并作出仲裁裁决。

第四节 仲裁庭的组成

一、仲裁庭的组成形式

仲裁委员会受理当事人提出的仲裁申请后,并不能够行使对争议案件的仲裁权,而是由组成的仲裁庭行使仲裁权,对仲裁案件进行审理并作出裁决。

仲裁庭,是指由当事人选定或者仲裁委员会主任指定的仲裁员组成的,对仲裁案件按照仲裁程序进行审理并作出裁决的仲裁组织。从我国《仲裁法》的规定来看,仲裁庭的组成形式有两种,即合议制仲裁庭和独任制仲裁庭。

(1) 合议制仲裁庭。这是指由3名仲裁员组成对仲裁案件进行集体审理和作出裁决的仲裁组织形式。仲裁庭设首席仲裁员1名,由该首席仲裁员主持仲裁案件的审理、评议和裁决等工作。仲裁庭对仲裁案件的裁决,实行少数服从多数的原则,即按多数仲裁员的意见作出,如仲裁庭不能形成多数人意见时,裁决应当按照首席仲裁员的意见作出。当然,也有一些国家的合议制仲裁庭是由2名仲裁员组成,例如,根据英国《1996年仲裁法》的规定,英国允许由2名仲裁员组成仲裁庭,不设首席仲裁员。只有当这2名仲裁员无法达成一致意见时,需要选定公断人,由公断人对该案件作出裁决。

(2) 独任制仲裁庭。这是指由1名仲裁员对仲裁案件独立地进行审理和裁决的仲裁组织形式。根据我国《仲裁法》和各仲裁机构制定的《仲裁规则》的规定,对仲裁案件由独任制仲裁庭进行审理和裁决的,一般都是双方当事人共同作出约定或者适用简易程序仲裁案件时,所采用的一种仲裁组织形式。

关于仲裁庭组成形式的确定方式,我国《仲裁法》第32条规定:"当事人没有在仲裁规则规定的期限内约定仲裁庭的组成方式或者选定仲裁员的,由仲裁委员会主任指定"。可见,为了尊重当事人的意愿,首先由双方当事人约定仲裁庭的组成形式。但是,在仲裁实践中,由于双方当事人之间产生利益冲突,可能使双方当事人就仲裁庭的组成形式,经过协商无法或者难以达成一致的意见,而在仲裁协议中就仲裁庭的组成形式一般又未作出明确的约定,在这种情况下,为了保证仲裁程序的顺利进行,使仲裁案件尽快得到解决,也为了保证仲裁庭的仲裁权得到正当行使,由仲裁委员会主任指定仲裁庭的组成形式,是切实可行的。

二、仲裁员的具体确定

在仲裁实践中,仲裁员的确定直接关系到仲裁案件的适当审理和当事人的切身利益,因此,确定仲裁员以及确定仲裁庭的组成形式是仲裁程序中非常重要的事项之一。

(一)合议制仲裁员的确定

我国《仲裁法》第 31 条规定,当事人约定由 3 名仲裁员组成仲裁庭的,应当各自选定或者各自委托仲裁委员会主任指定 1 名仲裁员,第 3 名仲裁员由当事人共同选定或者共同委托仲裁委员会主任指定。第 3 名仲裁员是首席仲裁员。也就是说,结合《仲裁法》第 32 条的规定,合议庭仲裁员的确定方式为:(1)先由双方当事人各自选定 1 名仲裁员或者由双方当事人各自委托仲裁委员会主任指定 1 名仲裁员。如果双方当事人没有在仲裁规则规定的期限内各自选定委托仲裁委员会主任指定仲裁员的,由仲裁委员会主任指定仲裁员。(2)首席仲裁员由双方当事人共同选定或者由双方当事人共同委托仲裁委员会主任指定。如果双方当事人没有在仲裁规则规定的期限内共同选定或者共同委托仲裁委员会主任指定首席仲裁员的,由仲裁委员会主任指定。

(二)独任制仲裁员的确定

根据我国《仲裁法》第 31 条第 2 款的规定,当事人约定由 1 名仲裁员成立仲裁庭的,应当由当事人共同选定或者共同委托仲裁委员会主任指定。也就是说,结合《仲裁法》第 32 条的规定,独任制仲裁员的确定方式为:(1)双方当事人共同选定 1 名仲裁员或者双方当事人共同委托仲裁委员会主任指定 1 名仲裁员。(2)双方当事人没有在仲裁规则规定的期限内共同选定或者共同委托仲裁委员会主任指定仲裁员的,由仲裁委员会主任指定仲裁员。

三、仲裁员的回避

(一)仲裁员回避的概念

仲裁员的回避,是指承办案件的仲裁员在具有法定情形,可能影响对案件的公正审理与裁决时,退出该案仲裁活动的制度。回避制度是为了保证案件公正审理而设立的一项制度,其有效实行,一方面有利于保证案件审理质量,另一方面有利于消除当事人的顾虑,以维护仲裁机构的威信。

(二)仲裁员回避的法定情形

从世界各国的商事仲裁立法和各常设仲裁机构的仲裁规则来看,有关仲裁员回避的理由各种各样。但大体上可以分为两类:第一类与民事诉讼中法官回避的理由相同。第二类理由则较为复杂,可归纳为三种情况:其一是事先接触过一方当事人;其二是主体资格或行为能力不合法;其三是仲裁员在办案过程中不勤勉审慎地履行自己的职责。[1] 如英国《1996 年仲裁法》第 24 条规定:"仲裁程序的一方当事人,经通知另一方当事人、相关仲裁员和其他仲裁员,可以基于以下理由申请法院撤换仲裁员:存在导致当事人对该仲裁员的公正性产生具有正当理由的怀疑的事由;该仲裁员不具备仲裁协议所要求的资格;该仲裁员在体力上或精神上无力进行仲裁程序,或对其进行仲裁程序的能力存在具有正当理由的怀疑;该仲裁员

---

[1] 谢石松主编:《商事仲裁法学》,高等教育出版社 2003 年版,第 200 页。

拒绝或没有适当地进行仲裁程序,或合理迅速地进行仲裁程序或作出裁决,且已经或将对申请方产生实质性的不公正。"有些国家和仲裁机构仅原则性地规定,对仲裁员的公正性、独立性产生具有正当理由的怀疑时,当事人即可申请仲裁员回避。如《德意志联邦共和国民事诉讼法》第 1036 条第 2 款规定:"只有存在一定的情况,对于仲裁员的公正与独立引起合理的怀疑,或者仲裁员不具备当事人所约定的条件时,才能要求其回避。当事人一方对于他所指定的仲裁员或他参与共同指定的仲裁员,只能以他在指定后所知悉的事由为限,要求其回避。"

对于我国仲裁员的回避情形,《仲裁法》作出了明确的规定。根据《仲裁法》第 34 条的规定,仲裁员有下列情形之一的,必须回避,当事人也有权提出回避申请:

(1)是本案的当事人或者当事人、代理人的近亲属。在仲裁程序中,处于不同地位的人依法享有不同的权利,承担不同的义务,因此,任何人只能以一种身份参与仲裁程序,如果某人是本案的当事人,他只能以当事人的身份参加仲裁程序,而不得同时担任本案的仲裁员。此外,如果仲裁员与本案当事人、代理人有近亲属关系,则其极有可能会偏袒一方当事人,而损害另一方当事人的合法权益。因此,在上述情形之下仲裁员应当回避。

(2)与本案有利害关系。即仲裁员与本案的裁决结果有法律上的利害关系,会涉及仲裁员的自身利益,进而影响到对仲裁案件的公正审理与裁决,因此,仲裁员应当回避。

(3)与本案当事人、代理人有其他关系,可能影响公正仲裁的。这里的其他关系,通常是指仲裁员与本案的当事人、代理人系同学、同事、战友等近亲属之外较为密切的关系。如果仲裁员与本案当事人、代理人有上述关系,必然会影响到仲裁案件的公正审理与裁决,也应当回避。

(4)私自会见当事人、代理人,或者接受当事人、代理人的请客送礼的。在仲裁程序中,虽然仲裁员主要是由当事人选定的,但仲裁员一旦接受选定后,就应当居中行使仲裁权对争议案件进行公正审理与裁决。如果仲裁员私自会见当事人、代理人,则难免会因与当事人、代理人交流案件的有关情况而形成先入为主的观念。此外,如果仲裁员接受当事人、代理人的请客送礼,则不仅说明仲裁员与当事人、代理人存在较为特殊的关系,而且可能会偏袒该方当事人,不利于仲裁案件的公正审理与裁决,因此,仲裁员应当回避。

(三)回避的方式

根据《仲裁法》第 34 条的规定,回避有以下两种方式:

(1)仲裁员自行回避。即承办案件的仲裁员遇有法定的应当回避情形时,自觉、主动提出回避申请,要求退出仲裁案件的仲裁活动。这样不仅有利于维护仲裁员自身的良好形象,也有利于维护仲裁机构的声誉。我国《仲裁法》对仲裁员自行回避的申请时间未作规定,在仲裁实践中,仲裁员发现自己存在法定回避事由时应及时提出回避申请。

(2)当事人申请回避。申请回避是仲裁当事人的一项程序权利,即当事人发现仲裁员具有法定需要回避事由的,有权提出申请,要求仲裁员回避。根据《仲裁法》第 35 条的规定,当事人申请回避的,可以采取口头方式或书面方式,但是应当说明理由,并在首次开庭前提出;回避事由在首次开庭后知道的,可以在最后一次开庭终结前提出。

(四)回避的处理及后果

1. 回避的处理

无论是仲裁员自行回避,还是当事人申请回避,都涉及对仲裁员回避的处理问题。仲裁员是否应当回避,应当由特定的机构或者人员进行审查,以便于作出该仲裁员是否回避的决定。根据我国《仲裁法》第36条的规定,仲裁员是否回避,由仲裁委员会主任决定;仲裁委员会主任担任仲裁员时,由仲裁委员会集体决定。

2. 回避的后果

仲裁员的回避是在仲裁程序进行过程中出现的一种特殊情形,仲裁员一旦被决定回避后,必然会涉及其在回避前已进行的仲裁活动如何处理的问题。仲裁员因自行回避或者当事人申请回避而被决定回避后,并不影响当事人将其争议提交仲裁解决的意思表示。根据《仲裁法》第37条的规定,仲裁员因回避不能履行其职责的,当事人应当按照《仲裁法》的规定重新选定仲裁员或者由仲裁委员会主任重新指定仲裁员,因回避而重新选定或者指定仲裁员后,当事人可以请求已进行的仲裁程序重新进行,是否准许,由仲裁庭决定;仲裁庭也可以自行决定已进行的仲裁程序重新进行。

第五节 仲裁管辖权异议

一、仲裁管辖权异议的内涵

仲裁管辖权(jurisdiction of arbitration),是指仲裁庭依据仲裁协议对当事人提请仲裁的争议案件进行审理并作出裁决的权限。仲裁管辖权实质上是仲裁庭的管辖权。因为,仲裁机构基于仲裁申请受理争议案件后,应当组成仲裁庭具体行使对争议案件的审理与作出裁决的权力。可见,仲裁管辖权是仲裁庭对当事人提请仲裁的特定争议进行审理并作出有约束效力仲裁裁决的前提和依据。

仲裁管辖权不同于民事诉讼管辖权,其不是来源于国家法律的规定,而是来源于当事人之间有效仲裁协议的授权,以当事人双方的合意为基础,并且不得超出法律规定的范围。在仲裁实践中,当事人签订仲裁协议后,甚至在依据仲裁协议提出仲裁申请后,经常会对仲裁协议的效力提出异议,对仲裁协议效力的认定直接关系到仲裁庭对争议案件是否享有仲裁的权力。可见,仲裁管辖权的确定与仲裁协议效力的认定密不可分,仲裁协议的有效性问题就成为仲裁管辖权的首要内容。此外,在仲裁协议有效的前提下,提交的争议事项是否为仲裁协议约定的仲裁事项也会直接影响仲裁庭对该事项的管辖权。因此,提交的争议事项是否为仲裁协议约定的仲裁事项也构成仲裁管辖权的主要内容。

可见,仲裁管辖权异议,就是在仲裁委员会受理仲裁案件后,仲裁当事人提出该仲裁委员会对本案无管辖的主张和意见。主要包括对仲裁协议效力的异议以及提交的争议事项是否为仲裁协议约定的仲裁事项等内容。

二、仲裁庭对仲裁管辖权的认定

(一) 仲裁庭自裁管辖原则的确立

在当事人提出仲裁管辖权异议后,必然涉及对该仲裁管辖权异议是否成立作出认定的问题。根据传统的理论和实践,对仲裁管辖权应由法院而不是仲裁庭来认定。因此,这将会面临一个两难的问题,即在法院对仲裁管辖权异议进行审查和认定期间,仲裁庭要否停止对案件的审理?停止对案件的审理,如果法院认定仲裁庭对案件有管辖权,则会造成时间的浪费;不停止对案件的审理,如果法院认定仲裁庭对案件没有管辖权,又会造成资源的浪费和成本的提高。于是,仲裁庭的自裁管辖原则被提出,目前在国际上已得到普遍的承认,并在法律上得到了普遍的确认。

仲裁庭的自裁管辖原则,即仲裁庭有权对仲裁管辖权异议进行审查,并对仲裁庭对案件是否具有仲裁权作出决定。尽管仲裁庭所作出的决定以后可能会被法院推翻,但这并不排除或者阻止仲裁庭首先对自身的管辖权问题作出决定的权力。

仲裁庭自裁管辖权原则刚被提出时,人们对仲裁庭究竟是否应当拥有决定其自身管辖权的权力,或者有权在多大范围内决定其自身的管辖权曾发生过许多的争论。早在 20 世纪 50 年代,英国法官 P. 德夫林(P. Devlin)曾陈述:任何一个仲裁程序开始时,一方或另一方当事人都有可能对仲裁员的管辖权提出异议。法律并没有要求仲裁员在其管辖权遭到反对或质疑时,应该拒绝履行其职责。法律也没有要求在管辖法院就仲裁庭管辖权问题作出判决前仲裁员不对管辖权异议作出实质性调查和裁决,而是继续仲裁,把管辖权问题留待有权决定的法院去作判决。仲裁员没有义务采取上述任何一种作法。仲裁员有权就他们是否有管辖权问题进行审查,其目的不是为了得到任何对当事人有约束力的结论,而是作为一个预先问题向当事人证实他们是否应该继续进行仲裁。[①] 而且,就当事人可否通过仲裁协议赋予仲裁员对其管辖权作出有约束力决定的权力问题,德国还存在一场争论。1955 年德国高等法院认定,仲裁员对作为其权限基础的仲裁协议的范围有作出最终决定的权力。但这一裁定受到广泛批评,1977 年该院另一个庭则持不同的立场,认为当事人只能另行签订独立的仲裁协议赋予仲裁员自裁管辖权的权力,且该协议的效力还需接受法院审查。[②]

自 20 世纪 80 年代以后,仲裁庭自裁管辖权原则迅速得到了世界各国的广泛接受和采纳,构成了现代商事仲裁管辖权理论的主要内容,并已作为现代国际社会仲裁法律制度中的一项极其重要的原则,为目前许多国家的仲裁立法、仲裁实践以及司法实践所广泛接受和采用。如《联合国国际商事仲裁示范法》第 16 条在规定仲裁庭对自己的管辖权作出裁定的权力时规定:"(1) 仲裁庭可以对它自己的管辖权包括对仲裁协议的存在或效力的任何异议,作出裁定。为此目的,构成合同的一部分的仲裁条款应视为独立于其他合同条款以外的一项协议。仲裁庭作出关于合同无效的决定,不应在法律上导致仲裁条款的无效。……"[③]《联合国国际贸易法委员会仲裁规则》第 21 条第 1 款也规定:"仲裁庭应有权就该庭管辖权所提出的异议,包括对仲裁条款或单独的仲裁协议的存在和效力所提出的任何异议,作出决定"。[④]

(二)仲裁庭自裁管辖原则的内容

仲裁庭自裁管辖原则包含两个方面的内容:

(1)赋予仲裁庭决定其自身管辖权的权力。据此,如果当事人对仲裁庭的管辖权提出异议,应当由仲裁庭自己进行调查并作出决定,而无须拒绝或者停止对当事人提请仲裁争议案件的仲裁以等待法院的决定。这不仅使仲裁庭的权力得到了加强,而且极大地减少了法

---

① 韩健:《现代国际商事仲裁法的理论与实践》,法律出版社 2000 年版,第 202 页。
② 黄进、宋连斌、徐前权:《仲裁法学》,中国政法大学出版社 2002 年版,第 93 页。
③ 赵秀文、谢箐箐编著:《国际商事仲裁法参考资料》,中国人民大学出版社 2006 年版,第 52 页。
④ 同上书,第 86 页。

院对仲裁的介入或者干预,使仲裁程序得以在不受干扰的情况下快速而连续地进行,从而保证了仲裁活动应有的独立性。

（2）赋予法院在处理仲裁庭管辖权方面的权力。法院在特定情况下有权对仲裁庭管辖权争议的进行直接认定,以及法院有权对仲裁庭的管辖权决定进行必要的司法监督。仲裁庭自裁管辖权原则赋予仲裁庭决定其自身管辖权的权力,并不是绝对地拒绝或者排除法院在处理仲裁庭管辖权方面的权力。法院在特定情况下对仲裁庭管辖权争议的直接管辖,以及法院对仲裁庭管辖权决定进行必要的司法监督,同样也是仲裁庭自裁管辖权原则的重要内容,它们与赋予仲裁庭决定其自身管辖权的权力共同构成仲裁庭自裁管辖权原则完整的内容体系。然而,允许法院直接处理有关仲裁庭管辖权的异议,可能会为法院介入仲裁或者为一方当事人利用向法院提出管辖权异议恶意阻挠和拖延仲裁程序提供了机会。对此,有些国家的仲裁立法在保留法院直接处理仲裁庭管辖权异议权力的同时,也对这一权力的行使施加了一定的限制。如英国《1996年仲裁法》第32条规定:"（2）本条项下的申请不应得到考虑,除非(A)其为经程序所有其他当事人一致书面同意而提出的;或(B)经仲裁庭许可而提出且法院认为——(a)对该问题的决定很可能实质性地节省费用;(b)该申请是不迟延地提出的,且(c)该问题由法院决定有充分的理由。（3）本条项下的申请,除非程序的所有其他当事人一致同意其提出,须阐明该事项应由法院决定的理由。（4）除非当事人之间另有约定,在当事人向法院提出的申请未决之前,仲裁庭可以继续进行仲裁程序并作出裁决"。这样规定既体现了对当事人意愿的充分尊重,也体现了法院对仲裁的支持与协助,而不是干预,同时还可以有效防止一方当事人利用向法院提出管辖权异议而恶意拖延仲裁程序。

确立仲裁庭自裁管辖权原则具有极其重要的意义。第一,有利于扩大仲裁庭的权限,使得仲裁庭有机会对其自身的管辖权问题作出决定,并以此为基础继续进行仲裁程序直至作出仲裁裁决,保证仲裁程序连续而顺利地进行。第二,该原则的确立并未完全否定法院对仲裁庭管辖权争议的最终决定权,而是允许法院在必要的时候介入仲裁,直接受理当事人提出的管辖权异议,对仲裁进行支持和协助而不是直接的干预,以加快仲裁的程序,实现仲裁所具有的快速、经济的优势。第三,尽管仲裁庭对其管辖权的决定还需要受到法院的监督,或者说对仲裁庭的管辖权问题拥有最终决定权的仍然是法院,但是该原则的确立无疑使法院对仲裁进行干预的时间被推迟,从而降低法院对仲裁干预的可能性,更有利于保证仲裁的独立性。

三、我国关于仲裁管辖权异议的处理

尽管仲裁庭自裁管辖权原则已得到国际社会的广泛认可,但是目前在我国,除了1992年批准加入的《关于解决各国和其他国家国民之间投资争端公约》第41条中有关于仲裁庭自裁管辖权原则的规定以外,仲裁庭自裁管辖权原则在我国并未被普遍接受和得到认可。我国《仲裁法》没有规定仲裁庭有权对案件决定是否具有仲裁管辖权,而是将这一权力交给了人民法院和仲裁委员会,并且人民法院对仲裁协议效力的认定享有直接的、优先的决定权。值得一提的是,为了与国际仲裁实务接轨,我国有些仲裁委员会在其仲裁规则中,通过授权的方式,赋予仲裁庭对其管辖权的决定权,这是对现行《仲裁法》中相关规定的一种有益变通。例如,《中国国际经济贸易仲裁委员会仲裁规则（2012版）》第6条规定,对仲裁协议及/或管辖权的异议:"(1)仲裁委员会有权对仲裁协议的存在、效力以及仲裁案件的管辖权作出决定。如有必要,仲裁委员会也可以授权仲裁庭作出管辖权决定。(2)仲裁委员会依表面证据认为存在由其进行仲裁的协议的,可根据表面证据作出仲裁委员会有管辖权的决定,仲裁程序继续进行。仲裁委员会依表面证据作出的管辖权决定并不妨碍其根据仲裁庭在审理过程中发现的与表面证据不一致的事实及/或证据重新作出管辖权决定。(3)仲裁庭依据仲裁委员会的授权对管辖权作出决定时,可以在仲裁程序进行中单独作出,也可以在裁决书中一并作出。……"《北京仲裁委员会仲裁规则》(2008年版)第6条也有类似的规定。

关于我国关于仲裁管辖权异议处理的具体情形,已于仲裁协议效力认定机构部分做过分析,在此不再赘述。

第六节 仲裁保全

在仲裁制度中,保全一般有财产保全和证据保全两种情形。仲裁保全是指人民法院根据申请人的请求依法定措施对财产、证据等特定事物和法律价值予以保存和保护。我国《民事诉讼法》在2012年8月31日修订之前,没有对仲裁前保全及证据保全作出规定。修订后的《民事诉讼法》增加规定了仲裁前保全及证据保全制度,不仅丰富、完善了我国仲裁保全制度体系,而且也保证了仲裁程序得以正常进行,从而使将来生效裁决能够切实执行。

一、仲裁财产保全

依据申请财产保全时间的不同,仲裁财产保全可以划分为仲裁前财产保全和仲裁中财产两类。通常情况下,仲裁财产保全发生于仲裁活动之中,但在仲裁实践中,由于从申请人申请仲裁到受理并通知被申请人答辩期间,被申请人可能在此期间转移、隐匿或者转让其财产,为保护申请人的合法权益,申请人可以在申请仲裁前,以利害关系人的名义申请仲裁前财产保全。

(一)仲裁前的财产保全

仲裁前的财产保全,是指在仲裁程序尚未发生时,人民法院根据利害关系人的申请,对被申请人的财产采取强制性保护措施的保全制度。仲裁前财产保全属于对被申请人的财产所采取应急性的保全措施,如果人民法院不立即采取财产保全措施,利害关系人的合法权益将会受到难以弥补的损害。

在商事仲裁制度中,几乎所有国家都允许当事人在仲裁程序中提出财产保全申请,但是在仲裁程序开始之前,当事人能否提出财产保全申请,各国作法不一。大多数国家允许当事人在仲裁程序开始之前,即可申请财产保全。例如,瑞士法律规定,不论案件将提起诉讼还是交付仲裁,也不管是瑞士法院还是外国法院,管辖法院均可在仲裁程序开始之前批准临时补救命令。又如,1996年《英国仲裁法》第44条规定,如果情况紧急,当事人可以在仲裁前直接向人民法院申请作出财产保全。再如,《国际商事仲裁示范法》第9条规定:"在仲裁程序进行前或仲裁程序进行期间内,当事人一方请求法院采取临时保护措施和法院准予采取这种措施,均与仲裁协议不相抵触。"此外,德国、加拿大、埃及等国法律也有关于仲裁前财产保全的规定。

我国《民事诉讼法》在2012年8月31日修订之前,在我国商事仲裁领域中没有确立仲裁前财产保全制度,直至在《民事诉讼法》修订之后,才对仲裁前财产保全制度作出明确规定。根据《民事诉讼法》第101条之规定,利害关系人因情况紧急,不立即申请保全将会使其合法权益受到难以弥补的损害的,可以在申请仲裁前向被保全财产所在地、被申请人住所地或者对案件有管辖权的人民法院申请采取保全措施。申请人应当提供担保,不提供担保的,裁定驳回申请。人民法院接受申请后,必须在48小时内作出裁定;裁定采取保全措施的,应当立即开始执行。申请人在人民法院采取保全措施后30日内不依法申请仲裁的,人民法院应当解除保全。

值得一提的是,我国在海事仲裁领域已经率先确立了仲裁前的财产保全制度。《海事诉讼特别程序法》第14条规定:"海事请求保全不受当事人之间关于该海事请求的诉讼管辖协议或者仲裁协议的约束。"第18条第2款规定:"海事请求人在本法规定的期间内,未提起诉讼或者未按照仲裁协议申请仲裁的,海事法院应当及时解除保全或者返还担保。"第19条还规定:"海事请求保全执行后,有关海事纠纷未进入诉讼或者仲裁程序的,当事人就该海事请求,可以向采取海事请求保全的海事法院或者其他有管辖权的海事法院提起诉讼,但当事人之间订有诉讼管辖协议或者仲裁协议的除外。"可见,任何订有海事仲裁协议的当事人都可在提起仲裁前向有关的海事法院申请海事保全,并须在法定的期间内依仲裁协议提请仲裁,使仲裁前保全转为仲裁中保全,否则海事法院可以解除保全或者返还担保。2001年《中国海事仲裁委员会仲裁规则》对上述规定进行了确认,明确引进了仲裁前财产保全制度,要求当事人依照《海事诉讼特别程序法》规定,在仲裁前直接向被保全的财产所在地海事法院提出申请。

根据《民事诉讼法》第101条的规定,人民法院接受仲裁前财产保全申请的,必须在48小时内作出裁定,裁定采取保全措施,并立即开始执行。但仲裁前申请财产保全必须具备以下条件:

(1)情况紧急。所谓的情况紧急,是指有采取财产保全的紧迫性,即在客观上有必须立即采取保全措施的紧急情况,如被申请人即将或者正在实施隐匿、转移、毁损财产的行为,如果不立即采取保全措施,将会给申请人的权益造成难以弥补的损失。

(2)由利害关系人直接向有管辖权的人民法院提出申请。虽然申请人与被申请人之间存在民事权益争议,但在仲裁制度中,根本不存在人民法院依职权采取保全措施的条件。因此,必须由利害关系人向有管辖权的人民法院提出保全申请后,方可由被申请保全财产所在地和被申请人住所地的人民法院采取保全措施。

(3)申请人必须提供担保。由于利害关系人的财产保全申请是在仲裁案件尚未受理之前提出,此时人民法院无法知悉是否存在财产保全的必要以及是否会因申请不当而使被申请人利益遭受损失。因此,为保障被申请人的合法权益,法律规定仲裁前财产保全申请人必须提供担保,申请人提供担保财产的数额须与保全财产数额相当。申请人如不提供担保,人民法院将裁定驳回其申请。

(4)申请人应在人民法院采取保全措施后30日内申请仲裁,不申请仲裁的,人民法院应当解除保全。

(二)仲裁中财产保全

仲裁中财产保全,是指仲裁庭对当事人依据仲裁协议提请仲裁的争议案件作出仲裁裁决之前,因一方当事人的行为或者其他原因,可能使仲裁裁决不能执行或者难以执行的,经一方当事人申请,对有关当事人的财产所采取的强制性保全措施制度。仲裁中财产保全具有强制性和临时性,财产一经保全,任何当事人不能再对该被保全财产进行处分,除非出现法定原因导致财产保全措施解除。因此,通过财产保全措施,限制当事人对特定财产的处分权,不仅有利于申请人合法权益的维护,而且还有利于仲裁程序的顺利进行以及仲裁裁决的顺利执行。

1. 仲裁中申请财产保全的条件

根据我国《仲裁法》第28条第1款的规定以及我国的仲裁实践,当事人在仲裁中申请财产保全应具备以下条件:

(1) 申请财产保全的争议案件应当具有财产给付内容。在仲裁程序中,申请人提出的仲裁请求既可以是给付请求,也可以是确认请求,但是,只有申请人提出给付请求时,也就是争议案件具有给付内容时,所作出的仲裁裁决才具有可执行性,才有必要采取财产保全措施,以便于将来实现生效的仲裁裁决。

(2) 申请财产保全须具有法定的事实和理由。根据我国《仲裁法》第28条第1款的规定,只有出现因一方当事人的行为或者其他原因,可能使仲裁裁决不能执行或者难以执行时,才可以申请财产保全。所谓一方当事人的行为,主要是指当事人主观上的故意行为,即当事人故意隐匿、转移、毁损、变卖财产,以逃避所应承担的实体义务的行为;所谓其他原因,主要是指客观上的原因,如争议的标的物或者被保全的财产属于鲜活物品或者季节性很强的物品,不适宜长期保存,或者由于风雨的侵蚀等其他自然原因导致财物的腐烂、变质等。上述原因出现后,如不及时采取财产保全措施,将可能会因为财产的灭失或者财产价值的降低而使生效的仲裁裁决无法执行或者难以执行。

2. 仲裁中财产保全的程序

我国《仲裁法》第28条第2款规定,当事人申请财产保全的,仲裁委员会应当将当事人的申请依照民事诉讼法的有关规定提交人民法院。因此,仲裁中采取财产保全措施应当遵循以下程序:

(1) 当事人向仲裁委员会提出财产保全申请。仲裁委员会是民间性争议解决机构,虽然其无权采取具有国家强制性的财产保全措施。但是,在仲裁程序中,当事人申请财产保全时,只能向受理该争议案件的仲裁委员会提出,而不得直接向有关人民法院提出财产保全申请。

(2) 仲裁委员会应当将当事人的申请提交人民法院。仲裁委员会接到当事人提出的财产保全申请后,应当依照民事诉讼法的有关规定将当事人的申请提交人民法院。这里的人民法院指被申请人住所地或者被保全财产所在地人民法院,在国内仲裁中,通常提交到有关的基层人民法院;在涉外仲裁中,应提交到有关的中级人民法院。

(3) 人民法院裁定。人民法院对仲裁委员会提交的当事人提出的财产保全申请,经过审查后,对于不符合采取财产保全措施条件的,应当裁定驳回申请;对于符合采取财产保全措施条件的,应当裁定采取财产保全措施。人民法院在采取财产保全措施时,可以根据案件的实际情况,决定是否需要由申请人提供担保。如果人民法院责令当事人提供担保的,当事人应当提供担保,否则,人民法院不予财产保全措施。

(4) 执行与复议。人民法院作出财产保全裁定后,应当立即交付执行,以防止有关财产被转移。当然,有关当事人对财产保全裁定不服的,可以申请复议一次,复议期间不停止财产保全裁定的执行。

3. 仲裁财产保全的决定机构

世界各国的立法中,关于对仲裁财产保全有决定权的机构主要有以下三种规定:

第一,仲裁庭和法院都有权作出财产保全的决定。例如:美国、法国、瑞典和香港等国家和地区的法律规定,不仅法院有权决定采取财产保全的措施,还授权仲裁庭在某些情况下可以作出保全或扣押标的物之命令。但是,这两种决定权的行使范围有所区别,仲裁庭只可以发布指令当事人的强制性命令,并且只限于所争议的财产是为当事人持有或控制的情况,如果超出这一范围,例如,财产为第三人所持有或控制,则必须由法院决定,因为法院的权力可以扩展到属于法院管辖范围内的任何财产。

第二,由法院作出财产保全的决定。例如:奥地利、泰国、日本、新西兰、意大利等国的仲裁法律规定,财产保全是一种强制性措施,仲裁庭是民间性组织,不具有决定是否实施强制性措施的资格,因此,只能由法院作出决定并实施具体的保全措施。

第三,由当事人选择由仲裁庭或由法院作出财产保全的决定。自20世纪90年代以来,越来越多的国际和国内立法确认当事人有权选择作出仲裁财产保全的决定机构。当事人若有约定,则从其约定;当事人未有约定的,则适用法院的规定。英国、德国、瑞典、保加利亚等国采取此作法。1996年《英国仲裁法》第44条规定,除非当事人另有约定,法院有权就财产保全发出命令;如果案情紧急,法院可以在一方当事人的申请下或者在可能成为当事人的申请下,在必要时决定并采取财产保全;但若案情不紧急,法院只有经一方当事人的申请(经通知对方当事人和仲裁庭)并得到仲裁庭的准许,或经其他当事人的同意,方可采取保全措施;若当事人已经授权仲裁庭、仲裁机构或其他机构、仲裁员决定财产保全的权力,那么,即使法院就此事项已经作出命令,当有权行使该项权力的仲裁庭、仲裁机构、其他机构或个人就法院的命令所涉及的事项作出命令后,法院根据本条作出的命令应全部或部分失去权力。《国际商事仲裁示范法》也采取此立法例。

对于仲裁当事人提出财产保全申请后应当由谁来行使决定权的问题,在我国不同的时期,法律分别作出了不同的规定。但是,法律从未赋予仲裁庭有决定财产保全的权力。在1982年《民事诉讼法(试行)》施行前,仲裁中是否采取财产保全措施的决定权由仲裁机构来行使。例如:1954年5月6日,当时的政务院通过的《关于在中国国际贸易促进委员会内设立对外贸易仲裁委员会的决定》第8条规定:"仲裁委员会审理争议案件时,为保全当事人之权利,对与当事人有关之物资、产权等得规定临时办法。"1956年3月,中国国际贸易促进委员会根据前政务院的决定制定的《中国国际贸易促进委员会对外贸易仲裁委员会仲裁程序暂行规则》第15条规定:"为了保全当事人的权利,仲裁委员会主席依一方当事人的申请,可以规定临时办法。"1982年《民事诉讼法(试行)》第194条规定:"中华人民共和国的涉外仲裁机构根据当事人的申请,认为需要采取保全措施,应当提请被申请人财产所在地或者仲裁机构所在地的中级人民法院裁定。"显然,依据该法,决定采取财产保全措施的权力由仲裁机构交给了人民法院。但是,仲裁机构对于当事人提出的财产保全申请,仍拥有审查权和预决权,即仲裁委员会只在对当事人的申请经过审查后,认为确有必要采取保全措施的,才会提请人民法院进行裁定。可见,人民法院享有的决定财产保全的权力在一定程度上还受到仲裁委员会的限制。1991年《民事诉讼法》和1995年《仲裁法》相继出台后,人民法院获得了完全的决定财产保全的权力,仲裁委员会对当事人的申请不再享有审查和预决的权力,而只能履行提交申请的义务,仅起到一个传递和转交的作用。例如:现行《民事诉讼法》第272条规定:"当事人申请财产保全,中华人民共和国的涉外仲裁机构应当将当事人的申请,提交被申请人住所地或者财产所在地的中级人民法院裁定。"现行《仲裁法》第28条也规定:"当事人申请财产保全的,仲裁委员会应当将当事人的申请依照民事诉讼法的有关规定提交人民法院。"与此相适应,我国各仲裁委员会的《仲裁规则》中均规定,当事人申请财产保全的,仲裁委员会应将当事人的申请提交人民法院裁定。

在我国,是否需要赋予仲裁庭对部分案件有决定采取财产保全的权力,有些学者持否定态度,认为仲裁是一种民间性的纠纷解决方式,仲裁庭没有国家司法权力作后盾,它是否拥有必要的权力和权威来决定和采取有效的保全措施,是值的质疑的。因为,财产保全决定权是程序性权力,当事人约定争议发生提交仲裁,只是不愿意法院裁判其实体争议,并不当然排除法院的程序事项管辖权,不违反意思自治原则。绝大多数学者却认为应当赋予仲裁庭对部分案件有决定是否采取财产保全的权力。理由如下:第一,仲裁庭是实体争议的处理者,对案情最为了解,对是否需要采取财产保全措施最为明了,因而只要当事人是在仲裁庭组成之后提出申请,由仲裁庭来决定是否采取保全措施最为合适;其次,财产保全是一项紧急性的临时救济措施,强调及时和迅速,依照我国《仲裁法》和《民事诉讼法》,仲裁庭无权决定财产保全,当事人只好求助于人民法院却又不能直接申请,须经过仲裁委员会这个中间环节来转交和传递,导致了不必要的延误,有损经济效率原则,也不符合保全设立的初衷,及时保护申请人的利益;第三,由于人民法院不了解整个案情,其处理保全申请仅能通过仲裁委员会转来的当事人的保全申请书进行判断,容易作出错误的决定;第四,由人民法院行使决定财产保全的权力,使仲裁庭的权力受到了一定的限制,不利于仲裁庭高效地组织和推进仲裁程序,与当今提倡限制法院干预、强化人民法院对仲裁的支持和协助的国际潮流相悖。鉴于此,我国仲裁立法应当赋予仲裁庭和人民法院有分别决定采取财产保全措施的权力,且人民法院行使该决定权需受到严格的限制,即只有在情况紧急时,或在仲裁庭无权或不能合理高效地行使该权力等情形出现时,人民法院才可以行使该决定权。此外,应当取消仲裁委员会在仲裁程序中替当事人向人民法院转交财产保全申请的程序设置,当事人在仲裁程序中可直接向仲裁庭申请财产保全。

4. 仲裁中财产保全与民事诉讼中财产保全的区别

仲裁中财产保全与民事诉讼中财产保全的区别主要如下:

(1) 启动财产保全的主体不同。仲裁中财产保全,保全程序只能因当事人的申请而发生,即当事人向仲裁委员会提出申请,由仲裁委员会将当事人的申请转交给人民法院,而由人民法院决定是否采取财产保全措施;在民事诉讼中,财产保全措施既可以由当事人申请人民法院采取,也可以由人民法院根据案件的具体情况依职权采取。

(2) 是否有实施财产保全的权力不同。仲裁机构作为民间性争议解决机构,没有实施财产保全措施的权力,仲裁中,当事人如申请采取财产保全措施,仲裁机构应当将当事人的申请提交给有管辖权的人民法院,是否采取保全措施,由人民法院决定并加以实施。而人民法院作为国家的审判机关,在民事诉讼中有权直接采取财产保全措施。

(三) 错误申请的赔偿

根据《民事诉讼法》第105条的规定,申请有错误的,申请人应当赔偿被申请人因保全所遭受的损失。《仲裁法》第 28 条第 3 款也规定,申请有错误的,申请人应当赔偿被申请人因财产保全所遭受的损失。可见,无论是在仲裁前,还是在仲裁过程中,申请人为了维护自己的利益,有权申请财产保全,但是,如果申请错误并因财产保全措施给被申请人造成损失时,就应当予以赔偿,这样有利于双方当事人利益的维护。仲裁实务中,申请有错误,主要是指申请财产保全的人不是争议案件所涉及的法律关系中的权利人,也就是申请人的仲裁请求未得到仲裁庭的支持。确立申请财产保全错误的赔偿制度,既有利于维护被申请人的合法权益不受侵犯,同时也可以限制申请人滥用该权利。

二、仲裁证据保全

依据申请证据保全的时间不同,仲裁证据保全可以划分为仲裁前证据保全和仲裁中证据保全两类。

(一) 仲裁前证据保全

仲裁前证据保全,是指利害关系人在申请仲裁前,因情况紧急,在证据可能灭失或者以后难以取得的情况下,可以直接向人民法院提出申请,由人民法院作出裁定,对证据及时采取保护性措施,以保存证据证明力的活动。

仲裁前证据保全是我国《民事诉讼法》在 2012 年 8 月 31 日修订后新规定的证据保全制度。根据《民事诉讼法》第 81 条第 2 款的规定,仲裁前申请证据保全需具备如下条件:

(1) 申请仲裁前证据保全,必须是因情况紧急,证据可能灭失或者以后难以取得。例如,证人病危或者争议的标的物系鲜活产品,如不及时进行证据保全,就会使证据可能灭失或者以后难以取得。

(2) 由利害关系人在申请仲裁前直接向证据所在地、被申请人住所地的人民法院提出保全证据申请。人民法院接受证据保全申请后,必须在 48 小时内作出裁定。裁定采取保全措施的,应当立即开始执行;申请人应在人民法院采取保全措施后 30 日内申请仲裁,不申请仲裁的,人民法院应当解除保全。

(二) 仲裁中证据保全

仲裁中证据保全,是指在仲裁程序进行过程中,仲裁庭调查收集证据之前,遇有证据可能灭失或者以后难以取得的情况时,由当事人提出申请,并由仲裁委员会将该申请提交人民法院作出裁定,对证据及时采取保护性措施,以保存证据证明力的活动。

在仲裁程序中,证据既是当事人维护其自身合法权益的依据,也是仲裁庭行使仲裁权,对当事人争议的案件进行审理并作出仲裁裁决的依据。如果某种证据灭失或者以后难以取得,就可能导致争议案件事实无法认定。因此,通过证据保全措施,有利于保护证据的证明力。

1. 仲裁中证据保全的条件

根据我国《仲裁法》第 46 条的规定,在证据可能灭失或者以后难以取得的情况下,当事人可以申请证据保全。根据这一规定,证据保全应具备以下条件:

(1) 证据必须存在灭失或者以后难以取得的可能性。所谓证据灭失,是指在仲裁庭调查收集证据之前,如不对证据采取相应的保全措施,该证据将可能失去。所谓以后难以取得,即如不采取相应的证据保全措施,等到仲裁庭需要调查收集该证据时,可能为收集该证据需要付出更多的时间和精力,也可能使证据收集工作面临难以预料的困难。

(2) 被保全的证据具有证明性,即被保全的证据对争议案件事实具有证明作用。证据保全的目的在于保存证据的证明力,如果不及时对相关证据采取保全措施,则可能会因该证据的灭失或者以后难以取得而影响对案件事实的认定。

2. 仲裁证据保全的程序

根据《仲裁法》第46条的规定,当事人申请证据保全的,仲裁委员会应当将当事人的申请提交证据所在地基层人民法院。如果是涉外仲裁证据保全,仲裁委员会应当将当事人的证据保全申请提交给证据所在地的中级人民法院。因此,采取仲裁证据保全措施应当遵循以下程序:

(1) 当事人向仲裁委员会提出证据保全申请。虽然仲裁委员会的性质决定了其无权对证据采取强制性的保全措施,但是,在仲裁程序中,当事人要求证据保全时,却只能向受理仲裁案件的仲裁委员会提出申请,而不得直接向证据所在地人民法院提出证据保全申请。

(2) 仲裁委员会应当将当事人的证据保全申请转交给人民法院。仲裁委员会接到当事人提出的证据保全申请后,应当及时将当事人的申请转交给证据所在地的人民法院。国内仲裁证据保全申请,转交给证据所在地的基层人民法院;涉外仲裁证据保全申请,转交给证据所在地的中级人民法院。

(3) 人民法院裁定。人民法院收到当事人提出的证据保全申请后,经过审查:认为当事人的证据保全申请不符合保全条件的,便作出裁定驳回申请;对于符合采取证据保全措施条件的,应当裁定采取证据保全措施。

3. 证据保全的决定机构

关于证据保全的决定机构,在不同的国家有不同的规定。例如:加拿大等国家规定,仲裁庭可以直接决定是否采取证据保全措施。不过,如果当事人在仲裁庭作出保全措施后拒不履行,申请人往往仍需向法院申请强制实施,仲裁庭不得采取任何强制性行动;在日本、新西兰等国家却规定,只有法院才有权决定是否可以采取证据保全措施。

从上述关于仲裁证据保全的程序中可以看出,在我国是否采取证据保全措施的决定权只能由人民法院来行使,仲裁委员会仅仅是负责将当事人的证据保全申请转交给证据所在地的人民法院,而仲裁庭却在证据保全程序中没有任何权力。

4. 仲裁中证据保全与民事诉讼中证据保全的区别

(1) 是否具有实施证据保全措施的权力不同。由于仲裁机构的性质决定了其没有实施证据保全措施的权力,因而在仲裁活动中,如果当事人提出证据保全申请后,只能由仲裁机构将当事人的申请转交给证据所在地的人民法院,由人民法院决定是否采取证据保全措施。在民事诉讼中,如果当事人提出证据保全申请后,人民法院作为国家的审判机关,有决定是否采取证据保全措施的权力。

(2) 证据保全的启动不同。仲裁中的证据保全必须由当事人向仲裁委员会提出申请后,再由仲裁委员会将当事人的申请转交给人民法院开始实施保全措施,而仲裁委员会却不能在当事人未申请的情况下,以自己的名义向人民法院提出证据保全申请。在民事诉讼中,证据保全既可以由当事人申请人民法院采取证据保全措施,也可以由人民法院根据案件的具体情况依职权采取证据保全措施。

(三) 证据保全的措施及效力

证据保全的措施,即人民法院对于可能灭失或者以后难以取得的证据予以保护而采取的具体方法。对于证据保全的具体措施,因需要保全证据的种类不同而有所不同。如对于证人证言的保全,可以采取制作证人证言笔录或者录音制作成视听资料的方法;对于物证,可以采取勘验制作勘验笔录的方法,也可以采取对物证进行录像制作成视听资料的方法等。

经过保全的证据,人民法院应当记录在案,并及时转交给仲裁委员会,是否作为认定案件事实的依据,由仲裁庭经开庭审理质证后予以最后确定。但是,经过人民法院依法定程序保全的证据,其对案件事实的证明力与当事人向仲裁庭提交的证据相同。

第七节 仲裁审理

一、仲裁审理的概念

仲裁审理,是指仲裁庭在完成审理前各项准备工作后,在双方当事人及其他参与人的参加下,按照仲裁规则规定的方式和程序,或者依照双方当事人约定的程序,对整个案件的争议事项和事实等,进行全面审查的仲裁活动。仲裁审理作为整个仲裁程序的中心环节,其结果就是仲裁庭对当事人之间的权利义务争议关系形成内心确信,并作出裁决。可见,仲裁审理的功能在于查明事实,分清是非,为裁决的作出进行基础性准备,从而保证当事人之间的争议得到及时顺利解决。

二、仲裁审理的原则

仲裁审理作为仲裁程序中的核心阶段,有着与其他争议解决机制不同的审理原则:

(1) 不公开原则。仲裁活动遵循不公开原则,即仲裁庭在开庭审理仲裁案件时,只允许双方当事人、代理人、证人和有关的专家、翻译人员、鉴定人员以及本案的仲裁人员参加,其他与本案无关的人员均不得参加或者旁听,也不允许新闻记者采访报道。这不仅有利于保守当事人的商业秘密,维护当事人的声誉,也有利于双方当事人之间在今后的合作与往来。在仲裁程序中实行不公开原则,既包括案件的开庭审理不公开,还包括仲裁庭作出的仲裁裁决也不对外公开宣告。

(2) 开庭审理与书面审理相结合原则。这是指仲裁庭在审理仲裁案件时,既可以开庭进行审理,也可以根据仲裁申请书、答辩书以及其他书面材料进行审理并作出裁决。[1]

三、仲裁审理的方式

与民事诉讼不同,仲裁的审理方式比较灵活,没有严格的程序要求,而民事诉讼通常都有严格的甚至是比较繁琐的程序性规定。纵观各国的立法及实践,除英国等少数国家外,多数国家都允许当事人双方通过协议确定仲裁审理的方式,只有在当事人未就该问题作出特别约定时,才授权有关的仲裁庭依法作出决定。例如,《日本民事诉讼法》第794条第2款规定:"关于仲裁程序,如果当事人没有签订协议,仲裁员可以根据自己的意见决定程序。"

根据我国《仲裁法》第39条的规定,仲裁审理的方式可分为两类:口头审理(又称开庭审理)和书面审理(又称不开庭审理)。基于与国际上仲裁作法相接轨的考虑,我国《仲裁法》

---

[1] 高言、刘璐主编:《仲裁法理解适用》,人民法院出版社1996年版,第121页。

规定当事人协议不开庭审理的,仲裁庭可以根据仲裁申请书、答辩书以及其他书面材料进行审理。

(一) 开庭审理

根据我国《仲裁法》第39条的规定,开庭审理是仲裁审理的主要方式。所谓开庭审理,是指在仲裁庭的主持下,在双方当事人和其他仲裁参与人的参加下,按照仲裁规则规定的程序或者依双方当事人约定的程序对案件进行审理并作出裁决的方式。

仲裁案件的开庭审理时间确定之后,仲裁庭按照仲裁规则规定的期限,书面将开庭日期通知双方当事人及其代理人,双方当事人或其代理人在仲裁庭的主持下,对争议的问题进行举证、质证和辩论,并提出对争议问题的处理意见。开庭审理的主要步骤包括:

(1) 开庭前的准备。开庭之前的准备工作主要由秘书完成,包括双方当事人及其代理人填写签到表,核实双方当事人及其代理人的身份等。

(2) 宣布开庭。宣布开庭主要由首席仲裁员或者独任仲裁员负责,包括宣布案由,再次核对双方当事人的身份及其代理人的权限,宣布仲裁庭组成人员,告知双方当事人的权利和义务等。

(3) 庭审调查。庭审调查的顺序一般是:首先,申请人简述仲裁请求及其对案情的陈述,然后由被申请人进行答辩;其次,按申请人与被申请人的前后次序出示证据与质证;再次,仲裁庭就仲裁案件争议的问题与事实询问当事人,当事人经仲裁庭许可后,可以向对方当事人提问,也可以提交新的证据。

(4) 庭审辩论。庭审调查阶段完成后,在仲裁庭的主持下,双方当事人根据庭审情况就案件事实及争议的问题,以及法律适用等,提出自己的看法,陈述自己的主张,互相进行辩驳。通过庭审辩论,使仲裁庭能够达到进一步查清事实、分清是非的目的,并为裁决的作出打下良好的基础。

(5) 宣布庭审结束。在庭审辩论结束后,仲裁庭询问当事人的最后意见,并在双方当事人同意的基础上,可以对仲裁案件进行调解。如双方当事人或一方当事人不同意调解,仲裁庭就宣布庭审结束。

开庭审理,对于争议事实的查明有着重要的作用。在一些争议较大、案情复杂的案件中,尽管双方当事人一般在开庭之前都向仲裁庭提供了大量的书面证据材料,以阐明自己的主张,但由于仲裁员对争议的产生、发展及其背景不可能有太多的了解,并且当事人往往都是从有利于自己的角度出发提供证据材料,因此仅仅依赖当事人的证据材料等,仲裁员很难对案件事实作出正确的判断。通过开庭审理,双方当事人可以利用这一机会对争议的事实、证据进行充分的陈述和辩驳,从而在客观上有利于弄清事实。

仲裁庭开庭审理,依国际通行的做法,除双方当事人同意公开审理外,仲裁审理应当不公开进行。这主要是因为仲裁案件较多地涉及商事业务,甚至是商业秘密的缘故。[①]

(二) 不开庭审理

所谓不开庭审理,即书面审理,是指在双方当事人以及其他仲裁参与人无需到庭参加审理,由仲裁庭根据当事人提供的仲裁申请书、答辩书以及其他书面证据材料,对案件进行审理的一种仲裁审理方式。

---

① 张斌生主编:《仲裁法新论》,厦门大学出版社2002年版,第240页。

我国《仲裁法》第 39 条规定:"仲裁应当开庭进行。当事人协议不开庭的,仲裁庭可以根据仲裁申请书、答辩书以及其他材料作出裁决。"2012 年的《中国国际经济贸易仲裁委员会仲裁规则》第 33 条第 2 款规定:"仲裁庭应开庭审理案件,但双方当事人约定并经仲裁庭同意或仲裁庭认为不必开庭审理并征得双方当事人同意的,可以只依据书面文件进行审理。"。可见,书面审理的前提是必须由双方当事人共同协议选择,否则仲裁庭不能对仲裁案件进行书面审理。多数国家仲裁机构的仲裁规则也都对书面审理作出专门的规定。

在商事仲裁实践中,经双方当事人同意,对那些争议不大、案情相对简单的仲裁案件,进行书面审理显然更为符合仲裁制度"经济性"的理念,可以有效地节省时间和费用。在进行书面审理时,当事人各方必须在仲裁庭规定的期限内提交有关书面材料,如需延长期限,当事人可以向仲裁庭提出申请。

然而,仲裁庭在进行书面审理的过程中,如果发现某些关键问题仅凭当事人提供的书面材料不足以作出认定时,书面审理可否转为开庭审理?我国的《仲裁法》对此未作明文规定。

四、仲裁审理中特殊情形的处理

(一)撤回仲裁申请

撤回仲裁申请,是指仲裁机构受理当事人的仲裁申请后,在仲裁庭作出仲裁裁决之前,仲裁申请人撤回自己的仲裁申请,不再要求仲裁庭审理争议案件从而结束仲裁程序的行为。

根据《仲裁法》的相关规定,当事人在仲裁程序中可以行使处分权,申请人可以放弃或者变更仲裁请求。仲裁申请人依据仲裁协议提出仲裁申请是当事人的一项权利。同样,仲裁程序基于仲裁申请人的申请与仲裁机构的受理行为而开始后,申请人基于某种原因,不再希望仲裁程序继续进行下去,从而提出撤回仲裁申请,也是仲裁申请人行使其处分权的一种行为。根据《仲裁法》的规定以及仲裁实践的具体情况看,撤回仲裁可以包括两者情形:一是申请撤回仲裁申请,即仲裁机构受理仲裁申请后,仲裁申请人主动撤回仲裁申请的情形;二是按撤回仲裁申请处理,即仲裁机构受理仲裁申请后,基于仲裁申请人的某种消极行为,仲裁庭推定其有撤回仲裁申请的意思,从而视为撤回仲裁申请的情形。

1. 申请撤回仲裁申请

申请撤回仲裁申请应当具备以下条件:

(1)撤回仲裁申请必须由有权提出的人员提出。所谓有权提出的人员,是指仲裁申请人、申请人的法定代理人,以及经其特别授权的委托代理人。

(2)撤回仲裁申请须采取书面形式。虽然我国《仲裁法》对撤回仲裁申请的形式并未作出明确的规定,但从仲裁实践的情况看,一般应当采取书面形式。这样有利于仲裁庭审查仲裁申请人提出的撤回仲裁申请是否符合相应的条件。

(3)撤回仲裁申请的时间,须在仲裁机构受理争议案件后、仲裁庭尚未作出仲裁裁决或调解书之前。在仲裁机构受理争议案件之前,无需提出撤回仲裁申请;而仲裁庭一旦作出仲裁裁决或者仲裁调解书,则意味着仲裁庭对该争议案件已作出终局性判定,当事人之间争议的实体权利义务关系已经明确,不能再提出撤回仲裁的申请。

(4)提出撤回仲裁申请需当事人自愿。撤回仲裁申请提出并获得仲裁庭许可后,仲裁程序即归于消灭,仲裁庭无需就该争议案件进行审理并作出仲裁裁决。因此,撤回仲裁申请须由当事人自愿提出。

2. 按撤回仲裁申请处理

按撤回仲裁申请处理,是指当事人虽然未主动提出撤回仲裁的申请,但是,当事人出现《仲裁法》规定的推定情形时,仲裁庭可以视为当事人申请撤回仲裁,从而终结对争议案件审理的行为。按撤回仲裁申请处理与当事人申请撤回仲裁具有同等法律效力。

《仲裁法》第42条第1款规定:"申请人经书面通知,无正当理由不到庭或者未经仲裁庭许可中途退庭的,可以视为撤回仲裁申请。"可见,按撤回仲裁申请处理是针对申请人消极行为的处理,属于法律上的推定,因此必须具备法定情形,才可以按撤回仲裁申请处理。

(1) 申请人经书面通知,无正当理由不到庭。仲裁程序是基于仲裁机构受理申请人所提出的仲裁申请而开始的,因此,申请人应当根据仲裁庭的开庭通知,按时参加案件的开庭审理,如果申请人在无正当理由的情况下不到庭,不积极行使自己的权利,将带来消极处分的后果,即仲裁庭视为申请人撤回了仲裁申请。

(2) 申请人未经仲裁庭许可中途退庭的。申请人根据仲裁庭的书面通知参与仲裁开庭审理过程,既是申请人为维护自身合法权益而行使的一项权利,同时也是保证仲裁审理秩序的一种需要。如果申请人未经仲裁庭许可而中途退庭,仲裁庭即可视为撤回仲裁申请。

此外,根据仲裁实践的情况,申请人的法定代理人经书面通知,无正当理由不到庭或者未经仲裁庭许可中途退庭的,仲裁庭也可以视为撤回仲裁申请。[①]

(二) 缺席裁决

缺席裁决,是与对席裁决相对而言的,是指由于出现法律规定的情况,仲裁庭仅就到庭的一方当事人进行调查、审查与核实证据,听取意见,并对未到庭的当事人提供的书面资料进行审查后,作出仲裁裁决的仲裁活动。

仲裁庭审理并裁决争议案件的活动,一般应当在双方当事人都到庭参加陈述、辩论的情况下进行并作出仲裁裁决。但是,在仲裁庭审理争议案件的过程中,有时可能会发生被申请人无正当理由不到庭或者未经仲裁庭许可而中途退庭的情形,为保证仲裁审理的顺利进行,仲裁庭可以缺席审理并作出缺席裁决。同时,规定缺席审理与缺席裁决制度,也充分体现了法律对双方当事人权利的平等维护。

《仲裁法》第42条第2款规定:"被申请人经书面通知,无正当理由不到庭或者未经仲裁庭许可中途退庭的,可以缺席裁决。"可见,缺席裁决制度是针对被申请人消极行为的处理,只有具备下列情形时,仲裁庭才可以缺席裁决。

(1) 被申请人经书面通知,无正当理由不到庭;

(2) 被申请人未经仲裁庭许可而中途退庭。

此外,结合《仲裁法》的其他有关规定以及仲裁实践的具体情况,在下述情况下,仲裁庭也可以作出缺席裁决:

(1) 申请人经书面通知,无正当理由不到庭或者未经仲裁庭许可中途退庭,被申请人提出反请求的。根据《仲裁法》第42条第1款的规定,在申请人无正当理由不到庭或者未经仲裁庭许可中途退庭的情况下,仲裁庭本可依照《仲裁法》的规定视为撤回仲裁申请;但是,一旦被申请人提出反请求,此时的申请人实际成为反请求的被申请人,在这种情况下,仲裁庭缺席裁决的,实际上是被申请人提出的反请求部分。

---

① 常英主编:《仲裁法学》,中国政法大学出版社2001年版,第154页。

(2) 被申请人的法定代理人经书面通知,无正当理由不到庭或者未经仲裁庭许可中途退庭。缺席裁决是就一方当事人未参加开庭审理的情况下,仲裁庭应采取的继续审理和作出裁决的处理办法。但仲裁审理除开庭审理方式外,还存在书面审理的方式,而在书面审理时出现被申请人"不应诉",即不提交答辩书和相应的证据材料时,仲裁庭是否能根据一方当事人提供的书面材料作出裁决,《仲裁法》未对此作出规定。尽管书面审理的方式是在当事人有约定的情况下适用,并非仲裁审理的主要方式,但在实践中,我们不能排除出现这种情况的可能。

(三) 延期开庭审理

延期开庭审理,是指仲裁庭确定开庭审理的日期之后或者在开庭审理的过程中,由于出现法定事由,导致仲裁审理程序无法按期进行时,仲裁庭根据当事人的请求,将仲裁开庭审理推延到另一日期的行为。

仲裁审理前的准备工作完成后,仲裁庭应当及时确定开庭审理日期并通知当事人,以保证仲裁审理工作的顺利进行。双方当事人接到仲裁庭送达的开庭通知后,应当按时参加仲裁审理活动。一般情况下,开庭审理日期确定后,或者在开庭审理过程中,都可以使仲裁审理过程顺利进行,但为保证特殊情况下双方当事人的合法权益,《仲裁法》第41条规定:"仲裁委员会应当在仲裁规则规定的期限内将开庭日期通知双方当事人。当事人有正当理由的,可以在仲裁规则规定的期限内请求延期开庭。是否延期,由仲裁庭决定。"虽然《仲裁法》没有对延期开庭的具体情况作出明确的规定,但根据《仲裁法》的其他相关规定,以及仲裁实践的具体情况,在下列情况下,当事人可以请求延期开庭审理:

(1) 当事人有正当理由不能到庭。在仲裁实践中,如果当事人遇有不可预见、不可避免和无法克服的事由,如地震、水灾等自然灾害、临时因身体伤害或疾病住院治疗等,导致当事人无法按期参加仲裁审理活动时,为保证当事人合法权益的实现,《仲裁法》允许当事人向仲裁庭提出延期开庭的请求。是否准许,由仲裁庭决定。

(2) 当事人在仲裁审理过程中临时提出回避申请的。提出回避申请是当事人在仲裁程序中的重要权利。根据《仲裁法》第35条的规定,当事人提出回避申请,应当说明理由并在首次开庭终结前提出,也就是说,因当事人得知仲裁员及其他人员需要回避的事由的时间不同,当事人提出回避申请的时间也就不同。如果当事人在开庭审理过程中得知并提出回避申请,一旦仲裁委员会同意当事人的回避申请,就意味着需重新选定相应的仲裁员组成仲裁庭。因此,当事人临时提出回避申请则可能引起延期开庭。

(3) 需要调取新的证据或者需要重新鉴定、勘验的。在仲裁审理过程中,如果发现为了准确认定争议案件事实,需要进一步调取新的证据,或者当事人对鉴定结论、勘验笔录申请重新鉴定、勘验的请求获得仲裁庭的准许,当事人即可申请延期开庭。

五、仲裁调解

(一) 仲裁调解的概念与特征

仲裁中的调解,是指在仲裁程序中,根据双方当事人的申请或者仲裁庭自行决定,在仲裁庭的主持下,双方当事人就争议的实体权利义务自愿协商,达成协议,解决双方争议的一种方式。

仲裁和调解相结合是中国仲裁制度的一个重要特色。从《仲裁法》的规定看,仲裁中的

调解与仲裁相比较,具有以下特征:

(1)调解不是一个独立的仲裁程序,也不是作出仲裁裁决的必经程序。

(2)调解是在双方当事人平等自愿的基础上,以友好协商的方式解决争议的活动。调解虽然是在仲裁庭的主持下进行的,但由于调解解决争议案件的基础是当事人的处分权,因此调解的基础必然是当事人自愿。仲裁庭要么是应当事人的请求而主持调解,要么是在征得各方当事人同意的基础上进行调解。

(3)仲裁庭主持调解要符合法律的规定。一般而言,仲裁庭在庭审调查和辩论结束后进行调解,因为此时案件的是非曲直比较清楚,利于进行调解。但是如果当事人企图以调解协议的形式实现非法的目的,或者调解协议的内容违反法律的禁止性规定的,仲裁庭不能予以支持。

(4)调解协议必须是当事人各方经过协商达成的一致意见。仲裁庭提出的处理争议的意见,只能供当事人参考之用,不能强迫当事人接受。

(5)调解是一种解决争议案件的方式,调解成功,达成调解协议,当事人可以申请仲裁庭依据该调解协议作出调解书或者裁决书而终结仲裁程序;调解不成,仲裁庭应当及时作出裁决。

(6)作为争议解决方式,调解与仲裁具有同等的法律效力。在仲裁程序中,基于当事人之间达成的调解协议作成的调解书或者仲裁裁决,与仲裁庭对争议案件经过审理后,行使仲裁权作出的仲裁裁决,具有完全相同的法律效力,即都具有对争议的实体权利义务关系的确认效力与强制执行的效力。

在仲裁过程中,仲裁庭对争议案件的调解过程,既是仲裁庭对争议案件的解决过程,实际上也是仲裁庭对双方当事人进行法制宣传教育的过程。因此,以调解的方式解决争议,能使双方当事人受到极好的法制教育,从而减少争议的发生。

(二)仲裁调解的程序

我国《仲裁法》对于仲裁调解应遵守的程序未作出明确的规定。但根据《仲裁法》的有关规定以及实践的具体情况看,仲裁调解应按照以下程序进行:

(1)调解的开始。《仲裁法》第51条第1款规定:"仲裁庭在作出裁决前,可以先行调解。当事人自愿调解的,仲裁庭应当调解。调解不成的,应当及时作出裁决。"根据该条规定,仲裁调解的开始可分为两种情况:第一,仲裁庭自行开始调解。仲裁庭对当事人提请仲裁的争议案件行使仲裁权,完全来自于双方当事人的协议授权,但仲裁庭取得对争议案件的审理和裁决权后,为了尽快解决争议案件,仲裁庭有权根据解决争议案件的需要决定先行调解。第二,仲裁庭根据当事人的自愿开始调解。当事人是发生争议并提请仲裁庭解决争议案件的利害关系人,以何种方式解决争议,直接关系到双方当事人之间实体权利义务关系,因此当事人可行使处分权,申请仲裁庭以调解的方式解决争议当事人提出调解申请后,仲裁庭应当进行调解。

(2)调解的进行。无论是仲裁庭自行决定调解,还是基于当事人的自愿开始调解,在仲裁庭主持调解时,双方当事人及其代理人都应当参与调解。如果仲裁庭采取独任制的形式,则仲裁调解由独任仲裁员主持;如果仲裁庭采取合议制的形式,则仲裁调解既可以由合议庭全体成员主持,也可以由其中1名仲裁员以仲裁庭的名义单独主持。但是,无论仲裁庭采取何种形式进行调解,调解的进行应当尊重当事人的意愿。调解不成的,仲裁庭应当及时作出仲裁裁决,以尽快解决争议。

(3) 调解的结束。在一般情况下,调解的结束会有两种情况:第一,调解因双方当事人达成调解协议而结束。经过仲裁庭主持调解,如果双方当事人经过协商,就争议的解决、实体权利义务关系的确定达成一致的协议,根据《仲裁法》第51条第2款的规定,仲裁庭应当制作调解书或根据协议的结果制作裁决书。调解书与裁决书具有同等的法律效力。仲裁调解因达成协议而结束,既是双方当事人希望达到的结果,同时也是仲裁主持调解的目的所在。第二,调解因双方当事人未达成调解协议而结束。仲裁庭对争议案件的调解应适当,如果双方当事人在仲裁庭的主持下经过协商,无法达成一致的协议,仲裁庭不能久调不决,应当继续行使裁决权,对争议案件作出仲裁裁决。《仲裁法》第51条第1款规定,调解不成的,应当及时作出裁决。

(三) 仲裁调解书

1. 仲裁调解书的概念

仲裁调解书,是仲裁庭制作的、记载双方当事人之间就争议的实体权利义务关系所达成的一致协议内容的仲裁法律文书。调解书与调解协议不同,调解协议是在仲裁程序中,双方当事人经过协商一致,自愿达成的处理其实体权利义务争议的一种书面协议,该协议在未经仲裁庭的确认之前,不具有法律效力。而调解书则是仲裁庭依法制作的,记载双方当事人之间的实体权利义务的仲裁法律文书。

2. 仲裁调解书的制作

《仲裁法》第52条规定:"调解书应当写明仲裁请求和当事人协议的结果。调解书由仲裁员签名,加盖仲裁委员会印章,送达双方当事人。"从仲裁实践来看,调解书一般应包括以下内容:(1) 首部。在调解书的首部,主要写明仲裁调解书的标题、案件的编号及年号、当事人及其代理人的基本情况。(2) 正文。正文是调解书的核心部分,应当写明仲裁请求、双方当事人争议的主要事实、双方当事人之间达成协议的内容以及仲裁费用的负担等。(3) 尾部。主要写明调解书的份数,由仲裁员签名;由合议庭主持调解的,依次由首席仲裁员和两名仲裁员签名,并加盖仲裁委员会的印章。此外,还应当记载调解书制作的年月日。

3. 调解书的法律效力

仲裁庭依据当事人之间达成的调解协议制作调解书后,该调解书与生效的仲裁裁决具有同等的法律效力:(1) 对双方当事人之间争议的实体权利义务关系具有终局的确认效力。因此,对该争议案件,当事人不得以同一事实和理由再向仲裁委员会申请仲裁,也不得向人民法院起诉;(2) 具有强制执行效力。调解书生效后,如果义务人不履行调解书所确定的实体义务,权利人有权依据该调解书,向有管辖权的人民法院申请强制执行,以实现其合法权益。

六、仲裁和解

(一) 仲裁和解的概念与特征

仲裁中的和解,是指在仲裁委员会受理争议案件后,仲裁庭作出仲裁裁决之前,双方当事人自行协商,自愿达成的解决争议的一种活动。

仲裁中的和解制度,是当事人对自己的实体权利以及程序性权利予以处分的集中体现,它具有以下特征:

(1) 和解是双方当事人的自愿行为,不需要任何第三方的参与。在仲裁中,虽然双方当事人之间因发生争议而引起仲裁程序的开始,但并不意味着该争议只能通过仲裁庭予以解决。当事人完全可以基于双方的自愿行为,在没有任何第三方参与的情况下,通过和解的方式解决该争议案件。

(2) 和解作为当事人自行解决争议案件的活动,需双方达成和解协议。仲裁中的和解,首先表现为双方当事人自愿平等协商的行为,但和解要作为当事人自行解决争议案件的活动,或者说当事人希望通过和解达到解决争议案件的目的,则需要双方当事人达成和解协议。

(3) 和解的时间,须在仲裁委员会受理争议案件后,仲裁庭作出裁决之前。仲裁中的和解不同于仲裁程序之外当事人自行解决争议的和解,它需要发生在特定的时间之内。如果仲裁委员会尚未受理争议案件,则不属于仲裁和解;如果仲裁庭对该争议案件已经过审理作出裁决,则意味着该争议已由仲裁庭行使仲裁权得以解决,无需当事人再通过和解解决。

(二) 仲裁和解达成协议的处理

《仲裁法》第49条规定:"当事人申请仲裁后,可以自行和解。达成和解协议的,可以请求仲裁庭根据和解协议作出裁决书,也可以撤回仲裁申请。"根据该条规定,当事人自行和解达成和解协议后,可以作出两种处理:

(1) 请求仲裁庭根据和解协议作出裁决。在仲裁庭对争议案件作出裁决之前,如果当事人经过自愿协商,自行和解并达成和解协议,可以请求仲裁庭根据该和解协议作出裁决书,该依据和解协议作出的裁决书与仲裁庭经过审理、行使仲裁权对争议案件作出的裁决书,具有同等的法律效力。即第一,对当事人之间的争议案件作出了终局的确定,基于同一事实与理由的案件,当事人既不得再行向仲裁委员会申请仲裁,也不得向人民法院提起诉讼。此外,对该具有法律效力的裁决书,非经法院撤销程序,任何机构都不得改变其内容。第二,具有强制执行力,即如果义务人不履行该裁决书中确定的实体义务,权利人可以该裁决书为依据向人民法院申请强制执行,从而实现自己的合法权益。

(2) 撤回仲裁申请。在仲裁过程中,当事人经过自愿协商达成和解协议后,也可以不请求仲裁庭依据该和解协议作出裁决书,而撤回仲裁申请。当事人提出撤回仲裁申请后,只要仲裁庭对申请经过审查,准许当事人撤回仲裁申请,一方面意味着仲裁庭无需再对该争议案件进行审理并作出裁决;另一方面也意味着当事人在达成和解协议后,通过撤回仲裁申请的方式终结了仲裁程序。

当事人经过自行协商达成和解协议后,采取撤回仲裁申请的方式与请求仲裁庭作出裁决的方式不同,此时对当事人双方而言,只是以自愿达成和解协议的形式在双方之间解决了争议,重新确定了双方当事人之间的实体权利义务关系;但是,这种确定并未获得法律效力,即义务一方当事人不履行和解协议所确定的实体义务时,权利人不能依据该和解协议,向有管辖权的人民法院申请强制执行。但是当事人撤回仲裁申请后反悔的,根据《仲裁法》第50条的规定,当事人可以依据原仲裁协议申请仲裁。

七、合并仲裁

合并仲裁,也称合并审理,是指多方当事人之间签订多份独立的仲裁协议,由于各仲裁协议所指向的争议事项相同或有其他关联,仲裁庭将原本应该分别审理的案件合并于一个仲裁程序中进行审理,并作出统一裁决。

在世界各国仲裁立法中,直接规定合并仲裁的并不多,但也并不是一味地排斥合并仲裁。在仲裁实践中已经逐渐承认了合并仲裁制度。例如,1996年《英国仲裁法》第35条规定:"(1)当事人可以自由约定,以按其可能达成一致的条件:(a)合并两个仲裁程序;或(b)同时举行庭审。(2)除非当事人同意将此权力授予仲裁庭,仲裁庭无权命令仲裁程序合并或同时举行庭审。"

我国《仲裁法》没有对合并仲裁进行规定,2008年版的《北京仲裁委员会仲裁规则》第27条率先规定了合并审理,即"(1)仲裁标的为同一种类或者有关联的两个或者两个以上的案件,经一方当事人申请并征得其他当事人同意,仲裁庭可以决定合并审理。(2)仲裁庭组成人员不同的案件,不适用前款规定。"随后,中国国际经济贸易仲裁委员会于2012年修订其仲裁规则时也增加了对合并仲裁的规定。《中国国际经济贸易仲裁委员会仲裁规则(2012年版)》第17条规定了合并仲裁,即"(1)经一方当事人请求并经其他各方当事人同意,或仲裁委员会认为必要并经各方当事人同意,仲裁委员会可以决定将根据本规则进行的两个或两个以上的仲裁案件合并为一个仲裁案件,进行审理。(2)根据上述第(1)款决定合并仲裁时,仲裁委员会应考虑相关仲裁案件之间的关联性,包括不同仲裁案件的请求是否依据同一仲裁协议提出,不同仲裁案件的当事人是否相同,以及不同案件的仲裁员的选定或指定情况。(3)除非各方当事人另有约定,合并的仲裁案件应合并于最先开始仲裁程序的仲裁案件。"

根据上述仲裁规则的规定以及相关的仲裁实践,合并仲裁需要具备以下三个条件:

(1)合并仲裁的前提是存在两个或者两个以上的仲裁标的为同一种类或者有关联的案件。合并仲裁的前提是存在两个或两个以上的独立案件。即合并仲裁的各个案件是单独立案,并且完全可以单独审理的案件。这些独立的案件或者仲裁标的为同一种类,或者相互关联,这样才有合并审理的可能性和可行性,这些案件的合并仲裁才能达到方便当事人和仲裁庭的目的。所谓仲裁标的是同一种类,是指发生争议的法律关系相同,属于同一种类;所谓相互关联,是指各个案件之间所处理的法律关系存在关联关系。如果各个案件之间既不相似,也不存在关联关系,一般情况下不可能合并仲裁。

(2)仲裁当事人都同意合并仲裁。案件的合并仲裁应当基于全部当事人的同意,如果没有全部当事人的同意,仲裁庭就合并仲裁,则构成违反程序,因此作出的仲裁裁决将面临被撤销的可能。

(3)合并仲裁的案件须是由同一仲裁庭审理的案件。如果仲裁庭不同,就无法合并审理,不可能将两个或多个仲裁庭组织到一起合并审理案件。

八、仲裁审理程序与民事诉讼审理程序的比较

(一)仲裁审理程序与民事诉讼审理程序的相同之处

仲裁的审理程序与民事诉讼的审理程序,同属于民事争议的解决机制,因此,它们具有一定的共性,主要体现为:

(1)证据运用的基本规则相同。在举证责任的分担上,仲裁和民事诉讼一样,都由提出主张的一方当事人负举证责任;在证据的种类上,仲裁与民事诉讼所运用的证据也大同小异;在证据的审查判断上,其方法和标准是一致的。

（2）主要程序阶段相同。仲裁审理程序和民事诉讼审理程序大体上都分为庭审调查和庭审辩论，以及裁判庭评议阶段。首先，这是由民事争议解决机制的使命决定的，为解决民事争议，裁判者应在弄清案情的基础上形成自己的确信和判断；其次，这也是处理平等者主体间的私权争议的基本模式决定的，解决平等者主体间的民事争议应为当事人双方提供充分陈述和辩论的机会。

（3）结案方式基本相同。仲裁审理程序与民事诉讼审理程序一样，都将调解作为结案的一种方式。民事权利的可处分性，决定了当事人在程序进行中能作出选择，处分部分权利以换得与对方当事人处分一定的权利，以达成某种妥协。当然，如果这种妥协不存在，审理者就应当及时作出裁判。

（二）仲裁审理程序与民事诉讼审理程序的区别

仲裁审理程序与民事诉讼审理程序同样存在一定的差异，这主要表现在如下方面：

（1）是否公开审理不同。民事诉讼遵循公开审判原则，即开庭审理一般应公开进行，以此接受社会监督，保证审理的公正性，只对某些诸如涉及国家秘密和个人隐私的特殊案件实行不公开审理。而仲裁则不然，其以不公开审理为原则，以保守当事人的商业秘密和信誉。

（2）审理方式不同。仲裁是以开庭审理，即口头审理为原则，以书面审理为例外，当事人可以约定由仲裁庭对争议案件进行书面审理；而在民事诉讼审理程序中，所有案件的审理必须开庭，否则为程序违法。虽然在二审程序中有些案件可以径行判决，但并非纯粹的书面审理，而是在书面审查的基础上，通过询问当事人和在对事实核对清楚后，才可以作出判决。

（3）审级制度不同。仲裁实行一裁终局制度，裁决一经作出，即具有法律效力，当事人不得就同一争议申请仲裁机构再次审理或向人民法院起诉；而民事诉讼实行两审终审制度，一审判决作出后，在法定期限内判决不生效，任何一方当事人提起上诉后，二审程序便启动，二审判决、裁定为终审判决、裁定。

第八节 仲裁裁决

仲裁裁决是仲裁案件经过仲裁庭审理之后，由仲裁庭制出的"产品"。由于仲裁实行"一裁终局"制度，这就意味着仲裁裁决一经作出，任何一方当事人不得再就同一纠纷另行提起仲裁申请或者向人民法院起诉，而必须按照裁决结果履行自己的义务，故仲裁裁决具有使当事人间的实体争议归于"消灭"的效果。仲裁裁决既是仲裁庭办案质量和水平最直观、最直接的体现，同时又因仲裁裁决是以仲裁机构的名义作出的，因而又代表了仲裁机构解决纠纷的效率与质量，直接影响到仲裁机构的声誉和形象。

一、仲裁裁决的概念与特征

仲裁裁决，是指仲裁庭对仲裁案件进行审理后，在认定证据和查明事实的基础上，对双方当事人之间的争议事项所作出的权威性书面认定。仲裁裁决是仲裁案件当事人之间的纠纷已经处理完毕的标志。仲裁裁决一旦作出，仲裁程序即告终结，仲裁庭即宣告解散。

仲裁裁决与人民法院的生效判决具有同等法律效力，但与人民法院的判决相比较，仲裁裁决具有以下特征：

（1）依据不同。人民法院的判决必须依法作出，法院适用法律错误会导致判决的无效。

而仲裁裁决则不同,仲裁庭和仲裁员可以按仲裁规则或当事人的约定,根据公平合理原则、商业习惯和行业惯例等作出仲裁裁决。

（2）方式不同。仲裁程序中,如裁决由3名仲裁员组成的仲裁庭作出,则有两种方式:一是适用"少数服从多数"原则,即3名仲裁员中如有两名意见一致而另1名持不同意见,则以两名仲裁员形成的一致意见为准;二是适用首席仲裁员的意见,即在3名仲裁员各有不同意见时,以首席仲裁员的意见作为最后裁决结果。而在民事诉讼程序中,虽然人民法院的判决作出也是实行少数服从多数的原则,但若无法形成多数意见时,不能以审判长的个人意见作出判决,必须报审判委员会讨论决定。

（3）签名不同。在仲裁程序中,对裁决书持不同意见的仲裁员可以在裁决书上签名,也可以不在裁决书上签名。与此不同,在民事诉讼程序中,即使某些审判员对判决结果持不同意见,也必须在判决书上签名。此外,仲裁裁决无须仲裁委员会主任签发,而人民法院的某些裁判文书须由人民法院院长签发,才具有法律效力。

（4）公开程度不同。除当事人约定可以公开外,仲裁裁决对外一律保密。与此不同,人民法院审理案件原则上公开进行,即使依法定情况不能公开进行审理的案件,宣判也要对外公开进行。

二、仲裁裁决的类型

仲裁裁决依不同标准可以划分为多种类型:

（一）中间裁决、部分裁决和最终裁决

以仲裁裁决的内容和作出裁决的时间为标准,可以将仲裁裁决划分为中间裁决(interlocutory award)、部分裁决(Partial award)和最终裁决(final award)。

第一,中间裁决,又称临时裁决,是指在仲裁过程中对部分审理清楚的争议事项,仲裁庭为进一步审理和作出最终裁决所作出的一种临时性裁决。在性质上,中间裁决不具有终局性,不能被人民法院强制执行,当事人不履行中间裁决一般也不会影响最终裁决的作出。目前,许多国家的商事仲裁立法和国际社会有关的国际商事仲裁规则都赋予了商事仲裁庭根据需要作出中间裁决的权力。

国际商会国际仲裁委员会工作组曾考察了国际商会仲裁院所作的临时裁决和中间裁决,将下述决定归类为"非终局性"决定:有关管辖权、法律适用、临时财产保全措施、程序性裁定及针对有关实体问题所作的临时决定。这些仲裁程序进行中的"非终局性"决定,有别于通常所说的仲裁裁决,故不应归类并命名为"裁决",而应称为"决定"。而在有些国家的商事仲裁实践中,中间裁决只决定程序性问题,如仲裁庭的管辖权、仲裁中的财产或证据保全、仲裁可适用的法律等等。

从中国国际商事仲裁的实践来看,中间裁决通常适用下列事项:

（1）要求当事人合作或采取措施,保存或出售容易腐烂、变质、贬值的货物,以防止损失进一步扩大。

（2）要求当事人合作或采取措施,为仲裁庭亲自监督或委派专家监督下设备调试和试生产提供保障条件。

（3）要求当事人合作或采取措施,组织清算委员会对合资企业的债权债务进行清算,为责任划分和损害赔偿的确定打下基础。①

可见,中国内地商事仲裁实践中的中间裁决也只是一种程序性决断,一般并不涉及争议的实体问题,有别于通常意义上的商事仲裁裁决。

第二,部分裁决,也被称为"初步裁决"(preliminary award),指仲裁庭在审理案件过程中,为了及时保护当事人的合法权益或有利于继续审理其他事项,对已审理清楚的部分实体争议所作出的裁决。我国《仲裁法》第 55 条规定:"仲裁庭仲裁纠纷时,其中一部分事实已经清楚,可以就该部分先行裁决。"此处的先行裁决即是部分裁决。部分裁决具有如下特征:

(1)部分裁决是对整个争议中的某一个或某几个方面的问题所作出的实质性裁决。

(2)部分裁决也是最终性质的裁决,部分裁决一经作出即对双方当事人发生效力,它具有最终裁决的一般属性。

(3)部分裁决具有强制执行力。也就是说,部分裁决必须符合最终裁决的所有形式要求,而且对其处理的部分实体争议而言,相应的仲裁程序即告终止,部分裁决所处理的相关部分争议已获得终局性解决,具有强制执行力。

部分裁决与中间裁决的主要区别在于:中间裁决通常是指对有关程序问题和证据问题所作出的裁决②,因此,中间裁决一般都具有程序性的特点,一般不涉及实体争议的判定;而部分裁决则通常是对整个争议的部分实体问题所作出的判定,具有实体性的特点。

3. 最终裁决,是指仲裁庭对全部争议案件审理终结后,对当事人的所有仲裁请求(包括本请求和反请求)或部分裁决后存留下来的其他请求所作出的最后裁决。最终裁决有以下特征:

(1)终结性。最终裁决一经作出,整个仲裁程序即告终结。

(2)强制性。最终裁决具有强制执行力,当事人若不自动履行裁决,对方当事人有权向人民法院申请强制执行。

(3)排除性。最终裁决作出后,同一当事人即丧失了就同一实体争议重新要求仲裁或起诉的权利,仲裁机构和人民法院无权再就该争议进行仲裁和审判。

部分裁决和最终裁决都属于实体性决断,但两种裁决作出的时间不同,部分裁决是在仲裁审理过程中作出的,最终裁决则是在案件的审理全部结束后才作出。此外,最终裁决应与先行作出的部分裁决相衔接,以免出现矛盾或重复。

(二)合意裁决与非合意裁决

从仲裁裁决是否反映双方当事人的合意作为划分依据,将仲裁裁决划分为合意裁决与非合意裁决。

合意裁决,是指仲裁庭根据双方当事人达成的和解协议或者调解协议所作出的裁决,其表现形式除裁决书外,还包括调解书。除此之外的其他裁决均为非合意裁决。合意裁决所据以作出的和解协议或者调解协议的合法性须经仲裁庭审查,故其内容并不完全等同于和解协议或调解协议。

划分合意裁决与非合意裁决的意义在于,合意裁决可以鼓励双方当事人在自愿协商的基础上化解纠纷,最大限度地缓和双方当事人的冲突与对立情绪,有利于裁决的自觉履行。

---

① 参见王存学主编:《中国经济仲裁和诉讼实用手册》,中国发展出版社 1993 年版,第 314 页。
② 参见韩健:《现代国际商事仲裁法的理论与实践》,法律出版社 2000 年版,第 331 页。

正因为如此,许多国家的仲裁法和国内仲裁机构的仲裁规则中均承认合意裁决。[1]

（三）对席裁决与缺席裁决

以双方当事人及其代理人是否到庭行使辩论权为标准,将仲裁裁决划分为对席裁决与缺席裁决。

对席裁决,是指仲裁庭在双方当事人或其代理人均按时出庭行使辩论权的基础上对争议案件经过审理后作出的裁决。缺席裁决,是指一方当事人经合法通知而又无正当理由不到庭的情况下,或在采用书面审理方式时,被申请人拒不提交答辩书和相关材料的情况下,仲裁庭在仲裁过程中或者审理终结后作出的仲裁裁决。当事人缺席,通常会给仲裁庭质证造成困难,可能损害缺席当事人的程序利益,由此加大了缺席裁决被撤销或不予执行的危险。

为克服缺席裁决中容易产生的问题,应该特别注意以下两方面:(1)程序上是否已尽到通知义务,即告知缺席一方当事人行使相关仲裁程序权利,如选定仲裁员、答辩或其他陈述意见的机会;(2)认定事实所依据的主要证据是否真实、充分。

（四）裁明事实和理由的裁决与不裁明事实和理由的裁决

以裁决内容是否写明事实和理由为标准,将仲裁裁决划分为裁明事实和理由的裁决与不裁明事实和理由的裁决。

仲裁裁决中写明案件受理情况、仲裁请求、争议事项、裁决理由、裁决结果、仲裁费用的负担和裁决日期的,为裁明事实和理由的裁决。此类裁决的好处是显而易见的,对申请人而言,一份事实清楚、理由充分的裁决在其仲裁请求事项未完全被满足甚至被全部驳回的情况下,具有很强的说服力;对于被申请人而言,可以使其认知仲裁庭在庭审过程中的程序运作和实体法适用是否准确,清楚承担义务的原因,从而使该裁决得到被申请人的认可并顺利得到执行。

根据我国《仲裁法》第54条的规定,仲裁庭应在仲裁裁决书中写明仲裁请求、争议事实、裁决理由、裁决结果、仲裁费用的负担和裁决日期。当事人协议不愿写明争议事实和裁决理由的,可以不写。可见,不裁明事实和理由的裁决仅限于在双方当事人同意的前提下才能作出。

（五）补充裁决和被补充裁决

以仲裁裁决之间存在补充和被补充关系为标准,将仲裁裁决划分为补充裁决和被补充裁决。

在正常情况下,仲裁庭在案件审理完毕后根据认定的事实和所适的法律,对当事人之间的实体纠纷作出的裁决即为终局裁决,不存在制作补充裁决的情形。但如果具有以下情形之一者,必须作出补充裁决:一是极少数情况下,由于案情复杂,仲裁员对当事人的仲裁请求或反请求事项漏裁,或涉及数据时出现计算错误;二是裁决理由模棱两可或表述不清,当事人要求仲裁庭对此进行解释;三是由于制作裁决书人员的疏漏,导致裁决书在打印完毕后,出现漏打、错打、印错等问题。在这些情况下,仲裁庭应对存在错误的裁决书予以补充或改正。补充、改正错误的裁决书,制作新的完备的裁决书的行为即为补正裁决,该份新生效的裁决书即视为补正裁决书。仲裁案件的最终裁决以加入补正裁决后的全部裁决为准。

---

[1] 张斌生主编:《仲裁法新论》,厦门大学出版社2002年版,第320页。

我国《仲裁法》第56条对于补正裁决作了详细规定:"对裁决书中的文字、计算错误或者仲裁庭已经裁决但在裁决书中遗漏的事项,仲裁庭应当补正;当事人自收到裁决书之日起30日内,可以请求仲裁庭补正。"

三、仲裁裁决的作出及补正

（一）作出仲裁裁决的时限、地点与方式

1. 仲裁裁决的时限

仲裁裁决的时限,指的是仲裁案件从仲裁庭组成到仲裁庭作出最终裁决的整个期间。规定仲裁时限,目的在于督促仲裁庭在合理期限内审结案件,尽快解决争议,明确双方当事人的权利义务关系,避免因审理案件时间过长导致当事人承担不应有的损失。为此,许多国家的仲裁法或仲裁规则都规定了裁决的期限,一般为6个月。例如,《中国国际经济贸易仲裁委员会仲裁规则（2012年版）》规定国际商事案件裁决时限为6个月,适用简易程序审理案件的裁决时限为3个月,国内商事案件的裁决时限为4个月。

与此同时,考虑到案件审理的实际情况需要,许多仲裁规则都规定,确有必要时,裁决时限可以延长,但必须由仲裁机构作出决定。例如,《中国国际经济贸易仲裁委员会仲裁规则（2012年版）》第46条、第60条以及第69条分别就国际商事案件的普通程序、简易程序以及国内商事案件裁决时限的延长等,作出了明确的规定。

不过,规定裁决时限也存在导致仲裁员草率作出裁决的可能性,从而使裁决潜含着被撤销或不予执行的风险。因此,也有一些国家的仲裁法不对裁决时限加以规定,如德国、荷兰、瑞士、瑞典等国的仲裁法,就没有规定裁决作出的期限。我国《仲裁法》对此也未作出具体规定。

可见,关于裁决作出的时限问题,应以各仲裁机构的仲裁规则为依据。

2. 仲裁裁决作出的地点

仲裁裁决作出的地点,也称仲裁地,是指作出仲裁裁决的仲裁机构所在地。确定仲裁裁决作出的地点具有重要的意义:第一,对于国内仲裁而言,仲裁裁决作出的地点直接决定对仲裁裁决享有撤销权的人民法院;第二,对于国际商事仲裁,仲裁裁决作出地点的确定意义更加重大,因为仲裁裁决作出地是仲裁裁决"国籍"的主要标识,直接涉及仲裁裁决的司法监督形式。只有仲裁裁决作出地的国家,才享有撤销该仲裁裁决的权力。其他国家只能是通过拒绝承认和不予执行该仲裁裁决的方式进行司法监督。并且,如果该仲裁裁决被裁决作出地国家的法院撤销,该仲裁裁决在其他所有国家即丧失了得以强制执行的可能性。因此,各国仲裁法和仲裁规则都规定,仲裁裁决应载明裁决作出地。

需要注意的是,仲裁裁决作出地并不等同于仲裁裁决签署地。仲裁庭成员可能来自不同的国家或地区,有时他们会在仲裁裁决作出地以外的地点合议签署裁决。仲裁裁决作出地也有别于开庭审理地。开庭审理地可以是仲裁庭认为合适的任何一个地点,即仲裁庭可选择任何合适的地点进行庭审,而仲裁裁决作出地则是固定不变的。

3. 作出裁决的方式

由于组庭方式不同,裁决作出的方式也不同。在独任仲裁庭仲裁的情况下,由于裁决是由一名仲裁员作出的,因此不存在任何分歧,裁决结果应以该仲裁员意见为准。在三人仲裁庭仲裁的情况下,作出裁决的方式有以下三种：

（1）裁决按一致意见作出，这是最为理想的裁决方式。

（2）在无法达成一致意见时，多数国家仲裁法和国际仲裁机构的仲裁规则均规定裁决采用"少数服从多数"的原则作出。例如，联合国国际贸易法委员会的《国际商事仲裁示范法》第29条规定："在有一名以上仲裁员的仲裁程序中，除非当事人各方另有协议，仲裁庭的任何决定，均应由其全体成员的多数作出。"我国《仲裁法》第53条规定："裁决应当按照多数仲裁员的意见作出，少数仲裁员的不同意见可以记入笔录。仲裁庭不能形成多数意见时，裁决应当按照首席仲裁员的意见作出。"又如，《联合国国际贸易法委员会仲裁规则》第54条第1款规定，"由三名仲裁员组成的仲裁庭审理的案件，仲裁裁决依全体仲裁员或多数仲裁员的意见决定；少数仲裁员的意见可以作出记录附卷。"目前，"少数服从多数"原则已成为仲裁裁决作出的普遍性原则。

（3）仲裁庭多数意见无法达成时，依首席仲裁员意见作出裁决。例如，我国《仲裁法》第53条规定："裁决应当按照多数仲裁员的意见作出，少数仲裁员的不同意见可以记入笔录。仲裁庭不能形成多数意见时，裁决应当按照首席仲裁员的意见作出。"又如，瑞典1999年仲裁法第30条规定："除非当事人另有约定，应以参与裁决的仲裁员的多数意见为准。如果不能取得多数意见，则以首席仲裁员的意见为准。"

（二）仲裁裁决书的形式要求和内容要求

1. 仲裁裁决书的形式要求

我国《仲裁法》第54条规定："……裁决书由仲裁员签名，加盖仲裁委员会印章。对裁决持不同意见的仲裁员，可以签名，也可以不签名。"可见，我国仲裁机构所作出的仲裁裁决形式方面的要求有三：第一，应为书面形式；第二，应经参与裁决的仲裁员签署（持不同意见的仲裁员可不签名）；第三，以仲裁委员会的名义作出。

但是在国际商事仲裁中，通常仅要求仲裁裁决应为书面形式，并经仲裁员签署。有些国家还要求裁决书特别是临时裁决书，必须经公证登记或在管辖法院存档备案，如西班牙、波兰、葡萄牙和罗马尼亚等国仲裁法均有此类规定。美国有些州的法律也要求裁决须经过备案登记。

2. 仲裁裁决书的内容要求

依据我国《仲裁法》第54条的规定，裁决书应当写明：（1）仲裁请求，即申请人要求仲裁庭解决什么问题；（2）争议事实，即争议的发生过程和具体内容；（3）裁决理由，即仲裁庭支持或驳回仲裁请求的事实和法律依据等；（4）裁决结果，即当事人在该案件中具体应承担的责任；（5）仲裁费用的负担；（6）裁决日期。其中，"争议事实"和"裁决理由"两项，《仲裁法》允许当事人协商同意后不必在裁决书中写明。

除以上主要内容外，以下内容也是一份裁决书所必不可少的：（1）仲裁机构的名称、"裁决书"字样及编号；（2）双方当事人的详细情况；（3）仲裁代理人的情况；（4）关于仲裁程序的说明，其中包括案件的受理、组庭、法律文书送达等。

（三）仲裁裁决书的补正

仲裁裁决的作出过程中，由于人为或客观的因素，一些裁决书中不可避免地会出现"瑕疵"，故有必要对这些裁决书予以完善补救。有学者将其区分为"裁决的更正"和"裁决的补充"两类。裁决的更正，仅限于对仲裁裁决中有关因书写、打印、计算上的错误而请求仲裁庭予以更正，其他方面的问题不允许作任何变更。裁决的补充，针对的是对当事人的全部仲裁请求已审理完毕,但在裁决中存在遗漏,就这些漏裁事项所作出的补充或追加。补正裁决构成原裁决书的一部分。

与此不同,我国《仲裁法》仅规定了"补正裁决"。该法第 56 条规定:"对于裁决书的文字、计算错误或者仲裁庭已经裁决但在裁决书中遗漏的事项,仲裁庭应当补正。"但各仲裁委员会的仲裁规则中几乎均对裁决书的补正进行了细化。例如,《中国国际经济贸易仲裁委员会仲裁规则(2012 年版)》将裁决书的补正细化为裁决书的更正与补充裁决。该规则第 51 条规定了裁决书的更正,即"(1)仲裁庭可以在发出裁决书后的合理时间内自行以书面形式对裁决书中的书写、打印、计算上的错误或其他类似性质的错误作出更正。(2)任何一方当事人均可以在收到裁决书后 30 天内就裁决书中的书写、打印、计算上的错误或其他类似性质的错误,书面申请仲裁庭作出更正;如确有错误,仲裁庭应在收到书面申请后 30 天内作出书面更正。"该规则第 52 条规定了补充裁决,即"(1)如果裁决书中有遗漏事项,仲裁庭可以在发出裁决书后的合理时间内自行作出补充裁决。(2)任何一方当事人可以在收到裁决书后 30 天内以书面形式请求仲裁庭就裁决书中遗漏的事项作出补充裁决;如确有漏裁事项,仲裁庭应在收到上述书面申请后 30 天内作出补充裁决。"无论是裁决书的更正,还是补充裁决,均构成裁决书的组成部分。

(四)仲裁裁决书与民事判决书的差异

尽管仲裁裁决书与民事判决书均为对争议的实体权利义务经过审理之后的重新确定,具有终局性和强制执行性,但两者在作出的方式等方面还是存在差异的。

(1)作出的依据不同。仲裁裁决的作出,不仅可以依法作出,还可以经当事人的书面授权,依据公平原则作出;而民事判决只能依法作出。

(2)作出的规则不同。仲裁裁决的作出,依仲裁庭的多数人员意见作出,如果形不成多数,则以首席仲裁员的意见作出;民事判决的作出,依合议庭的多数人员意见作出,如果形不成多数,则交由审判委员会讨论决定。

(3)是否签名不同。在仲裁裁决中,如果是以首席仲裁员的意见作出的,持不同意见的仲裁员可以签名,也可以不签名;在民事判决中,合议庭成员都必须签名,而无论其是否与判决中的意见一致。

(4)是否可以裁明争议事实和理由不同。在仲裁裁决中,如果双方当事人同意,裁决书中可以不裁明事实和理由;而在民事判决中,则必须裁明事实和理由。

四、仲裁裁决的效力

仲裁裁决的效力,是指仲裁机构作出仲裁裁决后所发生的法律后果,仲裁裁决一经作出,就具有终局性和可执行性。

(一)仲裁裁决的终局性

我国《仲裁法》第 9 条规定:"仲裁实行一裁终局制度。裁决作出后,当事人就同一纠纷再申请仲裁或者向人民法院起诉的,仲裁委员会或人民法院不予受理。"这一规定包括如下含义:(1)仲裁裁决一经作出,即表明该仲裁案件已获法律的最终解决,当事人不能就同一事实和理由,再次向仲裁机构申请仲裁或向人民法院起诉,仲裁机构或人民法院亦不得对此同一事实和理由主动进行审理;(2)当事人之间的民事权利和义务已经由仲裁庭在法律上予以认可和确定,换言之,仲裁案件已通过仲裁这一纠纷解决机制得到最终的妥善处理。仲

裁裁决之所以是终局的,主要原因有二:

(1) 当事人合意。当事人选择仲裁方式解决他们之间的争议,就意味着当事人已经将解决争议的裁断权赋予了仲裁庭,并自愿接受裁决结果。事实上,当事人的合意是仲裁制度存续的根基。

(2) 国家法律规定。国家以法律形式确立协议仲裁制度,并赋予裁决结果以强制执行力。这是裁决终局性的另一重要基石。两者相辅相成,缺一不可。

(二) 仲裁裁决的执行性

终局性避免了重复仲裁或仲裁裁决间的相互矛盾,以此确保仲裁裁决的法律效力,但终局性没有解决如何使仲裁裁决的法律效力得以实现的问题。为此,各国仲裁法赋予仲裁裁决以强制执行力,即一方当事人如不履行仲裁裁决,另一方当事人有权向法院申请强制执行。执行性与裁决的终局性一起构成仲裁裁决效力的有机组成部分。

关于仲裁裁决的执行性,可以从其作为履行根据的效力和作为强制执行根据的效力两方面理解:

1. 作为履行根据的效力

仲裁裁决的实现途径有二:其一,当事人自觉履行仲裁裁决;其二,当事人申请法院强制执行。当事人自觉履行裁决,即表明仲裁裁决具有作为履行根据的效力。

作为履行根据效力的内容主要包含:(1) 义务主体应自觉、主动履行裁决所确定的义务;(2) 除非放弃权利,权利主体不得拒绝接受义务主体履行其义务,也不得对义务主体履行义务设置障碍;(3) 其他单位和个人不得妨碍裁决的履行。

作为履行根据的生效时间从何时起算?根据我国《仲裁法》第57条的规定,作为履行根据的效力应从裁决书作出之日起算。但这一规定值得探讨。我们认为,作为履行根据的生效时间,应在裁决书送达双方当事人、履行期届满未出现导致仲裁裁决丧失效力的情形之后。这是由于当事人履行裁决,须以知悉裁决内容为前提,故作为履行根据的生效时间,应在裁决书送达当事人之后。

2. 作为强制执行根据的效力

作为强制执行根据效力的内容主要包括:(1) 权利主体可根据仲裁裁决书申请强制执行,即启动强制执行程序;(2) 执行机构(法院)可根据仲裁裁决和权利主体申请,采取相应的强制执行措施。

作为强制执行根据的生效时间,因内国仲裁裁决与外国仲裁裁决而有所区分。对于外国仲裁裁决,执行性只有在承认其效力的裁定或相关诉讼判决生效后,才能作为强制执行的根据,因此,执行性作为强制执行根据的生效时间为前述裁定或判决生效之时。对于内国裁决(包括国内仲裁与涉外仲裁)而言,作为强制执行根据的生效时间是在义务主体履行义务期限届满次日起。

第九节 简 易 程 序

我国《仲裁法》中没有对简易程序作出规定。简易程序的规定最初出现在《中国国际经济贸易仲裁委员会仲裁规则》中,且限于涉外案件的审理。随着市场经济的确立和发展,我国仲裁制度也得到充分发展和完善,传统的涉外仲裁机构,即中国国际经济贸易仲裁委员会也开始受理国内商事仲裁案件,在其仲裁规则中增加了国内仲裁的特别规定;而很多国内仲裁机构也开始受理国际商事仲裁案件,并在本机构的仲裁规则中分别增加了简易程序与国际商事仲裁的特别规定。

一、简易程序的适用范围

简易程序,是指仲裁庭在审理争议金额小,或者虽然争议金额较大但当事人同意的仲裁案件时所适用的一种简便易行的程序。

简易程序审理案件的适用范围,有两个确定标准:一是所争议的金额;二是当事人的共同意思。具体而言,适用简易程序审理的仲裁案件包括:

(一)争议金额较小的案件

由于《仲裁法》对简易程序没有规定,因此,争议金额较小的具体标准由各仲裁委员会根据自身受理案件的实际情况,在其仲裁规则中加以确定。可见,适用简易程序审理案件的争议金额在不同的仲裁委员会,标准有可能不同。例如:《中国国际经济贸易仲裁委员会仲裁规则(2012年版)》第54条第1款规定,除非当事人另有约定,凡争议金额不超过人民币200万元,适用简易程序。再如,《北京仲裁委员会仲裁规则(2008年版)》第47条第1款规定,除非当事人另有约定,凡案件争议金额不超过100万元(人民币)的,适用简易程序。

(二)双方当事人约定或者同意的仲裁案件

对于争议金额超过仲裁规则规定适用简易程序审理的仲裁案件,如果双方当事人约定或者同意该案件适用简易程序审理,仲裁庭即可适用简易程序进行审理;否则,仲裁庭应当适用通常程序进行审理。具体而言,双方当事人约定或者同意,既可以是双方当事人共同约定,也可以是经一方当事人书面申请并征得另一方当事人书面同意。我国各仲裁委员会的仲裁规则中均对此类案件作了规定。例如,《中国国际经济贸易仲裁委员会仲裁规则(2012年版)》第54条第1款规定,除非当事人另有约定,凡争议金额不超过人民币200万元,或者争议金额超过人民币200万元,但经一方当事人书面申请并征得另一方当事人书面同意的,适用简易程序。再如,《北京仲裁委员会仲裁规则(2008年版)》第47条第2款规定,争议金额超过100万元,双方当事人约定或者同意的,也可适用简易程序,仲裁费用予以减收。

二、简易程序的特点

简易程序与通常程序是相互独立的两种审理仲裁案件所适用的程序。与通常程序相比,简易程序具有以下特点:

(一)审限较短

适用简易程序审理仲裁案件时,与通常程序相比,各种期间都有缩短。例如,根据《中国国际经济贸易仲裁委员会仲裁规则(2012年版)》的规定,适用简易程序审理的仲裁案件,被申请人提交答辩书或提出反请求的期限为其在收到仲裁通知后20天内提交或提出。而适用通常程序审理的仲裁案件,被申请人提交答辩书或提出反请求的期限为其自收到仲裁通知后45天内提交或提出。[①] 另外,适用简易程序审理的仲裁案件,仲裁庭应在组庭后3个月

[①] 参见《中国国际经济贸易仲裁委员会仲裁规则(2012年版)》第14条,第15条,第57条。

内作出裁决书。而适用通常程序审理的仲裁案件,仲裁庭应在组庭后 6 个月内作出裁决书。[①]

（二）实行独任制仲裁庭

适用简易程序审理的仲裁案件,一律实行独任制仲裁庭,由双方当事人共同选定或共同委托仲裁委员会主任指定 1 名仲裁员组成独任制仲裁庭对争议案件进行审理。而适用通常程序审理的仲裁案件中,除非双方当事人约定由独任制仲裁庭审理,否则应当由 3 名仲裁员组成合议制仲裁庭进行审理。例如,《中国国际经济贸易仲裁委员会仲裁规则(2012 年版)》第 56 条规定,除非当事人另有约定,适用简易程序的案件,依照本规则相关的规定成立独任仲裁庭审理案件。

（三）审理案件的方式灵活

适用简易程序审理仲裁案件时,仲裁庭可以按照其认为适当的方式进行审理。既可以决定只依据当事人提交的书面材料和证据进行书面审理,也可以决定开庭审理。而适用通常程序审理仲裁案件时,仲裁庭只能按照当事人协议约定的方式或者没有约定时,则按照仲裁规则规定的方式进行审理。

[①] 参见《中国国际经济贸易仲裁委员会仲裁规则(2012 年版)》第 46 条、第 60 条。

第七章

申请撤销仲裁裁决

第一节 申请撤销仲裁裁决概述

一、申请撤销仲裁裁决的概念及特征

(一) 申请撤销仲裁裁决的概念

申请撤销仲裁裁决,是指当仲裁裁决出现法定可撤销情形时,当事人依法向有管辖权的人民法院提出申请,请求人民法院予以司法监督,依法裁定否决仲裁裁决效力的行为。由于仲裁实行一裁终局制度,仲裁裁决一旦作出即产生同生效判决同等的法律效力,充分体现了仲裁迅速快捷解决民商事争议的优势。但是,在仲裁实践中,由于受多种因素影响,仲裁裁决难免出现错误和偏差,从而危及仲裁的权威性,不利于仲裁制度的发展,并有损当事人的合法权益。因此,我国《仲裁法》设专章对申请撤销仲裁裁决程序作出规定,其立法意旨在于仲裁制度实现一裁终局制度的同时,对有证据证明具有法定撤销情形的仲裁裁决,通过司法监督给予当事人一定的司法救济,以避免因仲裁权力的滥用而导致仲裁不公正,以损害当事人的合法权益。

(二) 申请撤销仲裁裁决的特征

申请撤销仲裁裁决作为当事人的一项重要权利,具有以下几个特征:

(1) 当事人提出撤销仲裁裁决的申请是人民法院对仲裁活动行使司法监督权的前提条件。

人民法院对仲裁活动行使司法监督权具有被动性,即人民法院无权主动启动撤销仲裁裁决程序,该程序只能由当事人提出申请而启动。换言之,人民法院行使撤销仲裁裁决的司法监督权是与当事人行使撤销仲裁裁决的申请权相联系的,后者是前者的前提,前者是对后者的救济。

(2) 当事人应当依法行使撤销仲裁裁决的申请权。

仲裁裁决作出后,即具有与生效判决同等的法律效力,如果仲裁裁决不公正必然损害当事人的合法权益,赋予当事人撤销仲裁裁决的申请权不仅有利于维护当事人的合法权益,而且有利于促使仲裁庭作出公正的仲裁裁决。但是,当事人不得滥用其撤销仲裁裁决的申请权,否则势必影响仲裁的社会公信力。因此,当事人应当依法行使撤销仲裁裁决的申请权,即只有当仲裁裁决出现法定可撤销情形时,当事人才能在法定期间向有管辖权的人民法院提出撤销仲裁裁决的申请。

二、设置申请撤销仲裁裁决制度的意义

仲裁作为一种以当事人意思自治为基石的争议解决机制,为追求其公正的最高价值,就必须设计出一套完整的、以保障当事人在程序上获得平等辩论权为基点的,包括审理和裁决程序以及对不当结果的救济程序在内的正当程序。前者是对当事人提请仲裁的争议事项进行审理和裁决,以确认当事人之间权利义务关系的程序,它是实现当事人合法权利保护的前提;而后者是对在审理和裁决中出现的程序或实体不当予以救济之程序,是实现当事人合法权利保护的公正要求。在仲裁过程中,仲裁庭的组成、仲裁员的选任以及仲裁员的回避制度等均是为实现审理和裁决程序正当而设置的;而要保证对不当结果的救济程序之正当,在我国相关法律已有对仲裁裁决不予执行制度的基础上,设置对仲裁裁决的申请撤销制度有其更深层次的制度意义。

设置申请撤销仲裁裁决制度,不仅仅是为了从法律制度本身的层面上进一步完善我国的仲裁监督机制,更重要的是为了实现当事人在程序上获得平等辩论权的宪法权利,即为依据仲裁裁决享有权利的权利主体和承担义务的义务主体提供平等的对仲裁裁决提出异议、进行辩论的机会。因为不予执行仲裁裁决制度主要是保护被执行人,即义务主体的合法权益,而且这种保护不够彻底。如果权利主体对裁决结果不满意,是无法通过不予执行程序来保护自己的利益。对义务主体来说,如果权利主体未向人民法院申请执行,也就无法推翻不公正的仲裁裁决。因此,只有撤销仲裁裁决制度才能提供彻底保护当事人利益的方式。

第二节 申请撤销仲裁裁决的条件及法定情形

当事人对已生效的仲裁裁决提出撤销申请的目的在于通过司法审查,由人民法院裁定撤销对自己不利的仲裁裁决,从而维护自己的合法权益。因此,对当事人来讲,对仲裁裁决提出撤销申请可以起到保护自己合法权益的作用。在仲裁实践中,各国法律一般都赋予当事人对仲裁裁决提出撤销申请的权利,但同时为了防止当事人滥用此项权利阻止仲裁裁决的执行,各国法律又对当事人提出撤销仲裁裁决申请的理由和根据详加列举规定,只有符合这些条件的撤销仲裁裁决请求才为有关法院所采纳,从而达到预期的目的和效果,我国《仲裁法》也不例外。根据我国《仲裁法》的规定,当事人提出的撤销仲裁裁决申请只有具备法定条件时,人民法院才能依法受理当事人提出的撤销仲裁裁决申请。

(一)提出撤销仲裁裁决申请的主体只能是当事人

在仲裁中,当事人与仲裁结果有着直接的利害关系,只有当事人最为了解自己的合法权益是否受到了不公正仲裁裁决的损害。因此,有权依据《仲裁法》提出撤销仲裁裁决申请的主体只能是仲裁的双方当事人。就仲裁程序而言,有权申请撤销仲裁裁决的主体包括仲裁申请人和仲裁被申请人;就仲裁裁决而言,有权申请撤销仲裁裁决的主体包括仲裁裁决的权利人和义务人。

(二)当事人必须在法定的期限内提出申请

虽然《仲裁法》赋予当事人申请撤销仲裁裁决的权利,但如果对当事人该项权利的行使不附设时间限制的话,生效仲裁裁决所确定的民事权利义务关系则可能因当事人长期不行使权利而处于随时可能会被改变的不确定状态。因此,有必要规定撤销仲裁裁决的申请期

限,这样既有利于督促当事人尽快行使撤销仲裁裁决的申请权,也有利于维护生效仲裁裁决的稳定性。对此,我国《仲裁法》第59条规定:"当事人申请撤销裁决的,应当自收到裁决书之日起6个月内提出。"超过法律规定的期限,人民法院则不再受理当事人提出的撤销仲裁裁决申请。

（三）当事人必须向有管辖权的人民法院提出申请

当事人依法行使撤销仲裁裁决的申请权毕竟会启动人民法院对仲裁裁决的司法监督程序,人民法院应当依法对当事人的撤销仲裁裁决申请进行审查与处理,因此,合理确定对当事人撤销仲裁裁决申请享有管辖权的人民法院,不仅有利于人民法院及时行使司法监督权,而且也有利于当事人权利的行使。对此,根据我国《仲裁法》第58条的规定,当事人申请撤销仲裁裁决,可以向仲裁委员会所在地的中级人民法院提出。由此可见,对申请撤销仲裁裁决案件依法享有管辖权的是仲裁委员会所在地的中级人民法院。

（四）当事人必须有证据证明仲裁裁决具有应予撤销的法定情形

为了提高仲裁解决商事争议的效率,维护仲裁裁决的社会公信力,对仲裁裁决终局效力的尊重至关重要。为了防止当事人滥用撤销仲裁裁决的申请权以阻止仲裁裁决所确定权利义务关系的实现,应当对当事人申请撤销仲裁裁决所具备的情形作出相应的规定。也就是说,当事人申请撤销仲裁裁决,必须是基于该仲裁裁决具有《仲裁法》或《民事诉讼法》规定的法定情形之一,并且必须履行举证责任,提供充分的证据。

二、申请撤销仲裁裁决的法定情形

法律赋予当事人对仲裁裁决提出撤销申请的权利,但同时为了防止当事人滥用此项权利阻止仲裁裁决所确定权利义务关系的实现,各国法律又对当事人提出撤销申请的理由和根据详加列举规定,归纳起来,各国法律对申请撤销仲裁裁决并需要证明的事由主要有:（1）仲裁协议无效或失效;（2）仲裁庭的组成与当事人的协议不一致,仲裁员不合格或不是按照正当方式指定的;（3）仲裁程序不合法或违背仲裁协议的;（4）仲裁裁决的事项超出了仲裁协议的范围;（5）当事人提交的争议事项具有不可仲裁性;（6）裁决书未附理由,但当事人另有约定或者仲裁员予以补正的除外;（7）仲裁裁决是靠欺诈作出的,或者裁决所依据的证据是伪造的或者变造的;（8）仲裁员在仲裁过程中,违背职务犯刑事的。不需要当事人举证,法院可以依职权进行审查的法定撤销情形有:仲裁裁决违背公共秩序的。

我国《仲裁法》参照其他国家的规定,结合我国仲裁的实际情况,规定了当事人申请撤销仲裁裁决的法定事由。虽然《仲裁法》生效后,我国将国内仲裁与涉外仲裁统一为协议仲裁制度,但是,由于我国仲裁制度仍然存在较为明显的国内仲裁与涉外仲裁的区分,因此,申请撤销仲裁裁决的法定情形也因国内仲裁与涉外仲裁而有所不同。

（一）申请撤销国内仲裁裁决的法定理由

根据我国《仲裁法》第58条的规定,国内仲裁裁决的当事人提出证据证明裁决有下列情形之一的,可以向仲裁委员会所在地的中级人民法院申请撤销裁决:

（1）没有仲裁协议的。

仲裁协议是当事人申请仲裁和仲裁机构受理争议案件的前提和基础,也是仲裁庭裁决争议事项的法定根据,还是仲裁裁决得以承认和执行的重要依据。对于没有仲裁协议而申请仲裁解决的争议案件,仲裁庭行使仲裁权的行为以及仲裁裁决的强制执行力均无正当性基础,如果仲裁机构对此案予以受理并由仲裁庭经过审理并作出裁决,则构成违法裁决,任何一方当事人均可以基于不存在有效的仲裁协议为理由对仲裁裁决的向人民法院提出异议,申请撤销。对此,2005年最高人民法院颁布的《仲裁法解释》第18条进一步明确,此处的"没有仲裁协议"是指当事人没有达成仲裁协议。仲裁协议被认定无效或者被撤销的,视为没有仲裁协议。

(2) 裁决的事项不属于仲裁协议的范围或者仲裁委员会无权仲裁的。

该项法定事由包含两种情况,只要具备其中之一,当事人即可申请人民法院撤销仲裁裁决。第一,裁决的事项不属于仲裁协议的范围,即仲裁庭裁决的事项超出了仲裁协议的范围。就超出了仲裁协议范围的事项而言,实质上意味着该事项没有仲裁协议,对于仲裁协议范围以外的事项,仲裁机构并未取得仲裁管辖权,仲裁庭对该事项作出的裁决就失去了正当性和合法性的基础,因此,应当允许当事人对不属于仲裁协议范围的裁决事项提出撤销申请。第二,仲裁委员会无权仲裁,即仲裁裁决的事项不具有可仲裁性。争议事项的可仲裁性实际上是对仲裁范围实施的一种公共秩序限制。根据国家主权原则,每一国家均可从本国公共秩序出发,对可仲裁争议的范围作出立法限定。这种限定属于强制性法律规则,对仲裁当事人和仲裁庭均产生法律约束力。一方面,仲裁协议中约定提交仲裁的事项,必须是国家立法所允许采用仲裁方式处理的争议事项,否则,将会导致该仲裁协议无效;另一方面,如果仲裁庭依据该仲裁协议对不可仲裁的争议作出裁决,将会导致该仲裁裁决被撤销。我国《仲裁法》第2条明确规定了可仲裁的争议事项为:平等主体的公民、法人和其他组织之间发生的合同纠纷和其他财产权益纠纷;第3条明确规定了不可仲裁的争议事项,包括:第一,婚姻、收养、监护、抚养、继承纠纷;第二,依法应当由行政机关处理的行政争议。如果将不可仲裁性的事项提交仲裁,即使是当事人自愿,仲裁庭也无权就此作出裁决,因为其丧失了合法基础,所以,应当允许当事人提出撤销申请。

(3) 仲裁庭的组成或者仲裁的程序违反法定程序的。

该项法定事由同样包括两种情形,即仲裁庭的组成违反法定程序的,或仲裁的程序违反法定程序的,只要具备其中之一,当事人就可以申请人民法院撤销仲裁裁决。根据《仲裁法解释》第20条的规定,这里的"违法法定程序"是指违反仲裁法规定的仲裁程序和当事人选择的仲裁规则可能影响案件正确裁决的情形。也就是说,违反法定程序并不必然导致撤销仲裁裁决;只有达到了可能影响正确裁决的程度,才可能导致撤销仲裁裁决。

第一,仲裁庭的组成违反法定程序。仲裁庭的组成程序是仲裁当事人意思自治的集中体现之一,依据《仲裁法》,当事人有权约定仲裁庭的组成形式,有权选择确定仲裁员。只有当事人在法定期限内没有行使其权利时,仲裁委员会主任才可以依法指定仲裁员。如果仲裁庭的组成违反当事人约定的形式,则所作出的仲裁裁决应予以撤销。第二,仲裁程序违反法定程序。主要表现为:仲裁员有应当回避的法定情形而没有回避的;没有将仲裁庭的组成情况、仲裁开庭时间、地点等事项书面通知当事人;没有当事人不开庭审理的协议而进行书面审理的;当事人在开庭时未能陈述、辩论的;证据未经出示和质证即采纳等情况。

(4) 裁决所根据的证据是伪造的。

证据是能够证明案件真实性的客观事实材料,要证明案件的真实性,证据本身必须是真实的,是不以人的意志为转移的客观事实材料。仲裁庭查明争议案件事实、认定案件事实、依法作出公正裁决必须以客观真实的证据为依据。如果仲裁庭没有发现当事人提交的证据是伪造的,并以此为依据认定事实并作出仲裁裁决,该仲裁裁决必然有失公允,当事人有权以裁决所依据的证据是伪造的为由申请人民法院撤销仲裁裁决。

(5) 对方当事人隐瞒了足以影响公正裁决的证据的。

仲裁裁决与仲裁当事人的实体权利义务有直接的利害关系,因此,当事人双方在仲裁过程中都会竭力提出对自己有利的证据。当一方当事人所持的证据对自己不利,而对对方当事人有利时,趋利避害的本能会使其不提出该证据。而证据是仲裁庭合理认定事实并作出公正裁决的依据,如果被隐瞒的证据足以影响公正裁决的,则该仲裁裁决应当予以撤销。所谓足以影响公正裁决的证据,是指直接关系到仲裁裁决对争议案件性质以及双方当事人权利义务关系处理的证据。这些证据通常与仲裁案件的争议焦点有直接联系,直接影响着仲裁庭对案件事实的判断。如果缺乏这些证据,仲裁庭所认定的案件事实就很可能不真实,从而影响裁决的公正性与准确性,损害一方当事人的正当利益。

(6) 仲裁员在仲裁该案时有索贿受贿、徇私舞弊、枉法裁决行为的。

仲裁员是由当事人选定或仲裁委员会主任指定的负责审理案件并作出仲裁裁决的中立第三方。在仲裁中,仲裁员是争议案件的直接裁判者,因此,仲裁裁决的公正归根到底与仲裁员能否公正、独立的裁决有着重要的关系。如果仲裁员在仲裁该案时有索贿受贿、徇私舞弊、枉法裁决行为,则可能偏袒与其有不正当关系的一方当事人,而损害另一方当事人的合法利益,从而无法保证仲裁裁决的公正性。因此,应赋予利益受到损害的一方当事人以此为由申请撤销仲裁裁决的权利。

当事人能够证明仲裁裁决有上述六种情形之一,并且人民法院经组成合议庭审查核实裁决确有前款规定情形之一的,应当裁定撤销。此外,《仲裁法》还规定,如果人民法院认定裁决违背社会公共利益的,应当裁定撤销。由此可见,上述六种情形属于当事人申请撤销仲裁裁决的法定情形,而裁决违背社会公共利益则属于人民法院根据当事人申请启动撤销仲裁裁决程序后,可以依职权审查并撤销仲裁裁决的法定情形。因此,撤销仲裁裁决的法定情形与申请撤销仲裁裁决的法定情形是两个不同的概念,前者是从人民法院行使司法监督权的角度来看,而后者则是从当事人行使权利的角度来看。就其具体情形而言,申请撤销仲裁裁决的法定情形均可构成撤销仲裁裁决的法定情形,但是,除此之外,人民法院在基于当事人撤销仲裁裁决申请对仲裁裁决进行审查时,还可以以仲裁裁决违背社会公共利益为由依职权裁定撤销仲裁裁决。

(二) 申请撤销涉外仲裁裁决的法定理由

根据我国《仲裁法》第 70 条的规定,涉外仲裁裁决的当事人提出证据证明涉外仲裁裁决有《民事诉讼法》第 260 条(2013 年 1 月 1 日起实施的新《民事诉讼法》第 274 条)第 1 款规定的情形之一的,经仲裁机构所在地的中级人民法院组成合议庭审查核实,裁定撤销。这些情形是指:

(1) 当事人在合同中没有订有仲裁条款或者事后没有达成书面仲裁协议的。

仲裁协议书和合同中的仲裁条款是仲裁协议的两种书面形式,当事人在合同中没有订有仲裁条款或者事后没有达成书面仲裁协议的情形实质就是没有仲裁协议,在没有仲裁协议的前提下,即使作出仲裁裁决,仲裁裁决也会因缺乏合法的前提和依据而失去其应有的正当性,因此,当事人有权以此为由申请人民法院撤销仲裁裁决。

(2) 被申请人没有得到指定仲裁员或者进行仲裁程序的通知,或者由于其他不属于被申请人负责的原因未能陈述意见的。

指定仲裁员、获悉进行仲裁程序的通知,以及在仲裁过程中陈述意见等均是被申请人享有的重要的程序性权利。如果由于不属于被申请人负责的原因而使这些权利被剥夺或者仲裁庭没有给予被申请人行使这些权利的机会,则会使被申请人在仲裁程序中与申请人处于不平等的地位,致使其合法权益受到损害。因此,在这种情形下,应赋予被申请人有撤销仲裁裁决的申请权。

(3) 仲裁庭的组成或者仲裁的程序与仲裁规则不符。

在涉外仲裁中,当事人有权选择仲裁所适用的程序规则,即仲裁规则。如果当事人没有约定仲裁规则,则适用受理争议案件的仲裁机构所制定的仲裁规则。仲裁规则是规范仲裁进行的具体程序及其相应仲裁法律关系的规则。仲裁规则为具体的仲裁活动提供行为准则,直接制约着仲裁活动的进行。如果仲裁庭的组成或者仲裁的程序违反仲裁规则的规定,则意味着该仲裁庭的组成与该仲裁程序的进行均不具有正当性,由此导致仲裁庭对争议案件所作出的仲裁裁决失去其正当性,因此,当事人有权依据该事由申请人民法院撤销仲裁裁决。

(4) 裁决的事项不属于仲裁协议的范围或者仲裁机构无权仲裁的。

仲裁庭行使仲裁权的范围只能是当事人协议提交仲裁解决的事项,如果仲裁庭对当事人协议范围以外的事项进行裁决,则对该事项的裁决因没有仲裁协议而对当事人无效,因此,应予撤销;如果仲裁机构对其无权仲裁的争议,包括不可仲裁性事项以及当事人没有选择该仲裁委员会仲裁的事项进行仲裁并作出裁决,该裁决仍然应当依当事人的申请而予以撤销。

此外,按照《仲裁法》第65条规定的精神,人民法院认定涉外仲裁裁决违背社会公共利益的,也可以依职权裁定撤销该涉外仲裁裁决。

(三) 申请撤销国内仲裁裁决与涉外仲裁裁决法定事由之比较

通过上述当事人申请撤销国内仲裁裁决与涉外仲裁裁决的法定事由相比,可以看出,申请撤销国内仲裁裁决与申请撤销涉外仲裁裁决情形的相同之处在于,都规定了相应的仲裁程序的进行欠缺合理依据或者违反法定程序的事项。但是,两者又存在以下主要区别:

(1) 是否涉及实体性理由不同。申请撤销国内仲裁裁决的法定理由涉及实体问题,即裁决所根据的证据是伪造的以及对方当事人隐瞒了足以影响公正裁决的证据的。而申请撤销涉外仲裁裁决的法定理由不涉及任何实体事项。

(2) 是否涉及仲裁员职业道德不同。申请撤销国内仲裁裁决的法定理由涉及仲裁员违背职业道德的事项,即仲裁员在仲裁该案时有索贿受贿、徇私舞弊、枉法裁决行为的;而申请撤销涉外仲裁裁决的法定理由中不涉及该问题。

(3) 违反法定程序的理由有所不同。在违反法定程序事项中,申请撤销涉外仲裁裁决的理由包括未充分保护被申请人的特别被告知权利的情形,即被申请人没有得到指定仲裁员或者进行仲裁程序的通知,或者由于其他不属于被申请人负责的原因未能陈述意见的;而申请撤销国内仲裁裁决的法定理由不包括该事项。

由此可见,申请撤销国内仲裁裁决的法定情形所涉及的范围更宽,既涉及程序性事项,也涉及实体性事项,而申请撤销涉外仲裁裁决的法定情形则比较窄,仅限于程序性事项,这也反映出我国对国内仲裁裁决的司法监督更为严格。

第三节 申请撤销仲裁裁决案件的审理

一、申请撤销仲裁裁决案件的审理程序

（一）受理撤销仲裁裁决的申请

人民法院在接到当事人撤销仲裁裁决的申请后，应当依法对申请主体、申请期间、管辖法院和申请理由予以审查。经审查认为申请符合法律规定条件的，即予以受理。

（二）依法组庭

人民法院在受理当事人撤销仲裁裁决的申请后，应当依法组成合议庭，由合议庭代表人民法院对仲裁裁决行使司法监督权予以审查。对人民法院审查撤销仲裁裁决申请的审判组织形式之所以规定为合议制，主要有两个方面的理由：第一，依申请对仲裁裁决进行审查并裁定予以撤销，是对仲裁进行司法监督的重要方式，关涉仲裁活动的权威性以及当事人合法权益的保护，是一项比较复杂的司法活动。因此，只能适用合议制，而不能采用仅适于审理事实清楚、权利义务关系明确、争议不大的简单民事案件或者对特定事实状态予以确认的独任制形式。第二，独任制的适用仅限于基层人民法院及其派出法庭。依《仲裁法》的规定，有权审理当事人撤销仲裁裁决案件的人民法院是仲裁委员会所在地的中级人民法院。因而，中级人民法院必须组成合议庭对当事人的申请进行审查。

对于合议庭的组成，《仲裁法》没有规定。但由于撤销仲裁裁决关涉仲裁活动的权威性以及当事人合法权益的保护，为慎重起见，合议庭应当全部由审判员组成，不宜吸收陪审员参加。

（三）审理

合议庭对案件的审查主要集中在仲裁裁决是否具有应予以撤销的法定情形方面。对此，当事人应当负有提供证据证明仲裁裁决具有法定撤销情形的责任。人民法院在受理撤销仲裁裁决申请时，也要审查当事人是否具有证明仲裁裁决符合法定撤销情形的证据，但这只是初步的、形式的审查。至于这些证据能否得到认可，当事人的申请能否得到人民法院的支持，则需要人民法院在审理阶段最后确定。合议庭在审理案件时，应当询问当事人，为审理案件的需要，合议庭还可以要求仲裁机构作出说明或者向相关仲裁机构调阅仲裁案卷。①

我国现行《仲裁法》对当事人申请撤销仲裁裁决案件的审理程序未作出任何具体的程序规定，虽然仲裁法司法解释对案件审理作出了一些简单的规定，但是，对申请撤销仲裁裁决案件究竟应当适用何种程序进行审理，现行法律并未作出明确的规定，难免造成司法实践中对当事人申请撤销仲裁裁决案件审理的不规范。解决这一问题的核心在于明确当事人所提出的撤销仲裁裁决申请的性质。

仲裁裁决作出后，原本当事人之间所发生的权利义务争议已由生效的仲裁裁决予以确认，然而，如果当事人认为仲裁裁决因出现法定可撤销情形之一而应当被人民法院裁定撤销时，就意味着由该仲裁裁决所确定的权利义务关系为当事人所否认。此外，如果人民法院一

---

① 《最高人民法院关于适用〈中华人民共和国〉仲裁法的若干问题解释》第24条、第30条。

且经过审理作出裁定撤销仲裁裁决,也就必然改变了已由生效仲裁裁决所确定的当事人之间的权利义务关系,从而对当事人产生重大的影响。因此,无论是就保证人民法院以正当程序审理申请撤销仲裁裁决案件的需要角度来看,还是从保护当事人合法权利的角度来看,将当事人撤销仲裁裁决申请定位于诉,不仅有利于合理设计当事人提起撤销仲裁裁决之诉的形式要件与实质要件,而且还可以基于撤销仲裁裁决之诉的定位,通过当事人诉权与人民法院审判权之间的相互制衡,进一步完善人民法院审理申请撤销仲裁裁决案件的相关具体程序制度,从而解决当前由于法律规定不明确所带来的混乱和被动的局面。

此外,从诉的要素理论角度来分析,撤销仲裁裁决申请完全符合诉的要素。所谓诉的要素,是指构成一个诉所必不可少的能使诉特定化的因素。它是区别不同种类的诉和每一个具体的诉的依据,决定着诉的内容,并使诉特定化、具体化。① 虽然诉的要素究竟有哪些,在诉讼理论界一直存在激烈的争议,但是一般认为诉的要素包括:诉的主体、诉的标的、诉的理由。所谓诉的主体,就是指诉讼当事人。诉的标的又称诉讼标的,是指当事人与人民法院之间的诉讼权利和诉讼义务所指向的客观对象,即当事人之间争议并由人民法院裁判的对象。诉的理由,是指当事人向人民法院请求保护和进行诉讼的根据。② 就撤销仲裁裁决之诉而言,诉的主体就是仲裁裁决的双方当事人,因为仲裁裁决所确定的权利义务发生于双方当事人之间,至于仲裁庭不应当成为撤销仲裁裁决之诉的当事人,因为其在仲裁裁决所确定的实体权利义务关系方面只充当了一个居中裁判者。撤销仲裁裁决之诉的标的是双方当事人与人民法院之间的诉讼权利和诉讼义务所指向的客观对象,即当事人之间发生争议要求法院撤销的仲裁裁决。至于撤销仲裁裁决之诉的理由则是《仲裁法》与《民事诉讼法》中关于申请撤销仲裁裁决的法定情形中规定的具体内容,因为当事人撤销仲裁裁决申请所指向的仲裁裁决只有具备法定可撤销情形之一时,才面临被人民法院裁定撤销的风险。由此可见,将撤销仲裁裁决申请定位于诉是完全符合诉的要素理论的。

就诉的种类而言,根据诉的内容,诉通常可以分为三种:即确认之诉、给付之诉与形成之诉③。其中,变更之诉可以分为:程序法上的变更之诉和实体法上的变更之诉。程序法上的变更之诉,是指当事人向人民法院提出变更程序法上效果的请求。实体法上的变更之诉,是指当事人向人民法院提出的变更实体法上效果的请求。④ 具体而言,形成之诉,即当事人主张以人民法院的判决创设、消灭或变更法律关系或其他事项的诉,而在撤销仲裁裁决之诉中,如果人民法院认为当事人的起诉有理,将通过人民法院的判决消灭了已被生效仲裁裁决所确定的权利义务关系,因此,撤销仲裁裁决之诉实际上符合形成之诉的特点,当然应属于程序法上的形成之诉。对此,我国台湾地区学者也认为,所谓变更之诉,即形成之诉,就是要求法院确定私法上形成权的存在,同时因形成权行使,依据判决宣告法律关系发生、变更或消灭的诉。所以形成之诉又被称为权利变更之诉或称权利创设之诉。形成之诉,因其形成效果不同,可以分为实体法上形成之诉与诉讼法上形成之诉。实体法上形成之诉是指有关

---

① 常怡主编:《民事诉讼法学》,中国政法大学出版社2005年版,第94页。
② 同上书,第95—98页。
③ 形成之诉也称为变更之诉,即当事人请求人民法院改变或消灭其与对方当事人之间现存的法律关系的诉。确认之诉,即当事人请求法院确认其与对方当事人之间是否存在某种法律关系的诉;给付之诉则是当事人请求法院责令对方当事人履行一定给付义务,以实现自身合法权益的诉。
④ 常怡主编:《民事诉讼法学》,中国政法大学2005年版,第102页。

实体法上法律状态的变动,其形成效果,有的只向将来形成实体法上的效果,例如撤销婚姻之诉、离婚之诉、撤销收养之诉,也有的形成效果,有溯及既往形成实体法上的效果的。诉讼法上形成之诉指有关诉讼上的法律效果的发生,例如宣告调解无效或撤销调解之诉,撤销商务仲裁判断之诉。形成判决因为会直接导致法律关系发生、变更或消灭的效果,所以形成之诉仅限于法律有明文规定才可以进行,否则不能任意提起。① 此外,日本学者也认为形成之诉还可以进一步细分为实体法上的形成之诉与诉讼法上的形成之诉。多数说还认为,诉讼法上的形成之诉是指,再审之诉(参照《日本民事诉讼法》第338条)、定期赔偿判决变更之诉(参照《日本民事诉讼法》第117条)、撤销仲裁裁决之诉(参照《日本关于公示催告及仲裁程序的法律》第801条等)。②

综上所述,将当事人撤销仲裁裁决申请定位于形成之诉,即可以适用《民事诉讼法》所规定的普通程序对该申请撤销仲裁裁决案件进行审理,以保证该案件审理程序的正当与规范。

二、对申请撤销仲裁裁决案件的处理

(一) 对申请撤销仲裁裁决案件的处理方式

根据《仲裁法》第60条的规定,人民法院应当在受理撤销裁决申请之日起2个月内作出撤销裁决或者驳回申请的裁定。即人民法院审查申请并作出裁定的法定期限为2个月。无论是裁定撤销裁决还是驳回申请,都必须在此法定期限内作出。《仲裁法》对人民法院审查撤销仲裁裁决申请的程序规定期间的限制,目的是使仲裁裁决的效力尽早确定,以便彻底地解决当事人之间的争议,保护当事人的合法利益,稳定社会经济秩序。人民法院对申请撤销仲裁裁决案件经过审理后,应根据情况作不同处理。

1. 裁定撤销该仲裁裁决

合议庭在对当事人申请撤销仲裁裁决案件进行充分审查后,认为国内仲裁裁决具有我国《仲裁法》第58条第1款或涉外仲裁裁决具有《民事诉讼法》第274条第1款规定的情形之一的,应当裁定撤销仲裁裁决。经审查,如合议庭认为仲裁裁决虽然不具备上述法定撤销情形,但仲裁裁决违背社会公共利益的,即使当事人所提的理由并不成立,人民法院仍应裁定撤销该仲裁裁决。

对于国内仲裁裁决的撤销,有管辖权的人民法院可以直接裁定撤销。对于涉外仲裁裁决的撤销,则实行"逐级报告制度"。该制度是在最高人民法院于1998年4月22日发布的《最高人民法院关于人民法院撤销涉外仲裁裁决有关事项的通知》中建立的。该制度的主要内容是:(1) 凡一方当事人按照《仲裁法》的规定向人民法院申请撤销我国涉外仲裁裁决,如果人民法院经审查认为涉外仲裁裁决具有《民事诉讼法》第274条第1款规定的情形之一的,在裁定撤销裁决或通知仲裁庭重新仲裁之前,须报请本辖区所属高级人民法院进行审查。如果高级人民法院同意撤销裁决或通知仲裁庭重新仲裁,应将其审查意见报最高人民法院。待最高人民法院答复后,方可裁定撤销裁决或通知仲裁庭重新仲裁。(2) 受理申请撤销裁决的人民法院如认为应予撤销裁决或通知仲裁庭重新仲裁的,应在受理申请后30日内报其所属的高级人民法院,该高级人民法院如同意撤销裁决或通知仲裁庭重新仲裁的,应

---

① (台)王甲乙、杨建华、郑健才著:《民事诉讼法新论》,台湾三民书局1981年版,第243页。
② 〔日〕高桥宏志著:《民事诉讼法制度与理论的深层次分析》,林剑锋译,法律出版社2003年版,第66页。

在 15 日内报最高人民法院,以严格执行《仲裁法》的规定。

2. 驳回撤销仲裁裁决申请

如果合议庭对当事人申请撤销仲裁裁决的案件经过审查,认为仲裁裁决并不具有法定应予撤销的情形,则应当在受理撤销仲裁裁决申请之日起 2 个月内裁定驳回当事人撤销仲裁裁决申请。

3. 通知仲裁庭重新仲裁

(1) 重新仲裁制度的现状。

合议庭在对当事人申请撤销仲裁裁决案件进行审查的过程中,如果认为适当和必要,可以裁定中止仲裁裁决的撤销程序而通知仲裁庭重新仲裁。根据我国《仲裁法》第 61 条的规定:"人民法院受理撤销裁决的申请后,认为可以由仲裁庭重新仲裁的,通知仲裁庭在一定期限内重新仲裁,并裁定中止撤销程序,仲裁庭拒绝重新仲裁的,人民法院应当裁定恢复撤销程序。"这一规定既适用于国内仲裁裁决的撤销,也适用于涉外仲裁裁决的撤销。

在重新仲裁制度上,我国《仲裁法》仅在一个法律条文中概括规定了该制度,除此没有任何关于重新仲裁制度的具体规定,致使司法实践中重新仲裁制度的具体适用存在许多问题,如重新仲裁的主体是原仲裁庭,还是重新组成的新仲裁庭;重新仲裁的审理范围仅限于法院通知的事项,还是允许全面重新审理;重新仲裁程序开始后,原仲裁裁决的效力如何等。这些具体法律规定的缺失,使得重新仲裁在实践中的运用只能由人民法院自行掌握,存在很大的任意性。最高人民法院《仲裁法解释》对重新仲裁制度作了补充规定,严格限定了通知重新仲裁的具体情形,可以有效地抑制随意通知重新仲裁的现象,即对于国内仲裁裁决,仅在具有下列两种情形之一时,人民法院才可通知仲裁庭在一定期限内重新仲裁:第一,仲裁裁决所依据的证据是伪造的;第二,对方当事人隐瞒了足以影响公正裁决的证据。[①] 但问题也随之而来:第一,司法实践中需要通知仲裁庭重新仲裁的情形是否仅仅限定于这两种情形?例如,违反法定程序可能影响案件正确裁决的情况,是否一定要予以撤销?如果以通知仲裁庭重新仲裁的方式予以弥补,不仅可以节约解决商事纠纷的社会成本,而且也有利于尽快解决当事人之间的争议案件。再如,对于涉外仲裁裁决,《仲裁法》规定的可以申请撤销的法定情形并不涉及这两项关于证据方面的实体性内容,是否意味着人民法院对当事人申请撤销涉外仲裁裁决案件的审理过程中就不存在需要通知重新仲裁的可能?第二,该司法解释规定在国内仲裁裁决的撤销程序中仅限两种情况下可以通知仲裁庭重新仲裁,也就是说,《仲裁法》第 58 条规定的其他五种情形一旦成就,人民法院就必须裁定撤销仲裁裁决。这完全违背了设置重新仲裁制度既有利于保证仲裁裁决的公正,又有利于实现当事人通过仲裁方式而非诉讼方式解决商事争议的初衷,不符合国际立法趋势。

重新仲裁是人民法院在对仲裁裁决行使司法监督的过程中给予仲裁庭弥补其仲裁裁决作出过程中所存在的缺陷以保证仲裁裁决公正的一种特别程序。因此,重新仲裁制度的目的是给予仲裁庭一个机会以弥补已经发生的缺陷,而非全盘否定已经进行过的仲裁程序。可见重新仲裁制度,不仅体现了当今司法机关在监督仲裁中给予仲裁机构和仲裁庭愈来愈多司法支持的普遍趋势,同时也反映了在解决纠纷方面追求效率、合理分配司法资源以及防止社会资源浪费这一理念。

---

① 《最高人民法院关于适用〈中华人民共和国〉仲裁法的若干问题解释》第 21 条。

重新仲裁是仲裁庭依据人民法院的指令而进行的,仲裁庭拥有是否重新仲裁的决定权。仲裁庭同意进行重新仲裁的,人民法院应当裁定终结撤销程序。① 仲裁庭经过重新仲裁之后,可以根据重新仲裁的情况,作出维持原裁决的裁决,也可以通过重新仲裁部分变更原裁决,重新仲裁的裁决构成裁决的有机组成部分,具有终局效力;仲裁庭拒绝重新仲裁的,人民法院应当裁定恢复撤销程序,进而决定是否撤销仲裁裁决。仲裁庭重新仲裁后,如果当事人对重新仲裁裁决不服的,可以在重新仲裁裁决书送达之日起 6 个月内依据《仲裁法》第 58 条规定向人民法院申请撤销仲裁裁决。②

（2）重新仲裁制度的完善。

第一,应明确重新仲裁的主体。即明确重新仲裁是由原仲裁庭进行仲裁,还是组成新的仲裁庭进行仲裁。按照《仲裁法解释》所规定的通知仲裁庭重新仲裁的情形,即仲裁裁决所依据的证据是伪造的以及对方当事人隐瞒了足以影响公正裁决证据的,由原仲裁庭重新仲裁较为合适,因为原仲裁庭更了解争议案件的具体情况,有利于提高仲裁效率。然而,如果扩大通知仲裁庭重新仲裁的情形,如仲裁庭的组成违反法定程序,或者仲裁程序违反法定程序,或者仲裁员有索贿受贿、徇私舞弊、枉法裁判行为的,则应当重新组成仲裁庭进行审理。当然,在这一问题上还应注意尊重当事人的意愿,即如果原本可以由原仲裁庭进行重新仲裁,但当事人出于对原仲裁庭的不信任并达成了一致协议,则应当允许当事人重新选择仲裁员组成仲裁庭对该案进行审理。

第二,应明确重新仲裁中仲裁庭的审理范围。即将重审仲裁的范围限定为人民法院通知认定的仲裁程序中有瑕疵的部分,而非对原有整个争议案件的重新仲裁。这也就表明,当事人在重新仲裁程序中仅能提出与重新仲裁范围相关的证据材料。

（二）撤销仲裁裁决的法律后果

人民法院在对当事人提出的撤销仲裁裁决申请进行充分审查后,认为仲裁裁决具有我国《仲裁法》或《民事诉讼法》规定的法定撤销情形时,应当裁定撤销仲裁裁决。该撤销仲裁裁决裁定一经作出,即发生法律效力,当事人不得就该裁定提出异议,也不得对该裁定提出上诉或者申请再审。需要说明的是,人民法院只能以裁定的形式撤销仲裁裁决的全部或者部分内容,而不能作出判决直接变更裁决的内容,不得对当事人之间的纠纷进行事实认定,并适用法律作出处理。

仲裁裁决被依法裁定撤销后,其法律效力溯及既往地消灭,当事人之间的纠纷回到仲裁前未解决的状态,当事人之间的权利义务关系仍处于不确定状态。由于当事人之间原先订立的仲裁协议因已经进行了仲裁程序、作出了仲裁裁决而失去效力,因此,当事人不能再根据原仲裁协议申请仲裁。此时,为了解决争议,当事人可以选择重新达成仲裁协议通过仲裁的方式解决纠纷,也可以选择根据《民事诉讼法》的规定向人民法院提起诉讼。

---

① 《最高人民法院关于适用〈中华人民共和国〉仲裁法的若干问题解释》第 22 条。
② 《最高人民法院关于适用〈中华人民共和国〉仲裁法的若干问题解释》第 23 条。

第八章

仲裁裁决的执行与不予执行

仲裁裁决的执行,也叫强制执行,是指一个国家的强制执行机关,在仲裁庭作出的仲裁裁决生效后,基于申请执行人的请求,运用国家的强制力,迫使被执行人履行仲裁裁决所确定的有关义务的行为。由于仲裁机构本质上属于民间性的机构,尽管世界各国的仲裁立法赋予了仲裁机构(仲裁庭)对争议案件有进行裁决的权力,但未赋予其强制执行的权力。因此,执行仲裁裁决并不属于仲裁庭的职权范围。当事人只有向有管辖权的法院申请仲裁裁决的执行,才能最终实现其仲裁意愿。世界各国的商事仲裁立法一般都规定,执行仲裁裁决要根据国内立法及国际条约的规定,由司法机关进行。法院执行仲裁裁决的法律执行手段有多种形式,包括扣押被执行人的财产或其他资产、拍卖或者变卖被执行人的财产、查封被执行人的银行账户,甚至在极特殊的情况下采取限制被执行人的人身自由等强制措施。

仲裁裁决的执行是对仲裁裁决权利人权利的保障实现,但在执行程序中,基于对仲裁裁决义务人权利的保障,赋予其对申请执行的抗辩权,即申请不予执行,法院经过审查认为符合法律规定不予执行仲裁裁决条件的,则裁定不予执行。

我国《仲裁法》第六章专章规定仲裁裁决的执行,共有 3 个条文,分别对仲裁裁决的执行、仲裁裁决的不予执行、仲裁裁决的执行中止、终结与恢复执行作出规定。《仲裁法》第七章是涉外仲裁的特别规定,在该规定中对涉外仲裁裁决的不予执行及涉外仲裁裁决需在境外执行等,作出了规定。

第一节 我国仲裁机构的仲裁裁决在中国的执行

我国仲裁机构作出的仲裁裁决,包括国内仲裁裁决和涉外仲裁裁决(也称国际商事仲裁裁决)。对于国内仲裁裁决,由我国人民法院负责执行;对于涉外仲裁裁决,如果被执行人住所地或其财产在我国境内,可由我国人民法院负责执行。如果被执行人住所地或其财产在我国境外,则需要在我国境外执行。

一、国内仲裁裁决在我国人民法院的执行

国内仲裁裁决,是指我国仲裁机构对不含有任何涉外因素的民商事纠纷进行仲裁后所作出的裁决。

(一)执行国内仲裁裁决的法律依据

国内仲裁裁决在我国人民法院得到执行的法律依据主要有:《仲裁法》、《民事诉讼法》

以及最高人民法院的有关司法解释。

我国《仲裁法》第六章专章规定了国内仲裁裁决的执行。《仲裁法》第62条规定："当事人应当履行裁决,一方当事人不履行的,另一方当事人可以依据民事诉讼法的有关规定向人民法院申请执行。受申请的人民法院应当执行。"《民事诉讼法》第237条第1款规定："对依法设立的仲裁机构的裁决,一方当事人不履行的,对方当事人可以向有管辖权的人民法院申请执行。受申请的人民法院应当执行。"可见,我国对国内仲裁裁决的执行不实行"执行认可制度",即对国内仲裁裁决的执行无需经过人民法院的承认审查阶段,而是直接进入强制执行程序。

（二）国内仲裁裁决的执行期限和管辖法院

国内仲裁裁决申请执行的期限适用《民事诉讼法》第239条的规定,即申请执行的期限为2年。该期限从裁决书规定义务人履行义务的最后一日起计算;裁决书规定义务是分期履行的,从每次履行义务的最后一日起计算;裁决书未规定履行义务时间的,从裁决书生效之日起计算。

根据《仲裁法解释》第29条的规定,对仲裁裁决具有执行管辖权的人民法院是被执行人住所地或者被执行财产所在地的中级人民法院。

（三）不予执行国内仲裁裁决的情形

根据我国《民事诉讼法》第237条第1款的规定,对依法设立的仲裁机构作出的裁决,一方当事人不履行的,对方当事人可向有管辖权的人民法院申请执行,受申请的人民法院应当执行。但是,根据我国《民事诉讼法》第237条第2款之规定,如果被执行人提出证据能够证明国内仲裁裁决有下列情形之一时,经人民法院组成合议庭审查核实,可以裁定不予执行：

（1）当事人在合同中没有订有仲裁条款或者事后没有达成书面仲裁协议的；
（2）裁决的事项不属于仲裁协议的范围或者仲裁机构无权仲裁的；
（3）仲裁庭的组成或者仲裁的程序与仲裁规则违反法定程序的；
（4）裁决所根据的证据是伪造的；
（5）对方当事人隐瞒了足以影响公正裁决的证据的；
（6）仲裁员在仲裁该案时有贪污受贿、徇私舞弊、枉法裁决行为的。

此外,该条还规定了人民法院可自行裁定不予执行仲裁裁决的情形,即人民法院认定执行该裁决违背社会公共利益的,也可裁定不予执行。

二、我国仲裁机构作出的涉外仲裁裁决在中国的执行

涉外仲裁裁决,是指我国仲裁机构对含有涉外因素的民商事纠纷进行仲裁后所作出的裁决。

（一）执行涉外仲裁裁决的法律依据

目前,涉外仲裁裁决在中国境内执行的法律依据主要有：《仲裁法》、《民事诉讼法》以及最高人民法院的有关司法解释。

我国《民事诉讼法》第273条规定："经中华人民共和国涉外仲裁机构裁决,当事人不得向人民法院起诉。一方当事人不履行仲裁裁决的,对方当事人可以向被申请人住所地或者财产所在地的中级人民法院申请执行。"该条规定了受理涉外仲裁裁决执行申请的管辖法院。

我国《仲裁法》第 71 条规定:"被申请人提出证据证明涉外仲裁裁决有民事诉讼法第 274 条第 1 款规定的情形之一的,经人民法院组成合议庭审查核实,裁定不予执行。"该条并未直接规定涉外仲裁裁决执行的条件和程序等事项,而是援引了《民事诉讼法》第 274 条的规定。

(二) 涉外仲裁裁决的执行期限和管辖法院

就执行期限而言,涉外仲裁裁决与国内仲裁裁决相同。根据《民事诉讼法》第 239 条的规定。即涉外仲裁裁决的申请执行的期限为 2 年。该期限从裁决书规定义务人履行义务的最后一日起计算;裁决书规定义务是分期履行的,从每次履行义务的最后一日起计算;裁决书未规定履行义务时间的,从裁决书生效之日起计算。

对涉外仲裁裁决具有执行管辖权的法院是被执行人住所地或财产所在地的中级人民法院。

(三) 不予执行涉外仲裁裁决的情形

根据《民事诉讼法》第 274 条第 1 款的规定,对于我国仲裁机构作出的涉外仲裁裁决,被申请人提出证据证明仲裁裁决有下列情形之一的,经人民法院组成合议庭审查核实,可裁定不予执行:

(1) 当事人在合同中没有订有仲裁条款或者事后没有达成书面仲裁协议的;

(2) 被申请人没有得到选定仲裁员或者进行仲裁程序的通知,或者由于其他不属于被申请人负责的原因未能陈述意见的;

(3) 仲裁庭的组成或者仲裁的程序与仲裁规则不符的;

(4) 裁决的事项不属于仲裁协议的范围或者仲裁机构无权仲裁的。

除了以上应该由当事人负责举证证明的 4 种情形以外,《民事诉讼法》第 274 条第 2 款还规定:人民法院认定执行该裁决违背社会公共利益的,裁定不予执行。

如果被申请人不能举证证明涉外仲裁裁决具有法定的不予执行的上述情形,人民法院就应当作出裁定,依法执行该仲裁裁决。

第二节　仲裁裁决在中国内地、香港、澳门、台湾地区之间的协助执行

随着中国香港和澳门的顺利回归,在中国法律制度上也出现了多法域并存的现象,再加上台湾地区,已经在中国领域内形成了 4 个不同法域同时并存的局面,从而产生了区际法律冲突和区际司法协助的问题。在这情形下,如何有效地解决中国内地与中国香港、澳门,中国大陆与台湾地区之间相互承认与执行商事仲裁裁决的问题,无疑也是中国区际司法协助中一项极为重要的内容。

一、仲裁裁决在中国内地与香港之间的协助执行

(一) 中国内地与香港之间相互承认和执行仲裁裁决的法律依据

在香港回归之前,香港与中国内地之间相互承认和执行仲裁裁决的依据是《承认及执行外国仲裁裁决公约》,并以各自的商事仲裁法律制度为依据。

根据香港《仲裁条例》的规定,中国内地的涉外仲裁裁决需要在香港申请执行时,申请人

需向香港高等法院提交包括:经正式认证的裁决书正本或经正式认证的裁决书副本;仲裁协议的正本或经正式认证的副本;如果裁决书或仲裁协议非英文撰写,必须同时提供经公务员、翻译员、外交代表或领事人员认证的译本。同时,该条例也是通过否定清单的形式规定了不予执行仲裁裁决的条件,从而规定了执行仲裁裁决的条件。①

与此同时,中国内地各地方的中级人民法院也依据《承认及执行外国仲裁裁决公约》第5条②的规定,受理或执行了香港国际仲裁中心或临时仲裁庭作出的商事仲裁裁决。

在香港回归之后,香港与中国内地之间相互承认和执行仲裁裁决的主要法律依据是1999年6月21日最高人民法院与香港特别行政区代表根据《中华人民共和国香港特别行政区基本法》和"一国两制"的原则,正式签署的《关于内地与香港特别行政区相互执行商事仲裁裁决的安排》(以下简称《安排》)。该《安排》是香港回归后,中国内地与香港特别行政区在司法协助领域签署的又一重要文件,是两地司法协助法律制度的重要组成部分,是一个主权国家内不同法律区域间的司法安排。2000年1月24日,最高人民法院以司法解释的形式在内地予以公布,自2000年2月1日起施行。该《安排》基本上采纳了《承认及执行外国仲裁裁决公约》的规定,共有11个条款。

《安排》中规定,根据《中华人民共和国香港特别行政区基本法》第95条的规定并通过最高人民法院和香港特别行政区政府相互协商,香港特别行政区法院同意执行由内地仲裁机构(其名单将由国务院法制办公室通过国务院港澳事务办公室提供)依照《中华人民共和国仲裁法》作成的商事仲裁裁决;内地同意执行在香港特别行政区依照《仲裁条例》(Arbitration Ordinance)作成的商事仲裁裁决。根据此项安排,香港特区法院将承认和执行内地大约100家仲裁委员会依据《中华人民共和国仲裁法》所作的商事仲裁裁决。

(二) 仲裁裁决在中国内地与香港之间申请执行的期限和管辖法院

根据《安排》的规定,在向中国内地或香港特别行政区有关法院提出执行商事仲裁裁决申请的时效,应受该当地有关时效法律制度的支配。例如,当事人申请在中国内地执行商事仲裁裁决的期限是适用《民事诉讼法》第239条的规定,即申请执行的期限为2年。在收到申请人的执行申请后,有关法院应根据该执行地的法律程序处理执行申请和执行商事仲裁裁决。

根据《安排》的规定,一方当事人未履行商事仲裁裁决时,不论该商事仲裁裁决是在中国内地还是在香港作成,另一方当事人都可以在被执行人住所地或其财产所在地有关法院申请执行该商事仲裁裁决。此处所指具体执行商事仲裁裁决的"有关法院",对中国内地而言,是指被执行人住所地或其财产所在地的中级人民法院;而对香港特别行政区而言,是指香港特别行政区高等法院。如果被执行人住所地或其财产所在地位于中国内地和香港特别行政区两地,申请人不能同时在两地的有关法院提出执行申请,只有当其中一地法院执行商事仲

---

① 中国香港特别行政区《仲裁条例》规定,除下列情况外,中国内地的商事仲裁裁决不得被拒绝执行:(1)根据适用于他的法律,仲裁协议一方当事人没有行为能力;(2)根据各方当事人选择的法律,或者没有此种选择时,根据仲裁地,即中国内地的法律,仲裁协议无效;(3)当事人未接获关于指定仲裁员或关于仲裁程序的适当通知,或者因此无法陈述案情;(4)裁决所处理的争议超出了仲裁协议的范围,或者商事仲裁裁决的决定超出了当事人提交仲裁的范围;(5)仲裁机构的组成或仲裁程序不符合各方当事人之间的协议,或者在没有这种协议的情况下,不符合仲裁地的法律;(6)裁决对各方当事人尚未发生约束力,或根据作成商事仲裁裁决地的法律,有关主管机关已经撤回或撤销该裁决。从以上规定的情形来看,与《承认和执行外国仲裁裁决公约》第5条的规定极为相似。

② 《承认和执行外国仲裁裁决公约》第5条的内容详见后文第四节三。

裁裁决的结果不足以满足被执行人应负债务时,申请人才能向另一地法院申请执行被执行人未偿付的债务。两地法院先后执行的总额,不得超过裁决的数额。

(三) 中国内地与香港之间相互承认和执行仲裁裁决的条件

根据《安排》的规定,申请人在申请执行时,应提交执行申请书、商事仲裁裁决书、商事仲裁协议等文件。对于仲裁裁决得到承认和执行的条件的规定,《安排》也是通过否定清单的形式,通过规定不予执行仲裁裁决的条件的方式来规定的(详细内容见第四节)。如果仲裁裁决不具有法定的不予执行的条件,则应当予以执行。

(四) 其他规定

《安排》还对其适用作了具体规定。规定在1997年7月1日以后对在中国内地或在香港特别行政区作成的商事仲裁裁决提出的执行申请,应按照本安排的规定进行。在1997年7月1日以后和本安排生效之前这一期间,如果执行裁决申请由于某种原因不被中国内地法院或香港特别行政区法院所接受,如果申请人是法人或任何其他组织,执行裁决申请可在该安排生效后6个月内提出,如果申请人是自然人,执行裁决申请可在该安排生效后1年内提出。对于中国内地或香港特别行政区法院,在1997年7月1日以后和本安排生效之前这一期间,拒绝处理或执行的商事仲裁裁决,有关当事人可以重新提出执行申请。

二、仲裁裁决在中国内地与澳门之间的协助执行

中国内地与澳门特别行政区之间尚无相互承认与执行商事仲裁裁决的先例,而且两地的法律都未涉及到这一问题。就澳门的仲裁制度来看,多年来一直处于滞后状态。澳门仲裁制度最早可追溯至葡萄牙1961年的《民事诉讼法典》,该法典于1963年1月1日起开始适用于澳门。尽管该法典第4章规定了仲裁制度,但在澳门并未发挥应有的作用。直到目前为止,澳门几乎未曾有过民商事仲裁的案例,也未曾建立起商事仲裁机构。在澳门主要是通过诉讼程序解决民商事争议。

1987年中葡签署联合声明,确认中国将于1999年12月20日恢复对澳门行使主权。葡萄牙为使澳门可以着手建立其相对独立的司法体系,完善澳门法律体系,随后于1989年和1991年对其宪法等相关法律进行修改。随着澳门回归的日益临近,澳门政府为了发展本地仲裁事业,使其与国际商事仲裁发展趋势相接轨,在参考有关国家仲裁立法和有关国际公约的规定,并考虑本地区的实际情况的前提下,于1996年6月11日颁布了《澳门仲裁法》,该法对其原有的仲裁制度予以修订,重新确立了澳门本地的商事仲裁制度。不过,该《仲裁法》仅适用于澳门地区的内部仲裁,并未涉及到外国和境外商事仲裁裁决的承认和执行问题。虽然葡萄牙政府于1995年加入了《承认及执行外国仲裁裁决公约》,但它并未将该公约扩展适用于澳门。因此,境外商事仲裁裁决在澳门的承认和执行及澳门商事仲裁裁决在有关国家的承认和执行都不能以《承认及执行外国仲裁裁决公约》为依据。

为弥补《澳门仲裁法》的上述不足,1998年11月澳门又核准通过了《涉外商事仲裁法》。该《仲裁法》以《联合国国际商事仲裁示范法》为蓝本,全面吸收了示范法中的各项原则。

目前,澳门关于商事仲裁裁决的承认和强制执行制度,澳门本地裁决依照《澳门仲裁法》的规定,按民事诉讼法典的有关规定执行。而根据《涉外商事仲裁法》第35条和第36条的规定,国际商事仲裁裁决的承认与执行则按与《联合国国际商事仲裁示范法》相同的程序予以承认和执行,或按与《联合国国际商事仲裁示范法》相同的不予执行的理由拒绝承认和

执行。

澳门回归中国以后,一方面,中国政府将《承认及执行外国仲裁裁决公约》在互惠保留的前提下扩展适用于澳门特区。这样,外国商事仲裁裁决在澳门的承认与执行,和澳门的商事仲裁裁决在外国的承认与执行,可以依照《承认及执行外国仲裁裁决公约》来进行。另一方面,中国内地与澳门之间的商事仲裁裁决的相互执行问题可仿照内地与香港之间商事仲裁裁决的相互执行方法办理,应由内地与澳门特区间作出一个有关相互执行商事仲裁裁决的安排,以此作为两地间在相互承认和执行商事仲裁裁决区际司法协助的法律依据。在安排出台之前,对中国内地所作出的商事仲裁裁决的承认或执行仍然只能依照上述《涉外商事仲裁法》第 35 条及第 36 条的规定[①],可以在对等条件下在澳门地区获得承认和执行;对澳门所作出的仲裁裁决,如向内地请求承认或执行,只可按照我国《民事诉讼法》第 269 条的一般制度处理。

三、仲裁裁决在中国大陆与台湾地区之间的协助执行

台湾地区有关承认和执行仲裁裁决的规定,主要集中在 1998 年 6 月颁布的台湾地区"仲裁法"中。根据该"仲裁法"第 47 条的规定,凡在台湾地区之外作出的仲裁裁决或在台湾地区根据外国法作出的仲裁裁决都被视为外国裁决。而外国仲裁裁决必须申请法院裁定承认后才能予以执行,因而存在外国仲裁裁决的承认与执行问题。

该"仲裁法"对外国商事仲裁裁决的承认与执行采取互惠原则:如果仲裁发生国不承认台湾地区的仲裁裁决,台湾地区也将拒绝承认该国的裁决。同时,如果外国仲裁裁决违反台湾地区的公共秩序或善良风俗,或所涉争议根据台湾地区的仲裁立法不具有可仲裁性,也不能在台湾地区得到承认和执行。[②]

基于上述规定,中国大陆作成的仲裁裁决是属国内仲裁裁决还是外国仲裁裁决,就成为中国大陆仲裁裁决在台湾地区申请承认和执行时首先需要解决的问题。由于对中国大陆仲裁裁决的定性是其得以获得承认和执行的基础,而这一问题在台湾地区法学理论界并无定论,实践中也尚未涉及对中国大陆仲裁裁决的执行问题。所以,中国大陆仲裁裁决在台湾地区的承认和执行主要还只是停留在理论探讨阶段。目前,台湾地区法学理论界对这一问题的讨论有以下一些主张:有学者认为,仲裁应以其适用的程序法来区别其有无效力,而至于仲裁地点,则不影响仲裁的效力;而另有学者认为,大陆所作的仲裁裁决,既不是外国仲裁裁决,确定其有无效力,要看是否符合台湾地区有关仲裁立法的规定;还有学者认为,应将大陆所作的仲裁裁决视作一种特殊的仲裁裁决,以特别法的方式,予以承认和执行。该观点也是较为集中且颇具代表性的一种观点。其理由是:根据 1958 年《承认和执行外国仲裁裁决的公约》对商事仲裁裁决性质的判定,兼采"准据法说"和"领域说",而台湾地区的"仲裁法"只采用了"领域说",按此标准来确定内地作成的商事仲裁裁决。从地域上来看:由于历史的原因,中国大陆与台湾地区虽实行着两种不同的政治体制,但就台湾地区而言,中国大陆并非"外国"。所以,不能基于地域因素而认定中国大陆的商事仲裁裁决为"外国仲裁裁决";同时,在中国大陆作成的商事仲裁裁决,由于依据的仲裁法法律文件的不同,所以又非台湾地

---

① 参见米健、李丽如主编:《澳门论学:澳门回归一周年纪念文集(第 1 辑)》,法律出版社 2001 年版,第 491 页。
② 参见中国台湾地区"仲裁法"第 49 条第 1 款。

区"仲裁法"中所承认的"内国仲裁裁决"。以这种理论来确定大陆所作出的商事仲裁裁决和在此基础上来探讨相关的问题,有利于大陆商事仲裁裁决在台湾地区的承认和执行。但这种观点还只是理论上的探讨,还没有得到有关实际部门的认同。

在实践中,经过双方的共同努力,对于在中国大陆和台湾地区之间相互承认和执行仲裁裁决的问题,也有了初步的进展。双方也都在其各自的相关立法中对对方的商事仲裁裁决在境内的承认和执行作了一些相应的规定。如在台湾地区于1992年颁布的"台湾地区与大陆地区人民关系条例"第74条中规定:"在大陆地区作成之民事确定裁判,民事仲裁判断,不违背台湾地区公共秩序或善良风俗者,得申请法院裁定认可。"前项经法院裁定认可之裁判或判断,以给付为内容得为执行名义。"当然,该条适用的前提条件是中国大陆法院要承认和执行台湾地区的仲裁裁决。这条规定对两岸商事仲裁仲裁的承认和执行,在一定意义上是一个突破。因为该条规定首先对中国大陆作出的商事仲裁裁决在台湾地区的承认和执行的可能性作了充分的肯定。同时,虽然台湾地区以立法形式对中国大陆商事仲裁裁决的执行作了肯定的规定,但从该条款的实际操作性来看,仍然存在着一些问题,例如,对"民事仲裁判断"应当作广义理解还是狭义理解,是否应包括"商事"商事仲裁裁决在内等都有待于明确。

就台湾地区的仲裁裁决在大陆的承认和执行来看,长期以来,"台湾地区仲裁协会"为台湾唯一的一家商事仲裁机构,作出的仲裁裁决一般都称为"台湾地区仲裁裁决"。而按照"一个中国"的原则,这类仲裁裁决,自然不能在中国大陆得到承认和强制执行。由于台湾地区在仲裁裁决执行方面所采取的互惠原则,上述这一原因曾经是两岸在相互承认和执行商事仲裁裁决方面的最大障碍。"台湾地区仲裁协会",并于1999年7月1日更名为"中华仲裁协会",从而为两岸之间在相互承认和执行商事仲裁裁决方面扫除了政治上的障碍。

关于台湾地区的仲裁裁决如何在中国大陆得到承认和执行的问题,首先,就其仲裁裁决的性质的确定来看,根据中国大陆有关法律的规定:是采取仲裁机构所在地与仲裁裁决作成地两种标准来区分内国仲裁仲裁和外国仲裁仲裁,很显然,在台湾地区作成的仲裁裁决不应算作"外国仲裁",但又不能视为一般意义上的"国内商事仲裁裁决"。就台湾地区的"民事商事仲裁裁决"在中国内地的承认和执行来看,中国大陆在这方面尚缺乏明确的法律规定,但从目前现有的有关法律、司法文件及司法实践来看,台湾地区的民事判决在内地的执行已经具有法律依据。早在1991年4月3日,最高人民法院院长任建新在第七届全国人大第四次会议上所作的《最高人民法院工作报告》中明确指出:"台湾居民在台湾地区的民事行为和依据台湾地区法规所取得的民事权利,如果不违反中华人民共和国法律的基本原则,不损害社会公共利益,可以承认其效力。"同时他还强调"对台湾地区法院"的民事判决,也将根据这一原则,分别不同的情况,具体解决承认其效力的问题。这表明,大陆人民法院在审理涉台民商事案件的司法实践,已经有条件地承认台湾地区民事法规的效力,这无疑为海峡两岸司法协助关系的建立奠定了基础。1998年5月26日,最高人民法院发布了《关于人民法院认可台湾地区有关法院民事判决的规定》(以下简称"规定"),该规定不仅允许中国大陆人民法院认可台湾地区的民事判决,也同样适用于在中国大陆法院申请承认和执行台湾地区仲裁机构在台湾地区所作的商事仲裁裁决。[①] 根据该"规定",如果有关仲裁裁决一方当

---

① 参见最高人民法院《关于人民法院认可台湾地区有关法院民事判决的规定》第19条。

事人的住所地、经常居住地或被执行财产所在地位于内地,另一方当事人可向内地有管辖权的人民法院申请认可该裁决;被执行人住所地、经常居住地或被执行财产所在地的中级人民法院是受理承认和执行台湾地区仲裁裁决的管辖法院。申请人在申请承认和执行台湾地区的仲裁裁决时,应向人民法院提交书面申请书,并附具不违反一个中国原则的裁决书正本或业经证明无误的裁决书副本及其他证明文件。其申请应该在裁决生效之日起1年内提出。[①]但需要指出的是,"规定"毕竟主要在于解决台湾地区法院判决在内地的执行问题,并未充分考虑到认可台湾地区商事仲裁裁决情形下的具体情况,某些内容上显然不适用于商事仲裁裁决的承认和执行。因而,由于该文件对承认和执行商事仲裁裁决的某些具体问题未作规定,在中国大陆法院执行台湾地区的商事仲裁裁决实践中仍可能出现无法律可依循的情况。

第三节 仲裁裁决承认与执行的国际司法协助

一、外国仲裁裁决在中国的承认与执行

(一) 中国承认与执行外国仲裁裁决的法律依据

中国关于承认和执行外国仲裁裁决的法律依据包括:1958年《承认及执行外国仲裁裁决公约》和最高人民法院发布的《关于执行我国加入的〈承认及执行外国商事仲裁裁决公约〉的通知》,以及《民事诉讼法》第283条的规定。

我国《民事诉讼法》第283条规定:"国外仲裁机构的裁决,需要中华人民共和国人民法院承认和执行的,应当由当事人直接向被执行人住所地或者其财产所在地的中级人民法院申请,人民法院应当依照中华人民共和国缔结或者参加的国际条约,或者按照互惠原则办理。"

中国于1986年决定加入《承认及执行外国仲裁裁决公约》,并在加入公约时,作了商事保留和互惠保留。该公约于1987年4月22日对中国生效。《承认及执行外国仲裁裁决公约》的加入,标志着中国商事仲裁体制开始与国际接轨。就在该公约正式对中国生效之前,最高人民法院于1987年4月10日发布了《关于执行我国加入的〈承认及执行外国商事仲裁裁决公约〉的通知》(以下简称《通知》)。该《通知》虽然是以司法解释的形式出现,但在效果上无异于《承认及执行外国仲裁裁决公约》的实施法。鉴于《承认及执行外国仲裁裁决公约》的缔约国已达到145个国家和地区,因而在中国内地发生的外国商事仲裁裁决的承认和执行问题,大部分都属于《承认及执行外国仲裁裁决公约》裁决的承认和执行的问题。

至于对非公约缔约国裁决的承认和执行,则都是根据中国内地有关法律的规定,按照互惠原则办理。

(二) 中国承认和执行外国仲裁裁决的具体规定

1. 中国承认和执行外国仲裁裁决的范围

中国在参加《承认及执行外国仲裁裁决公约》时作了互惠保留声明和商事保留声明。根据"互惠保留",中国只承认和执行在该公约对中国生效后另一缔约国领土内作出的商事仲裁裁决。根据"商事保留",中国只承认和执行属于契约性或非契约性商事法律争议范围的

---

① 参见最高人民法院《关于人民法院认可台湾地区有关法院民事判决的规定》第3、4、5、17条。

商事仲裁裁决。根据最高人民法院《通知》的规定,所谓"契约性和非契约性商事法律关系",具体是指由于合同、侵权或者根据有关法律规定而产生的经济上的权利义务关系。

值得注意的是,由于《承认及执行外国仲裁裁决公约》将常设仲裁机构作出的商事仲裁裁决和临时仲裁机构作出的商事仲裁裁决都作为可以申请执行的对象,尽管我国《仲裁法》等相关法律并未对临时仲裁作出规定,但我国作为《承认及执行外国仲裁裁决公约》缔约国承担了承认和执行其他缔约国作出的商事仲裁裁决的义务,而不论该商事仲裁裁决是由常设仲裁机构所作出还是由临时仲裁机构所作出。①

2. 中国承认和执行外国仲裁裁决的程序

根据《承认及执行外国仲裁裁决公约》第4条的规定,一方当事人在中国申请承认和执行外国仲裁裁决,须向人民法院提出申请书;并附据原裁决的正本或其正式副本,仲裁协议的正本或者其正式副本;如果裁决和仲裁协议所用文字不是中文,则申请人应提供中文译本。译本应由一个官方或宣过誓的翻译员或外交或领事人员证明。

至于执行外国仲裁裁决的方式等,完全按照与执行中国仲裁裁决一样的方式进行。

3. 申请承认和执行外国仲裁裁决的期限及管辖法院

我国《民事诉讼法》第239条的规定,同样适用于承认和执行外国仲裁裁决。根据该条的规定,申请承认和执行外国仲裁裁决的期限与上述申请执行中国国际商事仲裁裁决的期限相同,即申请执行的期限为2年。

根据最高人民法院的《通知》,当事人一方申请中国法院承认和执行外国仲裁裁决时,应向被执行自然人的户籍所在地或居所地、法人的主要办事机构所在地或被执行人的财产所在地的中级人民法院提起。被执行人在中国无住所、居所或者主要办事机构的,但其财产在中国境内,当事人一方可以向其财产所在地的中级人民法院申请执行。

4. 承认和执行外国仲裁裁决的条件

根据《承认及执行外国仲裁裁决公约》第5条和最高人民法院的《通知》,中国有管辖权的人民法院在接到一方当事人的执行申请后,应对申请承认和执行的外国仲裁裁决进行审查。审查的事项限于《承认及执行外国仲裁裁决公约》第5条规定的事项:一是根据被执行人的主张和提供的证据,审查裁决是否具有《承认及执行外国仲裁裁决公约》第5条第1款所列的情形。在被执行人没有举证证明裁决具有这些情形时,中国法院在任何情况下都不得主动对所涉裁决进行审查;二是主动审查裁决是否具有《承认及执行外国仲裁裁决公约》第5条第2项所列的情形。

经审查,有关的外国仲裁裁决不具有《承认及执行外国仲裁裁决公约》第5条所列的应拒绝承认和执行的情形之一的,中国法院应作出裁定承认其效力,并按照《民事诉讼法》规定的程序执行。

二、仲裁裁决在中国境外的承认与执行

我国《仲裁法》第72条和《民事诉讼法》第280条第2款都明确规定,如果一方当事人申

---

① 中国内地的司法实践已经有了依照《承认和执行外国仲裁裁决的公约》规定承认和执行临时仲裁机构作出的商事仲裁裁决的案例。如广州海事法院承认和执行英国伦敦作出的临时仲裁机构作出的商事仲裁裁决一案便是其中一例。参见最高人民法院中国应用法学研究所编:《人民法院案例选》(民事、经济、知识产权、海事、民事诉讼法卷),人民法院出版社1997年版,第2174—2178页。

请执行仲裁机构作出的已经发生法律效力的仲裁裁决,而被执行人或其财产不在中国境内,应直接向有管辖权的外国法院申请承认和执行。这是有关当事人向有关国外法院申请承认和执行中国仲裁裁决的法律依据。

由于中国是《承认及执行外国仲裁裁决公约》的成员国,中国仲裁机构作出的仲裁裁决在公约成员国申请承认和执行时,应按《承认及执行外国仲裁裁决公约》的规定办理。有关公约缔约国在执行中国仲裁机构作出的仲裁裁决时,也会依据《承认及执行外国仲裁裁决公约》规定的条件办理。虽然在具体执行程序上各国国内法有不同的规定,但法院对裁决的审查都应该严格按照公约第5条的规定办理。

至于中国有关仲裁裁决在非公约缔约国申请承认和执行时,则应依照中国与对方国家存在的互相承认和执行仲裁裁决的双边条约或者互惠原则处理。中国目前已经同世界上许多国家和地区签订有双边贸易协定以及投资保护协定,在这些协定中,一般都含有关于通过仲裁方式解决贸易争议的规定,并且大多数协定都约定缔约方双方应设法保证由被申请执行仲裁裁决的国家主管当局根据适用的法律规定,承认并执行仲裁裁决。此外,在中国与许多国家签订的有关民商事司法互助的协定中,也都包含了相互承认和执行仲裁裁决的条款。

自中国于1987年加入《承认及执行外国仲裁裁决公约》以来,在实践中,中国的仲裁裁决主要是通过《承认及执行外国仲裁裁决公约》在中国境外得以申请承认和执行。据中国国际经济贸易仲裁委员会秘书局统计的数据,依据《承认及执行外国仲裁裁决公约》,中国的仲裁裁决已经在世界上包括美国、英国、加拿大、新西兰、澳大利亚、新加坡、德国、意大利、法国、以色列和日本等国在内的20多个国家成功地得到了承认和强制执行。[①]

第四节　仲裁裁决的不予执行

一、不予执行仲裁裁决的概念

不予执行仲裁裁决,是指人民法院在执行过程中根据被执行人的申请,经审查认定符合法律规定条件的,裁定不予执行仲裁裁决的行为。裁定不予执行仲裁裁决与撤销仲裁裁决是我国对仲裁裁决进行司法监督的两种方式。

二、申请不予执行仲裁裁决的条件

由于司法权的被动性特征,只有经申请才能启动对仲裁裁决的司法监督。即只有被执行人提出不予执行仲裁裁决的申请,人民法院才能对其申请进行审查,进而对符合条件的作出不予执行仲裁裁决的裁定。

申请不予执行仲裁裁决是指仲裁裁决的被执行人,在申请执行人请求有管辖权的人民法院执行仲裁裁决内容时所享有的抗辩执行的权利。申请不予执行仲裁裁决是被执行人享有的一项重要权利。至于不予执行仲裁裁决的申请能否得到人民法院的支持,则要看申请不予执行仲裁裁决的事由是否满足法定的申请不予执行的事由以及其他条件。

(1) 提出不予执行仲裁裁决申请的主体只能是被申请执行人。申请不予执行是对申请

---

① 参见李虎著:《国际商事仲裁裁决的强制执行》,法律出版社2000年版,第155页。

执行权的一种抗辩权,具有很强的针对性。不予执行是侧重于对被执行人权利救济的一种制度。因此,只能由在仲裁中承担义务的一方当事人提出。

(2) 申请不予执行仲裁裁决必须在执行程序过程中提出。申请不予执行仲裁裁决的期限取决于当事人执行申请的提出。在一方当事人申请执行仲裁裁决的情况下,只要人民法院尚未就仲裁裁决的执行或不予执行作出裁定,被执行人均可以提出不予执行仲裁裁决的抗辩。根据我国《民事诉讼法》第239条的规定,申请执行仲裁裁决的期限为2年。该期限从裁决书规定的履行期的最后一日起算;裁决书规定分期履行的,从规定的每次履行期间的最后一日起算。因此提出不予执行仲裁裁决抗辩的期限依赖于申请执行裁决的动议何时提出,没有严格的期限限制。

(3) 申请不予执行仲裁裁决必须向已受理执行申请的人民法院提出。由于不予执行仲裁裁决的申请是针对执行仲裁裁决的抗辩,因此,对不予执行仲裁裁决的申请有管辖权的人民法院就是对执行仲裁裁决的人民法院,而裁决的执行又取决于当事人法律人格的存在或当事人可供执行的财产的存在,因此可能有多个人民法院同时对仲裁裁决的执行享有管辖权。根据我国《仲裁法》、《民事诉讼法》以及最高人民法院《仲裁法解释》第29条的规定,当事人申请执行仲裁裁决的案件,由被执行人住所地或被执行财产所在地的中级人民法院管辖。

(4) 被执行人必须有证据证明仲裁裁决具有应予不予执行的法定事由。不予执行仲裁裁决是人民法院对仲裁进行司法监督的法律后果之一,是对仲裁裁决执行效力的否定。由于仲裁裁决的效力问题涉及仲裁的根本制度,因此有关法律和国际条约对法院的司法监督权施加了严格限制,即法律明确规定了仲裁裁决的不予执行的事由,一方面防止法院滥用职权,另一方面能够保障仲裁裁决的公正性,使仲裁裁决的效力能够得到社会的尊重,仲裁制度能够在正确的轨道上有效率地运行。

三、申请不予执行仲裁裁决的法定情形

(一) 申请不予执行国内仲裁裁决的法定事由

依据我国《仲裁法》第63条和《民事诉讼法》第237条的规定,可分为两种情形:

第一种情形是由被执行人提出证据证明裁决具有的法定事由,包括:(1) 当事人在合同中没有订有仲裁条款或者事后没有达成书面仲裁协议;(2) 裁决的事项不属于仲裁协议的范围或者仲裁机构无权仲裁的;(3) 仲裁庭的组成或者仲裁的程序与仲裁规则违反法定程序的;(4) 裁决所根据的证据是伪造的;(5) 对方当事人隐瞒了足以影响公正裁决的证据的;(6) 仲裁员在仲裁该案时有贪污受贿、徇私舞弊、枉法裁决行为的。如果被申请人提出证据证明裁决具有以上法定事由之一的,经人民法院组成合议庭审查核实,裁定不予执行。

第二种情形是不需被申请执行人提出证据证明,而是由人民法院依职权裁定不予执行的法定事由,即人民法院认定执行该裁决违背社会公共利益的,裁定不予执行。

(二) 申请不予执行涉外仲裁裁决的法定事由

依据我国《仲裁法》第71条和《民事诉讼法》第274条的规定,也可分为两种情形:

第一种情形是由被执行人提出证据证明裁决具有的法定事由,包括:(1) 当事人在合同中没有订有仲裁条款或者事后没有达成书面仲裁协议的;(2) 被申请人没有得到选定仲裁员或者进行仲裁程序的通知,或者由于其他不属于被申请人负责的原因未能陈述意见的;

(3) 仲裁庭的组成或者仲裁的程序与仲裁规则不符的;(4) 裁决的事项不属于仲裁协议的范围或者仲裁机构无权仲裁的。

第二种情形是不需被执行人提出证据证明,而是由人民法院依职权裁定不予执行的法定事由,是指人民法院认定执行该裁决违背社会公共利益的,裁定不予执行。

(三) 申请拒绝承认和执行香港仲裁机构作出的仲裁裁决的法定事由

依据《关于内地与香港特别行政区相互执行商事仲裁裁决的安排》的规定:内地或者香港作出的商事仲裁裁决,被申请人接到通知后,提出证据证明有下列情形之一的,经审查核实,有关法院可裁定不予执行:(1) 仲裁协议当事人依对其适用的法律属于某种无行为能力的情形;或者该项仲裁协议依约定的准据法无效;或者未指明以何种法律为准时,依商事仲裁裁决地的法律是无效的协议;(2) 被申请人未接到指派仲裁员的适当通知,或者因其他原因而未能陈述意见;(3) 裁决所处理的争议不是交付仲裁的标的或者不在仲裁协议之内,或者裁决载有关于交付仲裁范围以外事项的决定;但交付仲裁事项的决定可与未交付仲裁的事项划分时,裁决中关于交付仲裁事项的决定部分应当予以执行;(4) 仲裁庭的组成或者仲裁庭程序与当事人之间的协议不符,或者在有关当事人没有这种协议时与仲裁地的法律不符;(5) 裁决对当事人尚无约束力,或者业经仲裁地的法院或者按仲裁地的法律撤销或者停止执行。

该项规定基本上参照了《承认及执行外国仲裁裁决公约》第5条规定的内容,通过否定清单方式列举了拒绝执行有关商事仲裁裁决的条件,并将举证的责任加于被申请人方面。与此同时,《安排》还规定如果有关法院发现根据执行地法律有关争议事项不能通过仲裁方式处理,该有关法院可以拒绝执行商事仲裁裁决。执行商事仲裁裁决的有关内地法院或者香港特别行政区法院如认为商事仲裁裁决的执行与其公共利益相违背,也可以拒绝执行商事仲裁裁决。

(三) 拒绝承认和执行外国仲裁裁决的法定事由

依据《承认及执行外国仲裁裁决公约》第5条及最高人民法院的《关于执行我国加入的〈承认及执行外国仲裁裁决公约〉的通知》,也可分为两种情形,第一种情形是需要由被执行人提出证据证明裁决具有的法定事由,即《承认及执行外国仲裁裁决公约》第5条第1款所列的情形。包括:(1) 仲裁协议的当事人无行为能力,或根据仲裁协议选择的准据法,或根据作出裁决国家的法律,该仲裁协议无效;(2) 被执行人未得到关于选定仲裁员或进行仲裁程序的适当通知,或由于其他原因没有对案件提出意见;(3) 裁决的事项超出了仲裁协议所规定的范围;(4) 仲裁庭的组成或仲裁程序与当事人的协议不相符合,或在双方当事人无协议时,与仲裁地国家的法律不相符合;(5) 仲裁裁决对当事人尚未发生约束力,或者裁决已被仲裁地国家的有关当局撤销或停止执行。第二种情形是不需被执行人提出证据证明,由人民法院依职权认定不予执行的法定事由,即《承认及执行外国仲裁裁决公约》第5条第2款的规定,如果被请求执行仲裁裁决的国家当局认为,按照该国的法律,裁决中的争议事项不适合以仲裁方式处理;或者执行裁决有违该国的公共秩序,法院也可以拒绝执行该项裁决。

《承认及执行外国仲裁裁决公约》关于拒绝执行外国仲裁裁决的理由的基点是:各国法院应执行其他缔约国所作出的仲裁裁决。除非被申请人能举证证明存在公约第5条第1款所列举的可以拒绝执行的情形,否则,接受申请执行的所在国法院就不应该主动审查。但涉及裁决事项不具有可仲裁性及裁决内容违反公共秩序时,可由法院主动认定。上述规定在一定程度上反映了公约"先予执行的倾向",表明公约的目的在于加强和促进世界各国在外国仲裁裁决执行方面的国际司法协助。

四、审理不予执行仲裁裁决申请的程序

(一)依法组成合议庭

根据《民事诉讼法》第237条、第274条以及《仲裁法》第63条和第71条的规定,人民法院对被执行人提出的不予执行仲裁裁决的申请,应当依法组成合议庭审查核实。由合议庭代表人民法院行使司法审查权。对于合议庭的组成,《仲裁法》没有规定。但由于不予执行仲裁裁决关涉到仲裁活动的权威性以及当事人合法权益的保护,为慎重起见,合议庭应当全部由审判员组成,不宜吸收陪审员参加。

(二)审理

合议庭对案件的审查主要集中在仲裁裁决是否具有不予执行的法定情形。对此,被执行人应当负提供证据加以证明的责任。根据案件审理的实际需要,人民法院可以要求仲裁机构作出说明或者向相关的仲裁机构调阅仲裁案卷。[①]

(三)对不予执行仲裁裁决申请的处理

1. 裁定不予执行仲裁裁决

合议庭在对当事人不予执行仲裁裁决的申请进行充分审查后,对于国内仲裁裁决,认为其具有我国《仲裁法》第63条、《民事诉讼法》第237条第2款规定的不予执行情形之一的;对于涉外仲裁裁决,认为其具有我国《仲裁法》第71条、《民事诉讼法》第274条第1款规定的情形之一的;对于香港仲裁机构作出的仲裁裁决,认为其具备《关于内地与香港特别行政区相互执行商事仲裁裁决的安排》规定的;对于外国仲裁裁决,认为其具有《承认及执行外国仲裁裁决公约》第5条第1款规定的情形之一的,应当裁定不予执行仲裁裁决。

经审查,如合议庭认为仲裁裁决虽然不具备上述法定不予执行的情形,但执行该仲裁裁决违背社会公共利益,或依据我国《仲裁法》的规定,仲裁裁决的事项属于不可仲裁性事项时,即使当事人所提出的理由并不成立,人民法院仍应裁定不予执行该仲裁裁决。

需要注意的是,人民法院裁定不予执行国内仲裁裁决与裁定不予执行涉外仲裁裁决或外国仲裁裁决的程序不同。对于国内仲裁裁决,由有管辖权的人民法院直接作出不予执行仲裁裁决的裁定。对涉外仲裁裁决或外国仲裁裁决的不予执行的裁定,则实行"逐级报告制度"。该制度是在最高人民法院于1995年8月28日发布了《最高人民法院关于人民法院处理与涉外仲裁及外国仲裁有关事项的通知》中建立的。该通知规定:凡一方当事人向人民法院申请执行我国涉外仲裁机构裁决,或者向人民法院申请承认和执行外国仲裁机构的裁决,如果人民法院认为我国涉外仲裁机构裁决具有《民事诉讼法》第274规定情形之一的,或者申请承认和执行的外国仲裁裁决不符合我国参加的国际公约的规定或者不符合互惠原则的,在裁定不予执行或者拒绝承认和执行之前,必须报请本辖区所属高级人民法院进行审查;如果高级人民法院同意不予执行或者拒绝承认和执行,应将其审查意见报最高人民法院。待最高人民法院答复后,方可裁定不予执行或者拒绝承认和执行。

---

① 见《最高人民法院关于适用〈中华人民共和国〉仲裁法的若干问题解释》第30条。

2. 作出裁定驳回不予执行申请

合议庭在对当事人不予执行仲裁裁决的申请进行充分审查后,认为该仲裁裁决不具备法律或公约规定的不予执行的情形,或是当事人请求不予执行仲裁调解书或者根据当事人之间的和解协议作出的仲裁裁决书的①,人民法院应当驳回被申请执行人的不予执行申请,执行仲裁裁决。

五、不予执行仲裁裁决裁定的法律效力

人民法院在对被执行人的不予执行申请进行充分审查后,认为仲裁裁决具有我国《仲裁法》或《民事诉讼法》或相关公约规定的不予执行裁决的情形时,应当裁定不予执行仲裁裁决,并将该裁定书送达双方当事人和仲裁机构。该裁定一经送达即发生法律效力,当事人不得就该裁定提出异议。

根据我国《民事诉讼法》第237条第5款和第275条的规定,仲裁裁决被人民法院裁定不予执行的,当事人可以根据双方达成的书面仲裁协议重新申请仲裁,也可以向人民法院起诉。仲裁裁决一经被人民法院裁定不予执行,其法律后果与被撤销仲裁裁决的后果一样,即当事人可以根据双方达成的书面仲裁协议重新申请仲裁或向人民法院起诉。

不予执行仲裁裁决的裁定,是对仲裁裁决执行力的否定,而不是对仲裁裁决效力的全部否定。即某一人民法院裁定不予执行仲裁裁决时,该裁定对其他有管辖权的人民法院并无排斥力,其他人民法院仍然可以独立决定是否执行仲裁裁决。也就是说,不予执行仲裁裁决的裁定并未对仲裁裁决本身的效力进行评价,只是表明人民法院拒绝给予执行配合而已。国内仲裁裁决的效力在事实上已被人民法院不予执行的裁定所全部否决,其后果与撤销仲裁裁决的后果一样,即当事人可以根据双方达成的书面仲裁协议重新申请仲裁或向人民法院起诉,从而形成"法律上有效,事实上无效"的局面。

对于涉外仲裁裁决和外国仲裁裁决,如果被我国人民法院依法裁定不予执行后,仲裁裁决的权利人仍然可以向其他有关国家的法院申请执行仲裁裁决。如果他国法院认定该仲裁裁决符合本国仲裁立法中执行的条件,可以予以执行。

第五节 撤销仲裁裁决与不予执行仲裁裁决的关系

我国仲裁裁决的司法监督制度,包括撤销仲裁裁决与不予执行仲裁裁决。《仲裁法》第五章专门规定了国内仲裁裁决的撤销问题,第六章专门规定了国内仲裁裁决的执行以及不予执行的问题,第七章对涉外仲裁裁决的撤销和执行问题作了特别规定。我国《民事诉讼法》和最高人民法院作出的一系列司法解释也对仲裁裁决的撤销和不予执行问题也作了明文规定。这两种制度之间存在一定的关系,在实务中也存在着矛盾和冲突,如何协调它们之间的关系,以便发挥各自的功能,是仲裁理论及司法实践不能回避的问题。

一、撤销仲裁裁决与不予执行仲裁裁决之间的相同点

这两种制度的相同点主要有三个方面:第一,两者均属人民法院对仲裁制度的司法监督

---

① 见《最高人民法院关于适用〈中华人民共和国仲裁法〉若干问题的解释》第30条。

活动;第二,仲裁裁决的撤销和不予执行均需要由当事人提出申请,并提出证据能够证明存在应当撤销或不予执行的法定情形,人民法院仅在仲裁裁决损害社会公共利益和可仲裁性方面可依职权作出裁定;第三,为防止人民法院滥用司法监督权,法律都明确规定了撤销和不予执行仲裁裁决的法定情形。

二、撤销仲裁裁决与不予执行仲裁裁决之间的不同点

尽管撤销仲裁裁决和不予执行仲裁裁决是人民法院对仲裁制度进行司法监督的两种方式,并且这两者之间存在不少相同之处,但既然是并存的两种不同的司法监督方式,其立足点和救济的权利必然存在差异。其区别主要有四个方面:

第一,提出请求的当事人不同。有权提出撤销仲裁裁决请求的当事人可以是仲裁案件中的任何一方当事人,不管该当事人是仲裁申请人还是仲裁被申请人。也就是讲,撤销仲裁裁决的司法监督制度是侧重于对双方当事人权利的救济;而请求不予执行仲裁裁决的当事人只能是被执行人,通常是在裁决中负有义务的当事人。申请不予执行仲裁裁决是对申请执行权的一种抗辩权,具有很强的针对性。不予执行仲裁裁决的司法监督制度是侧重于对被执行人权利的救济。

第二,提出请求的期限不同。申请撤销仲裁裁决应当在法律规定的期限内提出。我国《仲裁法》第59条规定:"当事人申请撤销裁决的,应当自收到裁决书之日起六个月内提出。"该期限是不变期间,而在一方当事人申请执行仲裁裁决的情况下,只要人民法院尚未执行仲裁裁决或者尚未作出不予执行的裁定,被执行人均可以提出不予执行仲裁裁决的抗辩。由于有的国家法律对申请执行仲裁裁决有期限的规定,如我国《民事诉讼法》第239条的规定申请执行仲裁裁决期限为2年。因此,提出不予执行仲裁裁决抗辩的期限依赖于申请执行仲裁裁决的提出时间,没有严格的期限限制。

第三,管辖法院不同。仲裁裁决的撤销是对裁决效力的根本否定,因此有权审理撤销仲裁裁决申请的人民法院在法律上有严格限制。根据我国《仲裁法》第58条的规定,当事人只能向仲裁委员会所在地的中级人民法院申请撤销仲裁裁决;而仲裁裁决的执行则取决于当事人法律人格的存在或当事人可供执行的财产的存在,因此有多个人民法院可能同时对仲裁裁决的执行享有管辖权。根据我国《民事诉讼法》第273条以及《最高人民法院关于适用〈中华人民共和国仲裁法〉若干问题的解释》第29条的规定,当事人可以向被执行人住所地或者被执行的财产所在地的中级人民法院申请执行仲裁裁决。另外,由于被执行人的财产可能在几个人民法院辖区范围内,所以理论上讲对执行仲裁裁决有管辖权的人民法院在数量上可能超过一个以上,在范围上被执行人的财产也可能在国外。

第四,法律后果不同。有管辖权的人民法院一旦裁定撤销仲裁裁决,则该仲裁裁决从根本上失去了法律效力,除非有特殊情况,当事人不能依据已被撤销的仲裁裁决申请或继续申请执行;而某一人民法院裁定不予执行仲裁裁决的,该裁定仅仅是对仲裁裁决强制执行力的否定,并不排斥当事人的自愿履行。在国际商事仲裁中,如果执行地分别为几个不同的国家,其中一国法院对该仲裁裁决的不予执行的裁定,对其他有管辖权的法院并无排斥力,其他法院仍然可以独立决定是否执行该仲裁裁决。

三、撤销仲裁裁决与不予执行仲裁裁决之间的冲突及其解决办法

撤销仲裁裁决与不予执行仲裁裁决,从不同的角度对当事人进行充分的救济,并且确实保障了仲裁的公正。但是,由于这两种司法监督方式在实务中存在一定的冲突,在一定程度上影响了仲裁价值目标的实现和权威性。这些冲突集中表现为:

第一,这两种司法监督方式之间没有科学的衔接,造成审级上的混乱,权限上的倒置。撤销仲裁裁决与不予执行仲裁裁决是两种不同的仲裁司法监督方式,并由不同的人民法院来行使司法监督权。根据我国《仲裁法》和《民事诉讼法》的规定,撤销仲裁裁决案件只能由中级人民法院管辖,而不予执行仲裁裁决案件,除中级人民法院管辖外,基层人民法院也有管辖权。这就出现了一种可能,基层人民法院作出裁定不予执行的仲裁裁决,可能是由仲裁委员会所在地中级人民法院对撤销仲裁裁决申请已经作出裁定维持的仲裁裁决,这在事实上造成了一个基层人民法院的裁定否定了一个中级人民法院的裁定的不合法现象。造成人民法院在司法监督中审级上的混乱。同时,根据对国内仲裁裁决和涉外仲裁裁决的司法审查范围的规定,在基层人民法院管辖不予执行仲裁裁决的案件时,其可以对仲裁裁决从实体和法律适用两个方面进行审查,而中级人法院在管辖撤销仲裁裁决的案件时却无此权利。造成中级人民法院的审查权限还不如基层人民法院大,使得人民法院对仲裁裁决在司法审查权限上本末倒置。

基于此,2006年9月施行的最高人民法院《仲裁法解释》第29条规定:"当事人申请执行仲裁裁决案件,由被执行人住所地或者被执行的财产所在地的中级人民法院管辖。"通过提高仲裁裁决的执行法院级别,来克服审级上混乱。

第二,对仲裁裁决实行重复监督,造成资源浪费。撤销仲裁裁决和不予执行仲裁裁决的法定事由有很多相同之处,撤销与不予执行国内仲裁裁决的法定事由有5项是相同的,而撤销与不予执行涉外仲裁裁决的法定事由是完全相同的。对相同的事由进行重复审查,不仅使仲裁效率大打折扣,也造成了人民法院的重复劳动,造成了资源的浪费。

基于此,2006年9月施行的最高人民法院《仲裁法解释》第26条规定:"当事人向人民法院申请撤销仲裁裁决被驳回后,又在执行程序中以相同理由提出不予执行抗辩的,人民法院不予支持。"通过限制当事人权利的行使来避免重复监督。

第九章

涉外仲裁

我国《仲裁法》的立法沿袭《民事诉讼法》的双轨制模式,将仲裁划分为国内仲裁和涉外仲裁,《仲裁法》第七章专章对涉外仲裁作了特别规定,我国各主要仲裁委员会的仲裁规则中也分别对国内仲裁与涉外仲裁作了规定。《仲裁法》中对涉外仲裁的特别规定主要集中在仲裁员的选任以及仲裁裁决的司法监督制度中。其中国内仲裁和涉外仲裁的分轨,又集中在申请撤销或不予执行仲裁裁决的法定事由以及裁定撤销或裁定不予执行仲裁裁决的程序上。

第一节 涉外仲裁的界定

涉外仲裁,也称为国际商事仲裁,是指当事人通过合意,自愿将将他们之间具有涉外因素的民商事争议提交非司法机构的第三者,即仲裁员或公断人(Arbitrator, Referee)审理,由其依据法律或依公平原则作出对争议双方均有约束力的裁决的一种纠纷解决制度。

在国际经济贸易空前发展的今天,作为国际经济贸易纠纷解决方式的国际商事仲裁也迅速发展且日益重要,但是关于它的概念和范围至今尚无统一的看法,主要争论集中在对"国际"和"商事"的理解上。因此,有必要对"国际"和"商事"进行明确。

一、认定"涉外"或"国际"的标准

由于大多数国家将国际商事仲裁与国内商事仲裁加以区分,并且适用不同的规则和审查标准。相较纯粹的国内仲裁而言,国际商事仲裁更多地体现当事人的意思自治和较少的司法干预。因此,对于"国际"抑或"国内"的区分就非常重要。然而各国在判定商事仲裁是否属于"国际"仲裁的标准是不同的,国际公约也未给予一个明确的定义。归纳起来,现代各国立法和实践对"国际"的认定标准主要有两种:一是以争议的实质为标准;一是主体标准。

以争议的实质为标准,即一项争议是否为国际性的,主要是分析争议的实质或本质是否涉及国际商业利益。当争议涉及国际商业利益时,则将其仲裁视为国际商事仲裁。采用该标准的主要有法国、美国、加拿大等国家和有关国际规则。如《国际商会仲裁规则》第1条第1款规定,国际商会仲裁院是以仲裁方式解决国际性的商事争议机构,国际商会第301号出版物中进一步解释:"仲裁的国际性质并不意味着当事人必须具有不同的国籍。基于合同客体的缘故,合同可以超越国界,例如同一国家的两个公民订立了在另一国家履行的合同或一

个国家与在其国内经营的外国公司的子公司订立了合同。"①

主体标准,即以当事人的国籍或住所为主要判定依据。这种标准主要着眼当事人的身份因素是否具有国际性,如果仲裁当事人是自然人,则以其国籍、住所或习惯居所为判定依据;如果仲裁当事人是法人,则以法人的登记注册地或主要营业所(包括管理中心)所在地作为判定依据。采用该标准的国家主要有:英国、丹麦、瑞士和瑞典以及有关的国际公约。如 1961 年的《关于国际商事仲裁的欧洲公约》第 1 条第 1 款规定,公约适用于"旨在解决自然人或法人之间进行的国际贸易所引起的争议的仲裁协议,并且在达成仲裁协议时,该自然人或法人在不同的缔约国内有其惯常居住地或所在地。"

以争议的实质为标准比以当事人的身份为标准识别仲裁的国际性具有较少的人为因素,因为其主要着眼于争议的属性上,包容了住所在同一国家内的当事人在国际商事活动中发生争议的仲裁的情形。而主体标准则排除了一些具有涉外因素的仲裁,具有很大的局限性。例如,具有同一国籍或住所的当事人,其争议客体在另一国的情形,只能被视为国内仲裁;同样,对于跨国公司的分支机构与所在国的当事人发生的商事争议,也被视为国内仲裁,显然忽视了双方交易的国际性质。但在以争议的实质为标准中,如何判断该争议是否涉及国际商业利益,也非易事,而且依然没有一个统一的标准。因此,为了克服这两种判定标准的局限性,1985 年《联合国国际贸易法委员会国际商事仲裁示范法》将 1961 年《欧洲公约》和 1981 年《联合国国际货物销售合同公约》中相应的对"国际"的定义相协调,形成了一个综合标准:即采用基本标准(当事人的不同国籍身份)和其他几种情形(例如:当事人具有相同国籍但合同在国外履行,抑或争议的财产在国外)相结合,只要具备其一,即认为具有了"国际性"。这种标准实质上是以上两种标准的协调使用,扩展了国际商事仲裁的适用范围。如该示范法第 1 条第 3 款规定,符合下列条件之一者为国际性的仲裁:(1) 仲裁协议双方当事人在签订该协议的时候,他们的营业地位于不同的国家;或者(2) 下列地点之一位于双方当事人营业地共同所在的国家之外:(i) 仲裁协议中或根据仲裁协议确定的仲裁地;(ii) 商事关系义务将要履行的主要部分的任何地点或与争议的客体具有最密切联系的地点;(iii) 双方当事人已明示约定仲裁协议的客体与一个以上的国家有联系。尽管《联合国国际贸易法委员会国际商事仲裁示范法》对"国际性"的判断采用了综合标准,但毋庸置疑的是,认定"一项争议是国际性的还是国内的"仍依赖于相关国内法的规定,以当事人身份和争议的实质为标准仍是两种主要的方法。

我国的有关法律和司法实践,对于"国际"一词从未有过明确的定义或解释,我国《民事诉讼法》以受理案件的"仲裁机构"的性质作为划分裁决是否属于国际商事仲裁裁决的标志②,但我国最高人民法院关于执行贯彻《中华人民共和国民法通则》若干问题的意见以及最高人民法院关于执行贯彻《中华人民共和国民事诉讼法》若干问题的意见中对"涉外因素"的认定则是以当事人国籍、法律关系(法律事实)以及争议标的是否具有国际因素作为确定标准,即一方或双方当事人是外国人、无国籍人或者外国企业和组织;当事人之间的民商事法律关系发生、变更、消灭的事实发生在国外;当事人争议的标的物在国外。这样,《民事诉讼法》与最高人民法院关于"国际"或"涉外"的认定标准就产生了差异。加之根据我国

---

① 转引自宋航:《国际商事仲裁裁决的承认与执行》,法律出版社 2000 年版,第 4 页。
② 见《中华人民共和国民事诉讼法》第 271 条规定。

《仲裁法》及有关的法律文件,除中国国际经济贸易仲裁委员会和中国海事仲裁委员会以外,中国内地的其他商事仲裁机构也可以受理国际商事仲裁案件,这就使得我国在仲裁领域对"国际"或"涉外"的认定陷于混乱状态。1997年3月26日,最高人民法院发布了《关于实施〈中华人民共和国仲裁法〉几个问题的通知》,其中第3条明确规定:"对依照《仲裁法》组建的仲裁机构所作出的涉外仲裁裁决,当事人申请执行的,人民法院应当依法受理。"按照该通知,我们将涉外仲裁中的"涉外"或"国际"理解为当事人国籍、法律关系(法律事实)以及争议标的具有涉外或国际因素。

(二)商事的含义

"商事"一词在大陆法系国家中常常用以区分合同是否具有商事的性质。广义上的商事合同是指人与人(包括:商人与商人、商人与非商人、非商人与非商人)之间在日常商事交易过程中订立的一种有关买卖或租赁等的合同。这类合同通常由商法典来调整。这种区分对仲裁的意义在于:有些国家只允许对商事合同争议进行仲裁,例如法国;而有些国家则对此不作太多的限制,非商事交易也列入仲裁的范围。

有关仲裁的国际条约也注意到这一事实,1923年的日内瓦的《仲裁条款协定书》实际上已指明了商事和其他问题的区别,即规定各缔约国应承认不同缔约国管辖权下的合同当事人间签订的仲裁协议,不论所提交的问题是商事问题还是其他可以用仲裁方法解决的问题。该条约还规定了商事保留条款,即各缔约国可以把履行议定书限于"依照本国法律属于商事范围的合同"。该"保留"被1958年《承认及执行外国仲裁裁决公约》所接受,该公约第1条规定,任何缔约国可以声明,"本国只对根据本国法律属于商事的法律关系,不论是不是合同关系,所引起的争执适用本公约。"《承认及执行外国仲裁裁决公约》也未对"商事"一词作出统一解释,对"商事"的解释仍由各国国内法去处理。联合国国际贸易法委员会在起草《国际商事仲裁示范法》过程中,也曾试图就"商事"一词在正文中作一个广泛的定义,但因各国分歧甚大而未能如愿,只好对商事一词在注脚中作了列举式的说明:"'商事'一词应给予广义的解释,以便包括产生于所有商业性质的关系的事项,不论这种关系是否为契约关系。具有商业性质的关系包括但不限于下列交易:任何提供或交换商品或劳务的贸易关系;销售协议;商事代表或代理;保付代理;租赁;工厂建造;咨询;设计;许可证;投资;融资;银行业;保险;开采协议或特许;合营或其他形式的工业或商业合作;客货的空运、海运、铁路或公路运输。"[①]该《示范法》所罗列的商事关系不是穷尽的,仅表明对"商事"的理解应作宽泛的解释。

我国《民事诉讼法》和《仲裁法》均未使用"国际商事"仲裁的概念,因此,也未对"商事"作明确的界定或解释。根据我国在加入《承认及执行外国仲裁裁决公约》时所作的商事保留的声明,我国仅对根据我国法律认定为属于契约性或非契约性的商事关系所引起的争议适用该公约。所谓契约性或非契约性的商事关系,具体是指由于合同、侵权或者根据有关法律规定而产生的经济上的权利义务关系。[②]例如货物买卖、财产租赁、工程承包、加工承揽、技术转让、合资经营、合作经营、勘探开发自然资源、保险、信贷、劳务、代理、咨询服务,和海上、民航、铁路、公路的客货运输,以及产品责任、环境污染、海上事故和所有权争议等,但不包括

---

① 转引自宋航:《国际商事仲裁裁决的承认与执行》,法律出版社2000年版,第8页。
② 我们认为,在这里,最为科学的表述应该是:……根据有关法律规定而产生的"财产方面"的权利义务关系,而不应该是"经济上"的权利义务关系。

外国投资者与东道国政府之间的争端。可见,我国对"国际商事"的解释采广义之说。

第二节 我国涉外仲裁的法律适用

涉外仲裁不同于国内仲裁的核心特点就在于,涉外仲裁解决的是具有涉外或国际性因素的争议案件。这些涉外或国际性的因素,可以是主体因素,也可以是引起法律关系发生、变更、消灭的法律事实方面的因素,还可以是争议标的物方面的因素。由于各国的实体法律规范以及适用仲裁解决争议案件所适用的仲裁程序法律规范规定多有不同,这就导致审理涉外案件时,经常会遇到法律适用的问题,包括实体法律与程序法律的适用。涉外仲裁中的法律适用问题,不仅关涉仲裁协议的有效与否,仲裁庭的组成是否符合规定等一系列程序性问题,还可能直接影响到当事人的实体权利义务关系等实体性问题。

一、我国涉外仲裁中程序法的适用

仲裁程序法是指一国制定或多国通过订立国际公约所制定的支配仲裁程序的法律原则和规则的总和。这种支配仲裁庭的存在及程序进行的法律规则,在西方法学文献中,常被称为仲裁的"法庭法"(curial law)或"仲裁法"。我国学者一般将之称为仲裁程序法(lex arbitri),一方面区别于仲裁中的实体法,另一方面也区别于一般统称的仲裁法(law of arbitration)。[①] 在国际商事仲裁中,适用解决争议实体问题的法律可以不同于适用于仲裁程序的法律。仲裁程序不仅受当事人意思自治的支配,而且受有关国家仲裁法的调整。

《中国国际经济贸易仲裁委员会仲裁规则(2012版)》第4条规定了规则的适用。即"(1)本规则统一适用于仲裁委员会及其分会/中心。(2)当事人约定将争议提交仲裁委员会仲裁的,视为同意按照本规则进行仲裁。(3)当事人约定将争议提交仲裁委员会仲裁但对本规则有关内容进行变更或约定适用其他仲裁规则的,从其约定,但其约定无法实施或与仲裁程序适用法强制性规定相抵触者除外。当事人约定适用其他仲裁规则的,由仲裁委员会履行相应的管理职责。(4)当事人约定按照本规则进行仲裁但未约定仲裁机构的,视为同意将争议提交仲裁委员会仲裁。(5)当事人约定适用仲裁委员会制定的专业仲裁规则的,从其约定,但其争议不属于该专业仲裁规则适用范围的,适用本规则。"根据该条规定,在我国涉外仲裁中,仲裁庭可以依据下列原则确定其所适用的仲裁程序法:

(一)当事人选择的仲裁程序法

依当事人意思自治原则决定仲裁适用的程序法,在国际范围内已得到了普遍接受,各国仲裁法一般都承认当事人有权选择适用适当的仲裁规则。不过,在国际商事仲裁实践中当事人明确选择仲裁程序法的情况并不多见。

现有国际仲裁公约均未专门就仲裁程序适用法律作出规定,但在规定裁决的承认与执行条件时多涉及仲裁程序的适用法律问题。1923年的《仲裁条款议定书》可以说是最古老的多边国际仲裁公约,该公约最早承认了当事人的意思自治,但却规定重叠适用仲裁地国法。《议定书》第2条规定:"仲裁程序,包括仲裁庭的组成在内,应当依照当事人的意志和仲裁进行地的法律的规定。"1927年《关于执行外国仲裁裁决的公约》第1条规定:"承认和

[①] 朱克鹏:《国际商事仲裁的法律适用》,法律出版社1999年版,第64页。

执行裁决的先决条件之一,是仲裁庭须依据当事人所同意的形式组成,并且符合于支配仲裁程序的法律"。一般认为,该公约默示指仲裁进行地法。也有学者认为,虽然公约采用了重叠适用的原则,但两者在具体适用中的作用是不同的,应当将公约解释为:当事人的意思自治起主要作用,仲裁地起次要辅助性作用,只有在当事人无明示协议时,国内法才支配仲裁程序。① 1958 年《承认及执行外国仲裁裁决公约》明显表现出依当事人意思自治原则决定仲裁程序的趋向。② 但是,公约仅仅适用于裁决的承认与执行阶段。从理论上讲,国际商事仲裁的特性表现为当事人的自愿性和仲裁庭的民间性。在当事人自愿交付仲裁的情况下,限制当事人自行选择仲裁所适用的程序法是难以自圆其说的。基于仲裁的当事人意思自治的基本精神,《国际商事仲裁示范法》第 19 条第 1 款中规定:"当事人各方可以自由地就仲裁庭进行仲裁所应遵循的程序达成协议"。当事人在不违背该示范法强行规定的情况下,可自由地协议选择仲裁的程序,包括有关仲裁机构的仲裁规则以及某一特定国家的程序法,也包括当事人认为应予特别关注的程序事项专门达成的共识。

在各国国内立法的司法实践中,依当事人意思自治原则决定仲裁适用的程序法是十分普遍的作法。例如,《法国民事诉讼法典》第 1494 条规定:"仲裁协议可以通过直接规定或援引一套仲裁规则来明确仲裁应遵循的程序,它也可以选择特定的程序法为准据法"。此外还有瑞士、丹麦、德国、澳大利亚、荷兰、保加利亚、意大利等国立法均授权当事人协议决定仲裁应遵循的程序或选择适用的仲裁规则。

在缺乏当事人明示选择时,仲裁规则一般并不指明仲裁适用的程序法,但常设仲裁机构仲裁多赋予当事人决定仲裁程序的优先权利。例如,1988 年生效的《国际商会调解与仲裁规则》第 11 条规定:"仲裁员审理案件的程序应遵循本规则;本规则未规定时,可依当事人约定(或当事人未有约定时,由仲裁员确定)的规则,并且可参照也可不参照仲裁适用的国内程序法。"1991 年的《新加坡国际仲裁中心仲裁规则》、1991 年的《美国仲裁协会国际仲裁规则》;1992 年的《日内瓦商工会仲裁规则》等也对当事人在决定程序规则适用方面享有的意思自治权予以肯定,并且在不同程度上赋予当事人协议以优先权。③

实践中,当事人应当在什么时间选择或决定仲裁适用的程序规则,以及当事人对仲裁适用的程序法或程序规则的选择范围,大多数国家没有作出明确的限制。当事人选择程序规则的方式可以是直接方式,也可以是间接方式。在缺乏当事人的选择时,仲裁员可以通过直接适用或援引法律或一套仲裁规则来确定所需的程序规则,或受仲裁举行地法支配。

不过,程序性的问题往往是比较复杂的,一方面它可作为一般司法制度中的程序问题,另一方面正当程序常常构成一国公共秩序的重要部分,违反了本国的正常程序原则(尽管按照选择其他国家的程序法是合法的)的裁决,则可能被裁决地法院基于程序不适格而撤销,也可能以违背公共秩序为理由被法院撤销,如认为违反了仲裁地国法律所设定的最低"正当程序"标准等。这是当事人选择仲裁地所在国以外的程序法时所必须面对的一个严峻问题。需要说明的是,在伊斯兰国家,伊斯兰实体法和程序法对在伊斯兰国家举行的仲裁具有强行

---

① See O. Chukwumerije, *Choice of Law in Lnternational Commercial Arbitration*, 1994, p.79。见朱克鹏著:《国际商事仲裁的法律适用》,法律出版社 1999 年版,第 71 页。
② 见《承认及执行外国仲裁裁决公约》第 5 条。
③ 程德钧、王生长主编:《涉外仲裁与法律》,中国统计出版社 1994 年版,第 150 页。

性质,必须予以强制适用。这是另一个绝对化观点的代表。

（二）仲裁地法的适用

按照传统的法律观点,国际商事仲裁受法律支配;而支配仲裁的法律则是仲裁举行地国法。如同诉讼程序法受法院地法支配一样,仲裁程序受仲裁举行地法律支配在一个相当长的时期内已成为国际社会普遍接受的实践。通常情况下,仲裁地的程序法与仲裁程序的关系是非常密切的,如仲裁协议效力的认定、仲裁文书的送达、仲裁员的资格和权利义务、仲裁员的指定及回避、仲裁程序中的临时措施、证据的收集和使用、裁决的形式等。即使在裁决作成后,仍然可能在撤销程序中受到仲裁地法院的司法审查。法院的司法监督通常还是限于仲裁程序是否存在不符合仲裁地程序法的缺陷。

正因为仲裁地法与仲裁程序具有不可割裂的关系,许多常设仲裁机构的仲裁规则皆规定,凡当事人选择该仲裁机构仲裁的,就必须适用该仲裁机构之仲裁规则。一般该有关的仲裁规则都是基于当地的程序法而制定的,选择了仲裁机构就等于选择了仲裁地程序法。

国际商事仲裁的司法权理论是主张适用仲裁地法的主要理论依据。根据这一理论,国家具有控制和管理发生在其管辖领域内的所有仲裁的权力。当事人有权协议将争议交付仲裁而不诉诸法院解决,仲裁庭根据当事人间的有效仲裁协议受理争议并作出有约束力的裁决,这都取决于特定的国家法律的授权和认可。如果特定国家的法律不赋予当事人和仲裁庭这种权力,那么仲裁程序及相应的适用和解释便不具有任何法律效力。实际上很少有国家完全放弃对其境内举行的仲裁的控制。仲裁地是决定仲裁程序法适用最具决定性意义的联结因素。这种理论,被称为"所在地理论"(The "Seat" of theory)。①

仲裁程序适用仲裁举行地法,在国际商事仲裁实践中得到了广泛的确认,并且得到1923年日内瓦《仲裁条款议定书》及1958年《承认及执行外国仲裁裁决公约》的采纳。1989年瑞士《联邦国际私法典》亦有类似规定。我国《仲裁法》第65条明确规定:"涉外经济贸易、运输和海事中发生的仲裁适用本章的规定。本章没有规定的适用本法其他规定。"第73条规定:"涉外仲裁规则应依照仲裁法和民事诉讼法的有关规定制定"。《瑞典仲裁法》亦规定,依法在瑞典进行的一切仲裁,有关程序方面的问题,均受瑞典仲裁法的约束。

需要说明的是,尽管在仲裁程序法的适用问题上,当事人意思自治原则起了相当重要的作用,多数国家仲裁立法也允许当事人自主选择仲裁适用的程序法或程序规则,但这并不意味着完全排除了仲裁地国法的适用。至少仲裁地国程序法的强制性规则是应当适用的。任何国家的法律和法院都不会完全放弃对在其境内进行的仲裁程序的控制,而且,仲裁程序的进行有时还需要仲裁地国法院的支持和协助。在当事人未作选择时,适用仲裁举行地国法,在各国立法和仲裁实践中十分普遍。

二、涉外仲裁中实体法的适用

涉外仲裁中适用的实体法,是确定争议双方当事人权利义务、判定争议是非曲直的主要法律依据,对争议的最终裁决结果有着决定性的意义,在实践中,深为当事人和仲裁庭所关注。从理论上讲,涉外仲裁具有高度的自治性,且无固定适用的冲突法规则体系的约束,因此,在争议实体法的选择上,要比国内法院选择争议的实体法更要灵活、特殊和复杂得多。

---

① 李双元、谢石松:《国际民事诉讼法概论》,武汉大学出版社1990年版,第538—539页。

根据《中国国际经济贸易仲裁委员会仲裁规则(2012版)》第47条的规定:"(1)仲裁庭应当根据事实和合同约定,依照法律规定,参考国际惯例,公平合理、独立公正地作出裁决。(2)当事人对于案件实体适用法有约定的,从其约定。当事人没有约定或其约定与法律强制性规定相抵触的,由仲裁庭决定案件实体的法律适用。"在我国涉外仲裁中,仲裁庭可以依据下列原则确定其所适用的仲裁实体法:

（一）当事人通过协议选择仲裁实体法

当事人意思自治原则是国际私法领域普遍接受的原则之一,表现在合同法律适用上,即允许当事人自由选择合同适用的法律,这是确定合同准据法的首要原则和主要方法。这一原则在国际商事仲裁领域也得到广泛的应用,即给予当事人协议选择实体法的权利,几乎是各国普遍一致的做法,也为国际商事仲裁公约和国际性仲裁规则所承认。尤其是,只要当事人表明了选择某个法律体系的意图,仲裁员也往往并不援引特定国家的国际私法规则,而直接承认当事人选择的法律效力。例如:1988年的瑞士《联邦国际私法法规》第187条规定:"仲裁庭裁决时依据当事人所选择的法律规则。"其他如美国、日本、英国、法国、奥地利、比利时、德国、瑞典、西班牙、意大利、希腊、荷兰等国也肯定当事人意思自治。此外,1961年《欧洲公约》第10条第3款规定:"双方当事人应自行通过协议决定仲裁员适用于争议实质的法律。"1965年《解决国家同他国国民投资争端的公约》第42条第1款也规定:"法庭应依照双方当事人可能同意的法律规则判定一项争端。"1985年联合国《国际商事仲裁示范法》第28条第1款规定:"仲裁庭应依照当事人各方选定的适用于争议实体的法律规则对争议作出决定。"于1988年1月1日生效的《国际商会仲裁规则》第13条第3款,也允许当事人自由确定仲裁员裁决争议所适用的法律。

至于在国际商事仲裁中,当事人意思自治的范围是否要受法律限制,还存在理论上的争议。索瑟·霍尔认为,仲裁具有契约性和司法性双重性质,强调当事人在选择可适用法律方面不存在无限制的自由,而是必须服从法院地的冲突法体系。F.A.曼恩也认为,当事人意思自治原则和仲裁一样,都有赖于某一国家的法律体系,否则不能成立。而卢尤(J. Lew)却认为,在国际商事仲裁中,当事人的意思自治是没有限制的;没有理由拒绝当事人选择国内法以外的法律或非法律标准,如国际贸易法的一般原则、特定贸易的一般惯例,甚至非法律标准等。A.雷德芬和M.亨特则主张给予当事人更为广泛和自由的选择范围,认为当事人可以选择法律的范围包括国内法、国际法、国际发展法、一般法律原则、并存法(Concurrent Laws)、竞争性法律(CompetingLaws)、国际贸易法、商事习惯法(Lex Mercatoria)、公平与善意等。但是从现代国际商事仲裁的实践和发展趋势来看,允许当事人享有广泛的法律选择自由已比较普遍。

在国际商事仲裁领域,当事人选择法律的自由,并不限于特定的国内法体系,还可以扩展到选择非国内法体系或规则,如跨国法规则;贸易惯例、商事习惯法、国际法、一般法律原则等。

（二）根据冲突法规则确定仲裁的实体法

在当事人没有明示法律选择的场合,仲裁员则肩负起选择仲裁实体法的任务。由于仲裁员与法官处于不同的法律地位,仲裁员没有必须服从仲裁地国家冲突法的法律义务。在众多可供适用的冲突法体系和冲突法规则面前,仲裁员必须决定适用哪一个冲突法体系或规则决定仲裁的实体法。从国际商事仲裁实践的角度来考察,主要有以下四种选择:(1)适用仲裁地国冲突规则;(2)适用仲裁员本国的冲突规则;(3)适用裁决执行国的冲突规则;(4)适用与争议有最密切联系国家的冲突规则。

1. 适用仲裁地国的冲突规则

传统观点认为,在当事人未作法律选择的场合,仲裁员应当适用仲裁举行地或仲裁庭所在地的国际私法规则。这种观点主要是基于"必须并且只能有一个法律体系支配仲裁"的假设而提出的,是依据国际商事仲裁"领域理论"(Territorial Theory)或司法权理论(Jurisdictional Theory)得出的必然结论。"领域理论"强调仲裁地与仲裁之间的有机联系,要求仲裁员像法官那样,有义务适用仲裁地的冲突规则。该理论得到国际法学会执行员索瑟·霍尔的支持和发展,他指出,当事人有权指定仲裁员作出裁决所依据的法律,但这一权力只能在仲裁庭所在国法律许可的范围内行使。如果当事人未能就法律适用达成协议,仲裁员将适用仲裁庭所在地国有关法律规则,解决当事人所提出的法律冲突。"领域理论"的优点是具有可预见性和统一性。另外,这也是尊重当事人的意愿。因为当事人能够自由地选择仲裁地,由此也就间接地选择了可适用的冲突规则。

但是,"领域理论"在实践中会遇到一些难以克服的困难,并且受到许多学者的批评。这种批评主要集中在三个方面:第一,它过分夸大了仲裁地与争议之间的联系以及仲裁地法的重要性。由于仲裁具有自治的性质,仲裁员也不同于法官的特殊地位。因此,仲裁员没有法律义务适用仲裁地国冲突规则。至于仲裁地的选择,也多出于中立和便利考虑,无论是当事人选择的仲裁地还是仲裁员选择的仲裁地都具有一定的偶然性,在主观和客观上与争议并无实际联系。这样,基于一个偶然因素确定的冲突规则所选择的实体法自然也带有偶然性。第二,仲裁员适用仲裁地冲突规则还存在一些难以解决的实际问题。例如,仲裁在不同国家举行,仲裁地难以确定;仲裁地如发生变更,也会发生对仲裁地的识别困难,从而影响仲裁实体法的确定。第三,按仲裁地决定适用的冲突规则,必然意味着仲裁地确定之前当事人无法知悉仲裁适用的实体法,其可预见性的特点根本无法体现。

由于这种方法存在以上缺陷,很少被各国立法和实践所采用。有关国际仲裁的四个国际公约、国际仲裁规则、各国常设仲裁机构的仲裁规则以及1985年《示范法》,均未采纳这种方法。

2. 适用仲裁员本国的冲突规则

有些学者提出,如果当事人未作明示的法律选择时,由于仲裁员对其本国法律较为熟悉,可以适用仲裁员本国的冲突规则。但是这种方法具有不确定性,适用起来也会遇到不少实际问题。首先,国籍是一个可变性连接因素,仲裁员的国籍出现冲突,无论是积极的国籍冲突还是消极的国籍冲突,都会对选定冲突规则造成困难;其次,如果仲裁员被撤换,是否也意味着争议的实体法也要随之发生变更;再次,在国际商事仲裁中,仲裁庭往往由不同国籍的仲裁员组成,适用哪国仲裁员所属国的冲突规则,各自没有一致的实践。因此,在仲裁实践中,采用仲裁员本国的冲突规则的立法和实践还比较少见。

3. 适用裁决执行国的冲突规则

有些学者基于仲裁有效性的考虑,主张适用裁决承认和执行地国的冲突规则来决定实体争议的准据法。其理由是:仲裁员依裁决执行地国冲突规则确定实体法,可以保证仲裁裁决的可执行性。否则,仲裁员适用依其他方式确定的实体法作出的裁决,有可能因某些原因而被裁决执行国的法院拒绝。① 这一主张也缺乏合理依据。第一，根据1958年《承认及执行外国仲裁裁决公约》的规定，各缔约国在承认和执行裁决时，对仲裁庭适用的冲突规则并不审查，是否适用裁决执行地国的冲突规则，并不影响裁决的可执行性；第二，要求仲裁员确定争议实体法时，就考虑执行地国冲突规则也不现实。因为，仲裁员在这一阶段，一般难以预料是否会出现裁决在外国要求强制执行和在哪一国强制执行的情况，以及仲裁裁决要在若干国家执行时，也会遇到适用哪一个执行地国冲突规则的困难。

4. 适用与争议有最密切联系的冲突规则

最密切联系原则是当代各国国际私法立法和实践普遍接受和采纳的一项原则，被各国普遍认为是用来解决涉外民事争议准据法的最为灵活和实用的方法。由于在法律（准据法）选择问题上，法官有义务适用本国的冲突规则，不存在冲突规则的选择问题，因此，不可能把"最密切联系"适用于选择冲突规则上。但在仲裁实践中，仲裁员没有适用仲裁地国或任何其他特定国家冲突规则的义务，因此，可以把"最密切联系"原则作为确定可适用的冲突规则的方法。如巴黎国际商会在仲裁一起案件中，仲裁员即以意大利法律体系与争议有最密切联系为由，适用了意大利的冲突规则。②

但是，"最密切联系"原则是确定涉外争议实体法的合理方法，用于仲裁中确定冲突规则却未必合理。首先，适用与争议有最密切联系国家的冲突规则所确定的实体法不见得也与争议本身有最密切联系，出现此种情况则有悖"最密切联系"原则的原旨；其次，仲裁员面对众多可供选择的冲突法体系，究竟哪一个冲突法体系与争议有最密切联系，也不易作出决定。

（三）直接适用国内法的实体规则

在国际商事仲裁实践中，在当事人未作法律选择的场合，传统的方法是根据冲突规则确定争议的实体法。尽管这种方法被各国普通采用，但它的缺陷也是显而易见的。第一，在仲裁中适用冲突规则确定争议的实体法，必须要对冲突规则本身作出选择，这会增加仲裁员的负担；第二，怎样选择冲突规则并不存在可资依据的统一标准，难以避免仲裁员主观臆断以及由此造成的不确定、无法预见等情形；第三，各国在实践中提出的以上几种适用冲突规则的方法，都存在不少缺陷和不足之处，难以在实践中运用和发挥实际作用；第四，冲突规则的适用，排除了非国内实体规则的运用。因为，没有哪一个国家的冲突规则会指向适用非国内规则。因此，有学者认为，与其赋予仲裁庭自由适用冲突规则确定实体法的权力，还不如赋予仲裁庭直接确定仲裁实体法的自由裁量权。于是提出"直接适用国内法实体规则"的方法，即仲裁员不必确定和依靠冲突规则，而是根据案情需要，直接确定应适用的实体法规则。这既可以使仲裁员摆脱确定和适用冲突规则的繁琐，又能满足国际商事仲裁自身对仲裁实体法的需要，扩展了适用实体规则的范围。这一方法一经提出，就为许多学者和实务工作者所接受。例如，法国最高法院前任首席法官贝勒（Bellet）就曾明确指出："现代的观点是，仲裁员不必受严格的冲突法规则的约束"。著名学者图普（Toope）则更明确地指出，支持仲裁庭适用国际冲突法规则，实际倒不如允许仲裁员选择其希望适用的任何实体法。另一位学

---

① Carlo Croff, The Applicable Law in the International Commercial Arbitration: Is It Still a onflict of Laws Problems? Vol. 16. *International Lawyer*, 1982. p. 628.
② 韩健：《现代国际商事仲裁法的理论与实践》，法律出版社1993年版，第231—232页。

者德兰则更进一步强调指出,在当事人未作选择时,仲裁庭应当直接适用它认为适当的法律规则,这更符合现代国际商事仲裁实践,即仲裁庭常常并不首先基于冲突规则,而通过更直接的方式选择实体法。

直接适用实体法的方法由于抛弃了传统的冲突法方法的适用,适应了国际商事仲裁实践发展的需要。从某种意义上说,它是对国际商事仲裁实体规则适用方法的一种革新,因此获得了许多国家立法、国际公约、国际商事仲裁规则以及有关国家司法判例的确认和肯定。在国内立法方面,1981年法国《民事诉讼法典》第五篇第1496条规定,当事人未作法律选择时,仲裁员"应根据他认为适当的规则决定争议"。1986年加拿大《国际商事仲裁法案》第28条第3款则规定,"当事人没有第1款项下的任何指定法律的,仲裁庭应考虑案件所有情况后适用他认为适当的法律规则"。而瑞士《联邦国际私法法规》则更进一步,其第187条第1款要求仲裁庭直接适用与争议有最密切联系的法律规则裁决。一些国际公约也对"直接适用实体法"的方法予以充分肯定。例如,1965年《华盛顿公约》第42条第1款规定,在当事人未作法律选择时,法庭应适用争议一方缔约国的法律(包括其关于冲突法的规则)以及可适用的国际法的规则。在新近颁布的国际商事仲裁规则中,直接适用实体法的方法更是被普遍引入。例如,1991年3月1日生效的《美国仲裁协会国际仲裁规则》第29条第1款规定,在当事人未指定争议的实体法的,"仲裁庭应当适用它认为适当的一个或几个法律"。1985年1月1日生效的《伦敦国际仲裁院仲裁规则》第13条1款(a)规定,仲裁庭有权决定管辖或者适用于当事人之间合同、仲裁协议或者争议的法律。意大利《米兰仲裁院国际仲裁规则》第41条第2款也规定,仲裁庭应依其认为适当的原则判定争议。

当然,这种方法也有一些缺陷,主要表现为:第一,它赋予仲裁员在决定仲裁实体法方面过分宽泛的自由裁量权,适用何种实体规则,全凭仲裁员主观判定,而无任何客观标准可循,在实践中无法避免仲裁员的主观裁断;第二,直接适用方法欠缺确定的适用标准,使仲裁当事人无法预知仲裁适用的实体法,缺乏裁决结果的可预见性。

(四) 非国内法规则的适用

国际商事仲裁实践表明,大多数案件的仲裁裁决是适用国内法的实体规则作出的。但在某些情况下,选择和适用的某国内规则却并不适宜。例如,某些国内法体系不够充分,欠缺适合解决具有特殊性的案件的实体规则;某些国家立法不够发达和完善,缺乏处理实体争议的立法规定;有些跨国仲裁案件,牵涉特殊主体(如主权国家),单纯适用国内规则裁决案件却未必合适。此外,任何一个国家都会通过其国内立法对国际交易施加某些限制,适用内国法无疑会影响当事人之间的合同关系。特别是在国家契约中,如选择适用国家方当事人的本国法,将无法阻止国家方当事人通过修改、废止或重新颁布法律,变更或取消当事人的合同权利。① 鉴于内国法适用的种种不足,在现代国际商事仲裁实践中,出现了适用"非国内规则"的趋势,即由仲裁员根据个案的不同情况,适用国际法、一般法律原则、国际贸易法、商业习惯法、合同条款等非国内法规则对争议作出裁决。其特点是由仲裁员直接决定适用的规则,而无须考虑冲突规则。该原则已获得国际社会的普遍赞同,并被国际、国内立法和仲裁实践广泛采用。这些"非国内规则"主要是指国际法、一般法律原则和国际商法(Lex

---

① 参见谢石松主编:《商事仲裁法学》,高等教育出版社2003年版,第289页。

Mercatoria)①,分述如下:

1. 国际法

国际法主要是调整国家之间关系的各种有约束力的原则、规则和规章、制度的总称。它主要适用于解决国家之间诸如政治、经济、文化、军事等方面的争端,不适用于解决国际商事仲裁案件。但是,现代国际商事仲裁实践已经证实,国际法仍然可以处理某些特殊类型的国际商事仲裁案件,即以国家作为一方当事人基于合同(即国家契约)与私人之间发生的商事争议。这一原则在常设国际法院塞尔维亚公债案和巴西公债案判决中应已得到确认。因此,一般认为,在涉及国家当事方的国际商事争议的仲裁的理论与实践中,国际法的适用已为国际社会所承认。

2. 一般法律原则

一般法律原则是各国学者与实务工作者经常使用的一个概念。但对这一概念,至今没有统一的解释。根据《国际法院规约》第38条的规定,"一般法律原则为文明各国所承认者",是国际法院裁判国家之间争端的法律根据,属于国际法的一种渊源。在国际商事仲裁实践中,有时把一般法律原则与国内法规则结合在一起,只用来解决涉及国家当事方的仲裁案件。如在1963年萨费尔国际石油有限公司诉伊朗国家石油公司案中,当事人订立的仲裁协议中规定有"善意原则",但却没有明示规定适用什么实体法。仲裁庭就推定应适用一般法律原则,其中包括:协议必须遵守原则、一方不履行契约义务就解除了对方的义务并使对方产生要求赔偿损失权利的原则、尊重既得权利原则、充分补偿包括补偿实际损失和预期可得利益损失的原则。

一般法律原则不是一个独立的法律体系,也没有明确具体的法律规范,各国学者列举的规则很不一致,大多都是内容空乏和抽象的法律原则,如公平善意、既得权保护、禁止悔言和权利滥用、不可抗力免责、约定必须信守、诚实信用原则、履行合同中的通知义务等。实际上,这些原则,除约定必须信守、诚实与信用等少数几个原则外,其他能否确认为一般法律原则,尚存疑问。并且,这些原则也难以在实践中适用。

3. 商事习惯法(Lex Mercatoria)

商事习惯法或称商人法,它不是指特定国家颁布的商法典或商事法律,而是指在长期国际商事交往中逐步形成的,调整他们彼此间关系的一系列不具有具体规范的贸易惯例和商业规则。商事习惯法一般由商业团体编纂,其本身并没有约束力,属于任意性规范,只有当事人在合同中约定适用某项商业惯例时,才对当事人产生约束力。一些学者称之为"自发法"(Spontaneous Law)。② 商事习惯法也属于非国内规则,虽然它不是严格意义上的法律,但可以起着类似于实体法规则的作用。主要的商事习惯法有:国际法协会1932年制订的《华沙——牛津规则》、2000年国际商会修订的《国际贸易术语解释通则》、国际商会1991年修订的《跟单信用证统一惯例》(即国际商会500号出版物)、国际商会1979年《托收统一规则》(即第322号出版物)等。

在仲裁实践中,除当事人明示约定适用商事习惯法以外;仲裁庭也可以直接参照并作出裁决,这已为许多国家立法和国际条约所确认。

---

① 韩健:《现代国际商事仲裁法的理论与实践》,法律出版社1993年版,第240页。
② 《中国大百科全书(法学卷)》,中国大百科全书出版社1984年版,第828页。

4. 统一商事法

统一商事法是由各国缔结或共同参加的调整国际经济、贸易活动的国际条约构成的统一实体规范体系。其目的在于避免因各国法律不同而产生的法律冲突以及因国内法的变动带来的法律规则的不确定性。统一商事法已广泛涉及国际货物买卖(如1980年《联合国国际货物销售合同公约》)、国际货物运输(如1924年《统一提单若干法律规则的公约》、1929年《统一国际航空运输某些规则的公约》)、国际票据(如1930年《关于本票、汇票的日内瓦公约》)、知识产权(如1883年《保护工业产权的巴黎公约》、1886年《保护文学艺术作品的伯尔尼公约》等领域。

在国际商事仲裁中适用统一商事法已为各国所普遍采纳。可以由当事人在协议中明示指定适用某个特定国际条约的实体法规则,也可以由仲裁员依据案件处理的实际需要予以适用。

5. 友好仲裁(amiable compostion)

友好仲裁是指在国际商事仲裁中,仲裁庭基于当事人的授权,可以作为友好调解人(amiahle compositeur)基于公平善意原则(ex aequo et bono)对实体争议作出裁决。

仲裁当事人通过协议授权仲裁员以"公平善意"对争议作出裁决,就意味着仲裁员可以解除严格适用法律规则解决争议的责任,也同时意味着当事人要承受仲裁员不按任何法律规则作出裁决的后果。

授权仲裁员基于"公平善意"原则作出裁决,无疑就授予了仲裁员十分广泛的自由裁量权,为了防止其滥用权利和专断裁决,以保证裁决的有效性,许多国家在立法上对仲裁员行使权利施加必要限制。如法国,允许仲裁员依公平善意原则作出裁决,但不能变更争议事项或修改仲裁协议;有的国家则要求仲裁员给予当事人充分的听审和提交任何必要证据的机会等。1985年联合国《国际商事仲裁示范法》在起草过程中,有些代表提出应对友好仲裁施加必要限制:(1)仲裁员即使作为友好调解人,在作出裁决时也应依据合同条款,并考虑可适用的贸易惯例;(2)要求仲裁员努力保证裁决在与争议有重要联系的国家具有可执行性;(3)要求仲裁员遵守有关国家维护其国际公共秩序所规定的强制性规则。

友好仲裁已为一些国际条约所确认,在国际商事仲裁实践中的适用也比较普遍。最早在1907年《关于和平解决国际争端的公约》(日内瓦公约)中即已将公平善意原则作为解决国际争端的根据,后被引入国际商事仲裁领域。目前,1961年《关于国际商事仲裁的欧洲公约》、1965年《关于解决国家同他国国民间投资公约》、《国际商会仲裁规则》、《美国仲裁协会国际商事仲裁规则》,以及瑞士、荷兰、法国、比利时、罗马亚尼、埃及等国的国内立法均允许仲裁员基于当事人的明示授权,依公平善意裁决案件。

虽然友谊仲裁在法律适用上有相当的灵活性,但由于公平善意原则是一个主观、抽象的标准,在实践中完全取决于仲裁员的判断,难以避免仲裁裁决的主现任意性,因此,许多国家对采用这种仲裁作法十分谨慎。